Cassandra Vieten

Ressourcen für Mütter

Cassandra Vieten

Ressourcen für Mütter

Praktische Hilfen für die Zeit der Schwangerschaft
und das erste Jahr mit Ihrem Baby

Deutsch von Cordula Kolarik

Arbor Verlag
Freiburg im Breisgau

1. Auflage 2011

Titelfoto: © 2010 Bethany Helzer
Lektorat: Richard Reschika
Gestaltung Buchcover: Anke Brodersen
Gestaltung Buchinnenseiten: Susanne Jäger
Druck und Bindung: Kösel, Krugzell

Dieses Buch wurde auf 100 % Altpapier gedruckt und ist alterungsbeständig. Weitere Informationen über unser Umweltengagement finden Sie unter www.arbor-verlag.de/umwelt.

www.arbor-verlag.de

ISBN 978-3-86781-030-2

Die Ratschläge zur Selbstbehandlung in diesem Buch sind von der Autorin und vom Verlag sorgfältig erwogen und geprüft worden. Dennoch kann eine Garantie nicht übernommen werden. Sie brauchen psychotherapeutische Hilfe, wenn Sie sich durch die Übungen von Emotionen und Erinnerungen überwältigt fühlen. Bei ernsthafteren und/oder länger anhaltenden Beschwerden sollten Sie auf jeden Fall einen Arzt oder einen Heilpraktiker Ihres Vertrauens zu Rate ziehen. Eine Haftung des Autors und des Verlages für Personen-, Sach- und Vermögensschäden ist ausgeschlossen.

Inhalt

Vorwort   9

Einleitung: Auf den Wellen des Mutterseins schwimmen   11

Teil I   Grundlagen achtsamen Mutterseins

1   Achtsames Muttersein: Sie können es schaffen   33

2   Achtsames Gewahrsein des Atmens   43

3   Der sich ständig wandelnde Fluss des Erlebens   49

4   Yogareihe zum achtsamen Muttersein   57

5   Die drei Elemente des Erlebens   89

6   Das beobachtende Selbst   103

7   Der Luftballon im Brotkasten   111

8   Der Gedankenzug   121

Teil II   Das Wesen achtsamen Mutterseins

9 Inwiefern ist Achtsamkeit anders?   141
10 Akzeptanz: Das Muttersein so annehmen, wie es ist   151
11 Der Ozean achtsamen Gewahrseins   163
12 Absichtslosigkeit   171
13 Die neugierige Mutter   177
14 Ihr Erleben liebevoll annehmen   183
15 Körperachtsamkeit beim Muttersein   193
16 Muttersein im gegenwärtigen Augenblick   201
17 Ihr Körper ist eine Brücke zu Ihrem Baby   215

Teil III   Achtsames Muttersein im Alltag

18 Der Tanz achtsamen Mutterseins   227
19 Verbindung: Es ist nicht immer leicht   241
20 Achtsames Gewahrsein und Schreien   249
21 Wenn es hart auf hart kommt   255
22 Achtsame Entscheidungsfindung   265
23 Achtsames Essen   271
24 In guten wie in schlechten Zeiten –
       aber vergessen Sie die guten nicht!   277

Schlussbetrachtung

Achtsames Muttersein und darüber hinaus   285

Anhang

Literaturverzeichnis   295
Über die Autorin   299
Beitragende dieses Buches   300
Danksagung   302

*Dieses Buch widme ich David und Indigo und meinem Kreis groß-
artiger Mütter, angefangen bei meinen eigenen, Billie, deren Kraft
und Weisheit mir eine verlässliche Hilfe sind, Ameae, deren Liebe
und Wohlwollen mich auf eine Weise, derer sie sich vielleicht nicht
einmal bewusst ist, über Wasser gehalten haben, bis hin zu Mamas,
die mich jeden Tag mehr unterstützen und inspirieren: Amy, Avvy,
Elana, Jean, Jen, Jnana, Julia, Kim, Rachel, Vicky, & Wendy*

Vorwort

Als mein erstes Kind Michael vor gut fünfzig Jahren in Topeka, Kansas, geboren wurde, hatte ich zwei „Babybücher", die mir Rat und Unterstützung boten: *Säuglings- und Kinderpflege* (1957) von Dr. Benjamin Spock und *Mother and Child* von Dr. D. W. Winnicott (1957). Ich lebte mit meinem studierenden Ehemann in einer für uns neuen Stadt. Meine Mutter wohnte 1.600 Kilometer weit weg – was damals, ohne Mobiltelefone, noch viel weiter erschien als heute. Ich war als Einzelkind in der Zeit nach der Weltwirtschaftskrise, als die Leute nur wenige Kinder bekamen, aufgewachsen. Die erste Windel, die ich in meinem ganzen Leben wechselte, war die, die ich Michael umlegte, um ihn vom Krankenhaus nach Hause zu bringen. Und wir benutzten Nadeln, um Stoffwindeln festzustecken. „Passen Sie auf, dass Sie ihn nicht pieksen", sagte die Schwester zu mir, als sie sah, wie ich mich abmühte, eine allzu sehr zusammengeknüllte Stoffwindel um Michaels nicht einmal drei Kilo schweren Körper zu befestigen.

In meinem Buch von Dr. Spock schlug ich regelmäßig nach, was bei Koliken hilft, welche Farbe und Konsistenz die Ausscheidungen haben können, ohne aus dem Rahmen des Normalen zu fallen, oder wann ich befürchten müsste, mein Kind könne eine Ohrenentzündung haben. Jedoch las ich oft, vielleicht sogar täglich, im Buch von Winnicott, um mir Mut zu machen. Dieses Buch ist inzwischen längst vergriffen und ist in das Buch *Kind, Familie und Umwelt* (englisch *The Child, the Family, and The Outside World*, Neuausgabe 1992) eingearbeitet worden. Mein Exemplar habe ich vor langer Zeit verschenkt, doch der erste Absatz lautet nach meiner Erinnerung in etwa: „Ich weiß nicht, wie Sie sich um Ihr Baby kümmern sollen, denn es ist Ihr Baby, Sie sind seine Mutter und wissen es bestimmt. Sie wissen es, *weil* Sie die Mutter des Babys sind, und Sie sind durch ein natürliches Band der Liebe miteinander verbunden. Seit undenklichen Zeiten wissen Mütter auch ohne von anderen geschriebene Ratgeber, wie sie sich um ihre Babys kümmern sollen." Vielleicht stand es nicht wörtlich so da, aber der Sinn war derselbe. Ich fühlte mich mehr als ermutigt – ich fühlte mich getröstet. Sogar, vielleicht sogar besonders, an schwierigen Tagen. An Tagen, an denen ich dies und jenes ausprobierte, um Michaels Kummer zu lindern, und nichts Wirkung zeigte und ich mich hilflos fühlte, kam mir der Gedanke: „Ich bin seine Mutter. Ich liebe ihn. Wir schaffen das schon."

Ich wünschte, ich hätte damals dieses Buch hier gehabt. Diese hervorragende Zusammenstellung grundlegender Techniken, die den Geist beruhigen und dazu beitragen, dass er in der Schwangerschaft und Neugeborenenzeit gesund, lebendig und zuversichtlich bleibt, klingt in meinen Ohren wie die Versicherung von Winnicott „Sie sind die Eltern; Sie können es schaffen, weil Sie von Natur aus lieben" und die Weisheit des Buddhas „Du bist nicht deine Gedanken oder deine Stimmungen; all das geht vorüber; im Kern deines Wesens bist du Wohlwollen", ausgedrückt in der Sprache einer modernen Frau, die auch Mutter ist.

Hätte ich dieses Buch vor fünfzig Jahren gehabt, so hätte ich Cassi Vieten als meine Freundin angesehen.

Sylvia Boorstein

Einleitung: Auf den Wellen des Mutterseins schwimmen

Schwangerschaft, Geburt und die erste Zeit mit dem Kind können eine besonders schwierige, aber auch eine unglaublich befriedigende Zeit sein. Die schnellen Veränderungen in Ihrem Körper, Ihrem Lebensstil, Ihren Beziehungen, Ihrer Arbeit, ja Ihres ganzen Wesens erfordern möglicherweise eine gewisse Beweglichkeit, als liefen Sie bei einem Hindernisrennen mit oder trainierten für einen Marathon. Achtsames Muttersein – als eine Reihe von Fertigkeiten – kann Ihnen helfen, diese Herausforderungen auf eine Weise zu meistern, die Sie in Ihrem alltäglichen Leben anwenden können. Achtsames Muttersein – als eine Art des Seins – ist eine tief empfundene Art, mit den Gedanken, Gefühlen und Situationen, die einem als schwangere Frau und junge Mutter begegnen werden, sanft umzugehen.

Was ist achtsames Muttersein?

Zunächst einmal sollten Sie wissen, dass Achtsamkeit kein weiteres Ziel ist, das Sie erreichen müssen, um eine gute Mutter zu sein. Es geht nicht darum, eine perfekte Zen-Mama zu sein, die stets ruhig, kühl und gefasst bleibt, egal, was passiert, die für ihr Baby nur organische Nahrung, Kleidung und Bettwäsche verwendet, die ihre Karriere verfolgt und gleichzeitig ihrer Familie zur Verfügung steht und dabei die ganze Zeit fit und gepflegt bleibt. Das Letzte, was ich mir von diesem Buch wünsche, ist, dass es zu einer weiteren gewaltigen Aufgabe auf Ihrer Liste von „Dingen, die ich tun muss, um eine gute Mutter zu sein" wird. Beim achtsamen Muttersein geht es nicht darum, eine andere zu werden als die, die Sie schon sind.

Achtsames Muttersein bedeutet, einfach ausgedrückt, in Ihrem Körper gegenwärtig und mit Ihrem Baby verbunden zu sein, ganz gleich, was geschieht. Es bedeutet, dessen, was Sie erleben, Augenblick für Augenblick, während es geschieht, gewahr zu sein, ohne es wegzuschieben, festhalten zu wollen oder als gut oder schlecht zu bewerten. Es bedeutet, jeder Situation so zu begegnen, wie sie ist, und im Lauf der Zeit alles, was geschieht, mit Neugier und Mitgefühl anzunehmen.

Achtsames Muttersein ist eine Möglichkeit, alle Erfahrungen, denen Sie als Mutter begegnen werden, mit offenen Augen und einem offenen Herzen anzunehmen. Ob diese Erfahrungen innerer Art (Gedanken, Gefühle oder körperliche Empfindungen) oder äußerer Art (Beziehungen, Situationen am Arbeitsplatz oder in Ihrer Umgebung) sind – achtsames Muttersein bedeutet, bei dem, was geschieht, egal, was es ist, einfach *da zu sein*. Das mag zwar einfach klingen, jedoch fällt es den meisten von uns nicht leicht.

Nehmen wir ein Beispiel: Es ist drei Uhr morgens und das Baby weint – ja, es schreit. Es ist die vierte Nacht, in der sie mehr als dreimal mitten in der Nacht mit dem Baby aufgestanden sind, und Sie haben seit ein paar Tagen nie mehr als zwei Stunden am Stück geschlafen. Natürlich sind Sie inzwischen ein bisschen empfindlich, überanstrengt und verärgert.

Vielleicht denken Sie in etwa so: „Warum bekomme ich das Baby nicht zum Schlafen? Alle Babys in meiner Müttergruppe schlafen nachts durch. Was stimmt mit mir nicht?" Oder: „Was stimmt mit dem Baby nicht? Vielleicht hat es eine Kolik. O je, das heißt, dass es jetzt sechs Monate lang jede Nacht so gehen wird – das halte ich nicht aus! Ob ich ihm die Flasche geben sollte? Im Buch steht, man soll nachts keine Flasche geben, weil das Baby dann nie durchzuschlafen lernt… Und warum kommt John mir nicht helfen? Unglaublich, dass er den Nerv hat, im Bett zu bleiben und so zu tun, als hätte er das nicht gehört. Mann, warum ist es so kalt hier drinnen? Unsere Heizung funktioniert nie richtig. Um Himmels willen, hör jetzt auf zu schreien …" Ihr Körper wird ganz angespannt, Tränen steigen Ihnen in die Augen, Sie beißen die Zähne zusammen, Sie schaukeln das Baby auf und ab, drehen Ihren Kopf weg und klopfen dem Baby auf den Rücken.

Was geschieht hier wirklich? Was bringt Sie aus der Fassung? Die vielen Nächte, in denen Sie geweckt wurden, die Angst, etwas falsch gemacht zu haben, die Sorge, das Baby könnte krank sein, der Ärger über die kaputte Heizung, die nie repariert wird, oder über den Partner, der Ihnen gerade keine Hilfe ist, oder die Aussicht auf viele weitere solche Nächte? Es ist verständlich, dass all dies Sie beunruhigt.

Aber fragen Sie sich noch einmal: Was geschieht hier *wirklich?* Aus der Perspektive der Achtsamkeit geschieht ohne die zusätzlichen Geschichten im gegenwärtigen Augenblick einfach Folgendes: (1) Sie sind müde, (2) das Baby schreit und (3) die Luft ist kalt. In diesem Augenblick nehmen Sie wahr, dass Sie müde sind, dass das Baby weint und die Luft kalt ist. Diese Tatsachen sind nicht notwendigerweise gut oder schlecht – sie *sind* einfach da. Wenn man es so betrachtet, wird der Augenblick leichter zu bewältigen.

Gedanken lärmen in Ihrem Inneren, doch wenn Sie ihre Aufmerksamkeit einen Augenblick lang auf Ihren Atem, Ihren Körper und den gegenwärtigen Augenblick richten, ist es wahrscheinlich, dass sich Ihr Körper erst einmal entspannt. Vielleicht finden Sie eine Decke oder schalten ein Heizgerät an. Vielleicht merken Sie, dass Sie müde sind?

Was für ein Gefühl ist das? Die Muskeln sind schlapp, die Augen klein, das Herz etwas angespannt. Vielleicht fangen Sie an, Ihre Müdigkeit anzunehmen, schaukeln ein bisschen hin und her und lassen die Augen zufallen.

Und das Schreien – nun, es ist dazu da, Ihre Aufmerksamkeit zu wecken, daher ist es nicht unbedingt angenehm. Doch in Wirklichkeit ist es einfach ein lautes Geräusch, das Ihr Baby macht, um eine körperliche Empfindung oder ein Gefühl auszudrücken. Sie sind hier und hören dieses laute Geräusch. Schenken Sie ihm Interesse. Wie klingt es wirklich? Vielleicht ist es hoch und schrill. Es klingt wie der Ruf eines Habichts, der hoch oben seine Kreise zieht. Vielleicht erinnert es Sie an einen Mixer oder auch an Fingernägel auf einer Tafel. Nehmen Sie es wahr und entspannen Sie sich. Bewegen Sie sich mitten in es hinein. Gehen Sie um es herum und finden Sie heraus, was Sie sonst noch wahrnehmen. Was ist im Zimmer? Schauen Sie aus dem Fenster – die Sterne sind zu sehen. Grillen zirpen. Sie sind mit Ihrem Baby zu Hause in Sicherheit, auch wenn Sie müde sind, frieren und eine Weile etwas Schreien erleben.

Mit einer achtsamen Herangehensweise kann man sogar beunruhigenden Erfahrungen mit einem gewissen Maß an Akzeptanz begegnen. Und wenn Sie eine akzeptierende Haltung gegenüber dem, was Sie erfahren, annehmen, ändert sich oft Ihr ganzer Seinszustand. Selbst wenn Ihr Seinszustand erregt und beunruhigt *bleibt,* können Sie auch darauf mit achtsamem Gewahrsein und mit weniger von den wertenden Gedanken und Sorgen auslösenden Gedanken, die Ihre innere Unruhe so oft verstärken, reagieren. Indem Sie der Situation und Ihren Gefühlen dazu mit der Bereitschaft begegnen, sie so anzunehmen, wie sie sind, statt sich dagegen zu wehren oder sie krampfhaft zu ändern versuchen, können Sie sich viel unnötiges Leid ersparen.

Wie kann achtsames Muttersein mir helfen, geistig gesund zu bleiben?

Zwar ändert achtsames Muttersein nichts an einem Baby, das sich nur schwer beruhigen lässt, an einer kaputten Heizung, Schlafmangel oder vielen anderen schwierigen Situationen, die Ihnen als werdende oder junge Mutter begegnen werden, jedoch kann es etwas daran ändern, wie Sie auf diese Situationen reagieren.

In gewisser Weise ist Achtsamkeit so ähnlich, als ob man Surfen lernte. Wenn man sich von den Wellen des Erlebens tragen lässt, statt dagegen anzukämpfen, wird man viel weniger hin- und hergeworfen. Natürlich erleben Sie dennoch jede Welle – eine große Welle fühlt sich auch so wie eine große Welle an und eine kleine fühlt sich wie eine kleine an –, aber wenn Sie lernen, loszulassen und auf den Wellen zu gleiten, hilft Ihnen das, nicht in den Strudel aus Nervosität, übertriebener Sorge, Wut oder Vermeidung, der aus dem Ankämpfen gegen diese Wellen entstehen kann, hineingezogen zu werden.

Durch achtsames Gewahrsein werden schwierige Situationen leichter zu bewältigen, nicht weil sich irgendetwas an ihnen ändert oder weil sich Ihre Gedanken und Gefühle dazu geändert haben. Vielmehr werden sie deshalb leichter zu bewältigen, weil Sie eine neue Art lernen, mit Ihren Erlebnissen – Ihren Gedanken, Gefühlen und körperlichen Empfindungen – umzugehen: Sie nehmen Sie so an, wie Sie sind, und begegnen Ihnen mit Freundlichkeit, Sanftheit und Anteilnahme. Wenn Sie schwierigen Situationen mit Achtsamkeit begegnen, werden Sie weniger oft aus dem Gleichgewicht gebracht. Und wenn Sie doch einmal aus dem Gleichgewicht gebracht werden, erholen Sie sich schneller davon, weil Sie gelernt haben, präsent, bewusst und mit Ihrem Baby verbunden zu bleiben, ganz gleich, was geschieht.

Warum? Erstens erkennen Sie durch achtsames Gewahrsein, dass fast alles, was Sie erleben, nur von kurzer Dauer ist, und die meisten Erlebnisse sind von sehr kurzer Dauer. Ob es ein Krampf im Rücken ist, Wehenschmerzen, das weinende Baby oder ein Konflikt mit dem

Partner – Erlebnisse ändern sich ständig wie Wellen im Ozean. Fast nie halten diese Erlebnisse lange an, ja, die meisten sind sehr bald wieder vorbei – nach zehn Minuten oder höchstens einer Stunde. Gewiss gibt es auch Erlebnisse, die sehr lange anhalten, wie die Trauer über den Verlust eines geliebten Menschen. Die *meisten* Dinge jedoch, die große Mehrheit der Erlebnisse, die bei uns jeden Tag zu Stress und Leid führen, sind ausgesprochen vergänglich. Unsere Anspannung, unser Stress und unser Leid kommen zu einem Großteil daher, dass wir uns wünschen, das, was wir erleben, würde aufhören oder würde ewig so bleiben. Wenn man sich mit der Tatsache anfreundet, dass sich alles ständig verändert, achtet man mehr darauf, sich von den Wellen tragen zu lassen, statt gegen sie anzukämpfen oder sie beherrschen zu wollen.

Durch achtsames Gewahrsein haben Sie, selbst wenn Sie Traurigkeit, Angst, Ärger oder Schuld empfinden, immer stärker die Fähigkeit, präsent zu bleiben, mit Ihrem Baby in Verbindung zu bleiben, gesunde Grenzen zu setzen (für sich selbst und für Ihr Baby) und darauf einzugehen, was wirklich geschieht, statt nur auf Ihre Geschichte darüber zu reagieren. Sie neigen weniger dazu, aus reinen, normalen und natürlichen Gefühlen wie Traurigkeit, Angst oder Ärger chronische Zustände der Depression, Sorge, Wut oder Scham entstehen zu lassen. Sie sind immer mehr in der Lage, im Einklang mit Ihren Werten und Zielen zu handeln und die Mutter zu sein, die Sie sein wollen. Sie können freie Entscheidungen treffen, statt in alten Verhaltensmustern gefangen zu sein.

Und ebenso wichtig wie der Umgang mit den Herausforderungen ist, dass achtsames Gewahrsein in der Schwangerschaft und ersten Zeit des Mutterseins die Tür zum Erleben tiefer Zufriedenheit, überschwänglicher Freude, glühender Liebe und warmer Sinnlichkeit öffnet. Durch diese Erfahrungen können die Aspekte der Schwangerschaft und des Mutterseins, die Freude bereiten und das Potential haben, Sie zu verwandeln, noch tiefer erlebt werden. Für diese Tiefe der Gefühle offen zu sein kann Ihr Verständnis davon, wer Sie sind und wozu Sie fähig sind, verändern. Wenn Sie in der Lage sind, das, was Sie im gegenwärtigen Augenblick mit Ihrem Baby erleben, ganz bewusst wahrzunehmen, egal, was geschieht, entdecken Sie Aspekte dieser Erfahrung, die Sie vorher vielleicht gar nicht bemerkt haben, weil sie ständig nachgedacht, geplant, überlegt, sich Sorgen gemacht oder gegen die weniger wünschenswerten Aspekte Ihres Erlebens angekämpft haben. Wenn Sie lernen, ganz präsent zu sein, jede Erfahrung so anzunehmen, wie sie ist, und sich sogar auf sie zu zu bewegen, wird Ihr Erleben des Mutterseins durchdrungen von diesen kleinen, transzendenten Augenblicken, durch die alle übrigen mehr als lohnend werden.

Wie kann achtsames Muttersein mir mit meinem Baby helfen?

Eine erfolgreiche Mutter zu sein, beruht zu einem Großteil auf der Fähigkeit, mit Ihrem Baby in Kontakt zu bleiben, auch wenn es ein Problem hat. „Ein Problem" ist eine hübsche Ausdrucksweise dafür, dass es weint, wie am Spieß schreit oder, noch schlimmer, auf eine furchterregende Weise krank ist, fiebert, lethargisch und zu schwach zum Weinen ist. In Kontakt zu bleiben bedeutet idealerweise, dass Ihr Körper warm und entspannt ist und Sie in der Lage sind, den Blick Ihres Babys zu erwidern und die Verbindung zu ihm durch Ihre Stimme, Ihre Berührungen und Ihren Atem aufrechtzuerhalten, auch wenn es nicht glücklich ist. Sie sind auf die Stimmung Ihres Babys *eingestellt* und in der Lage, eine Art Spiegel für es zu sein – ein Spiegel, der seinen Kummer erkennt und die Botschaft vermittelt, dass es in Ordnung ist, so zu empfinden, dass Sie damit umgehen können, dass Sie nirgendwohin gehen und dass das Baby diese Gefühlswelle überstehen wird.

Um in Kontakt zu bleiben, müssen Sie in der Lage sein, mit Ihrem *eigenen* Kummer umzugehen, egal, ob sich dieser in Tränen, Ärger, rasenden Gedanken, innerer Unruhe oder einfach einem Gefühl allgemeiner Überforderung und Hilflosigkeit äußert. Wenn Sie achtsames Muttersein praktizieren, steigern Sie Ihre Fähigkeit, Kummer sowohl bei Ihnen als auch beim Baby zu ertragen. Achtsames Muttersein bietet eine Möglichkeit, mit Kummer umzugehen, ohne von Ihnen zu verlangen, Ihre Gedanken, Gefühle oder die Situation zu ändern. Vielmehr zeigt Ihnen Achtsamkeit, wie Sie jeder Situation so, wie sie ist, mit Akzeptanz und Achtsamkeit begegnen können, wie Sie im Augenblick präsent und in einer gesunden Verbindung zu Ihrem Kind bleiben können.

Wenn Sie achtsames Gewahrsein praktizieren, werden Sie mit der Zeit eher fähig sein, Kummer bei sich oder Ihrem Baby zuzulassen und diese Gemütsverfassung so zu akzeptieren, ohne unbedingt sofort darauf reagieren zu müssen. Sie können zulassen, dass unangenehme Erfahrungen entstehen, wie eine große Welle anwachsen und dann schließlich wieder verebben. Sie können schwierige Gedanken einfach durch sich hindurchziehen lassen, ohne unbedingt etwas daran tun zu müssen. Auf diese Weise erhalten Sie ein viel größeres „Gefäß" für alles, was geschieht. Und dieses größere Gefäß macht viel aus. Es ermöglicht Ihnen, gegenwärtig und gewahr zu bleiben und hinsichtlich dessen, wie Sie reagieren, eine Entscheidung zu treffen, die im Einklang mit Ihren Werten und Zielen ist, statt sich zu einer Reaktion gezwungen zu fühlen, weil es schwer ist, das, was geschieht, auszuhalten.

Auf diese Weise werden Sie als Mutter erfolgreicher und können das Muttersein mehr genießen. Im Lauf der Zeit werden Sie immer besser in der Lage sein, das, was geschieht, so anzunehmen, wie es ist, und Ihre Reaktion nach der tatsächlichen Situation auszurichten statt nach Ihren Geschichten darüber oder Ihrem Wunsch, das Erlebnis möge aufhören oder länger anhalten.

Jedes Mal, wenn Sie das tun, geben Sie diese Fähigkeit ganz buchstäblich an Ihr Kind weiter. Ihr Baby spürt, dass es in Sicherheit ist, dass auf Sie Verlass ist, dass seine eigenen, überwältigenden Erfahrungen *Sie* nicht überwältigen. Und selbst wenn Sie sich einmal überwältigt oder ratlos fühlen, legt Ihre Fähigkeit, gegenwärtig und mit Ihrem Baby in Kontakt zu bleiben, das Fundament dafür, dass es ein starkes und sicheres Selbstbild entwickeln kann.

Warum jetzt? Hab ich nicht schon genug um die Ohren?

Es gibt keinen besseren Zeitpunkt, um Achtsamkeit zu lernen, als die Schwangerschaft und erste Zeit des Mutterseins. Sie gestalten Ihr Leben gerade um und orientieren sich völlig neu, daher können Sie ebenso gut Ihre Perspektive auf eine Weise neu ausrichten, die Ihnen nicht nur beim Zusammenleben mit Ihrem Kind helfen wird, sondern bei allen Situationen und Erfahrungen, die Ihnen im Leben begegnen. Dies ist etwas, was Sie schnell lernen können, wofür keine Medikamente oder jahrelange Therapie notwendig sind und was nicht viel Geld kostet. Achtsam zu werden, als Seinsart, ist eine lebenslange Reise. Jedoch können Sie *jetzt* einige Ideen und Praktiken lernen, die Ihre Fähigkeit verbessern werden, mit Stress und schwierigen Stimmungen umzugehen, weniger in negativen Denkmustern festzustecken und offener zu sein für die schönen Augenblicke und die tiefe Freude, die das Muttersein mit sich bringen kann.

Dies ist eine Zeit, zu der die meisten Mütter sehr motiviert sind, in relativ kurzer Zeit der beste Mensch zu werden, der sie sein können. Wenn Ihnen klar wird, welch gewaltige Reise Sie dadurch unternommen haben, dass Sie Mutter werden (oder noch ein Kind bekommen, falls Sie schon Mutter sind), gibt es wirklich Grund für ein hohes Maß an Motivation, um den besten Geistes- und Gefühlszustand anzustreben, der Ihnen nur möglich ist. Denn schließlich werden Sie der wichtigste Mensch sein, der für einen *ganzen anderen Menschen* sorgt, einen, den Sie mehr lieben werden, als Sie es je für möglich gehalten hätten. Ich habe mit vielen schwangeren Frauen gesprochen, die zum ersten Mal in ihrem Leben in sich selbst den tiefen und süßen Drang gespürt haben, neue Arten des Seins zu lernen – und zwar schnell! Sie wollen keine negativen Denkmuster an ihre Kinder weitergeben, sondern wollen vielmehr alles tun, um diesem neuen Wesen eine gute Grundlage zu ermöglichen.

Da Achtsamkeit viel damit zu tun hat, die Empfindungen im eigenen Körper wahrzunehmen, sind Sie in einem idealen Zustand, um dies zu lernen! Ja, Schwangerschaft und Säuglingszeit, Schwangerschaftsstreifen und Hämorrhoiden, Stillen und Schlafunterbrechungen, Gewichtszunahme und -abnahme können Sie alle zwingen, mehr *in* Ihrem Körper zu sein. Jetzt ist eine Zeit, zu der Sie all die Signale, die Ihr Körper Ihnen sendet, einfach nicht ignorieren können. Für diejenigen von uns, die die meiste Zeit oberhalb des Halses leben, kann es ein großer Segen sein, mehr Zeit in unserem Körper verbringen zu müssen.

Dies ist ein guter Zeitpunkt, um Achtsamkeit zu lernen, weil Sie bereits offen und in gewisser Hinsicht verletzlich sind. Das hat möglicherweise den Nachteil, dass Sie das Gefühl haben, aus dem Gleichgewicht geraten oder etwas schutzlos zu sein, mehr Hilfe von anderen zu brauchen als sonst und Ihren Körperfunktionen und den Bedürfnissen des Babys ausgeliefert zu sein. Der Vorteil besteht darin, dass dieser Zustand eine Art Formbarkeit mit sich bringt – Ihre Abwehr ist nicht so ausgeprägt wie sonst, und vielleicht haben Sie auch das Gefühl, empfindsamer zu sein, daher ist dies eine großartige Zeit, um neue Fertigkeiten zu lernen! Wie das Hormon Relaxin Ihre Gelenke weicher macht, ist auch Ihr Geist offener und flexibler als in Zeiten, wenn Sie das Gefühl haben, Sie hätten alles unter Kontrolle.

Säuglinge haben eine Art, darauf zu bestehen, dass Sie sich um den gegenwärtigen Augenblick kümmern. Selbst wenn Sie abgelenkt sind, bringen die Bedürfnisse eines Babys Sie immer wieder zurück ins Jetzt. Und für die meisten Frauen kann es eine ausgesprochen lohnende Erfahrung sein, mit einem Neugeborenen ganz im Augenblick aufzugehen. Natürlich gilt das nicht für jeden Augenblick und bei den fast zehn Prozent der Frauen, die unter postnatalen Depressionen leiden (Gavin et al. 2005), nicht einmal für die meisten Augenblicke. Jedoch erleben beinahe alle ein tiefes Gefühl von Liebe, ein Öffnen des Herzens, ein echtes, tiefes und unerschütterliches Verlangen, mit diesem anderen kleinen Wesen zusammen zu sein, wie sie es noch nie erlebt haben. Meine Freundinnen aus meiner Müttergruppe und ich nannten es „Babyfernsehen". Es ist erstaunlich, wie viel Zeit man damit verbringen kann, einem schlafenden Baby einfach zuzusehen und den nach warmem Brot riechenden Duft seines flaumigen Kopfes einzuatmen.

Wie ich zur Achtsamkeit gekommen bin

Ich war Anfang Zwanzig, als ich mich für Achtsamkeit zu interessieren begann. Meine Teenagerzeit war nicht leicht; ich durchlebte häufige Phasen depressiver und ängstlicher Stimmungen, Höhen und Tiefen mit Suchtmitteln und eine Flut negativer Gedankenmuster. Zwar hatte ich viele potentielle Hilfsquellen, doch keine schien wirklich das Richtige für mich zu sein. Selbst als sich die Wogen glätteten und ich aufs College ging, um Psychologin zu werden, konnte ich nicht erklären, was die Ursache meines Leids war. Doch mir ging ein Licht auf, als ich begann, etwas über Buddhismus zu lernen.

Die Philosophie und Praxis des Buddhismus zielt zu einem Großteil darauf ab, die Ursachen menschlichen Leids und Lösungen dafür zu finden. Aus dieser Perspektive betrachtet, sind Schmerz, Unvollkommenheit, Verletzungen, Vergänglichkeit und schließlich auch der Tod allesamt natürliche Bestandteile des Lebens. Das Leiden kommt daher, dass man diese Tatsache nicht wirklich akzeptiert. Stattdessen ist unser Motiv oft Anhaftung – wir halten an Erlebnissen fest und wollen, dass sie andauern – oder Abneigung –, der Versuch, vor Erlebnissen davonzulaufen oder ihnen Einhalt zu gebieten. Angesichts der Achterbahnfahrt in meiner Jugend wurde mir die schmerzliche Wahrheit dieser

Aussage bewusst. Ich wünschte mir mehr als alles andere, die guten Gefühle der Sicherheit, des Glücks und sogar der Freude und Ekstase würden andauern und die Gefühle der Traurigkeit, Sorge, des Selbsthasses und der Unsicherheit würden verschwinden. Doch paradoxerweise führten meine Bemühungen, an guten Gefühlen festzuhalten und schlechte zum Verschwinden zu bringen, bei mir zu mehr Leid als die schwierigen Gefühle selbst!

Dies ist kein Buch über Buddhismus und ich bin keine spirituelle Lehrerin. Ich bin Psychologin und darin geschult, wie kontemplative und spirituelle Praktiken und Erfahrungen zu psychischer und emotionaler Gesundheit und Wohlbefinden beitragen können. Der Schwerpunkt meiner klinischen Ausbildung (der Grundlage dafür, wie ich mit meinen Klienten arbeite) war Integrale Psychologie, das heißt Psychologie, die östliche Psychologien, religiöse und indigene Theologien, Theorien spiritueller Entwicklung und Subjektivität in die psychologische Praxis integriert. Meine Ausbildung in der Forschung fand an einer Universität und großen medizinischen Hochschule statt. Dort beschäftigte ich mich mit dem Thema Sucht und damit, wie Schwierigkeiten beim Umgang mit Gefühlen, die als unerträglich empfunden werden, zu Suchtdruck und Rückfällen führen können. Währenddessen diente mir meine persönliche Spiritualität als Zuflucht, als Inspirationsquelle und Orientierung und förderte mein persönliches Wachstum.

Nach der buddhistischen Lehre können wir, wenn wir den Ursprung des Leids selbst wahrnehmen und klar sehen, es verringern und schließlich beenden. Der Buddhismus bietet uns eine sehr praktische Reihe von Leitlinien zum Leben, die uns helfen, die Muster zu erkennen, die unserem Wunsch entspringen, die Dinge mögen so sein, wie wir sie gern hätten, statt so, wie sie tatsächlich sind. Indem wir unsere Neigungen wiederholt und direkt wahrnehmen und unsere Reaktionen in Frage stellen, ermöglichen wir uns selbst, klarer zu sehen und mehr Entscheidungsmöglichkeiten im Hinblick darauf zu haben, wie wir uns verhalten und worauf wir den Schwerpunkt legen.

Achtsamkeit ist eine Praxis, die der Buddhismus bietet, um Leid zu verringern und Gesundheit, Wohlbefinden und Ganzheit zu fördern. Allerdings ist der Buddhismus nur eine von vielen spirituellen und philosophischen Traditionen, die Praktiken der Kontemplation oder der Reflexion als Weg zu mehr Gesundheit in einem selbst und in den Beziehungen zu anderen betonen. Meditation in unterschiedlichen Formen spielt im Hinduismus und in den daraus abgeleiteten yogischen Traditionen eine große Rolle. Es gibt eine starke historische Tradition der christlichen kontemplativen Praxis, und Meditation ist auch in der jüdischen und der islamischen Tradition wichtig. Zwar werden in diesen Traditionen Aspekte der Andacht, wie Gottesdienst und Gebet, stärker betont als kontemplative Praktiken, jedoch werden in jüngster Zeit die kontemplativen Praktiken innerhalb dieser Traditionen neu belebt. Das Gebet zur Sammlung ist eine nicht konfessionsgebundene Form christlicher Meditation, die in vielen Kirchen auf der ganzen Welt gelehrt wird, und Kabbala ist eine kontemplative Form des Judaismus, die in letzter Zeit wiederentdeckt wurde. Zwar richten diese Religionen Abrahams die Aufmerksamkeit mehr auf die eigenen Gedanken und Erfahrungen in der Beziehung zu Gott, jedoch enthalten sie auch Elemente, bei denen es darum geht, den Geist zu schulen, angesichts der sich ständig wandelnden Erfahrungen ruhig zu bleiben – mit anderen Worten, achtsam zu sein.

Erst als ich meine Tochter bekam, wurde mir klar, wie mein spirituelles Leben, besonders Praktiken der Achtsamkeit, mir bei dem Wandel helfen konnte, den die Schwangerschaft, die Wehen und die erste Zeit des Mutterseins mit sich brachten. Diese Einsichten und Fertigkeiten machte ich mir jeden Tag zunutze – bei Stimmungsschwankungen, Rückenschmerzen, Schwangerschaftsstreifen, Wehen, die siebenundfünfzig Stunden andauerten, und Spannungen in meiner Beziehung. Sie halfen mir nicht nur in schwierigen Augenblicken, sondern sie öffneten mir auch die Augen für die Freuden der Schwangerschaft und ersten Zeit des Mutterseins. So konnte ich diese köstlichen Augenblicke intensiver wahrnehmen, wenn ich in einem Schaukelstuhl im sonnendurchfluteten Zimmer stillte, während Schattenbilder auf den Wänden hin und her tanzten und Staub in den Lichtstrahlen schwebte, wenn meine Tochter mich zahnlos anlächelte, wenn sie beim Einschlafen ein leises, gurrendes Geräusch machte *(äähhhhh, ähhhhh, ähhhhh)*. Auf einer Karte, die mir eine Freundin zur Babyparty schenkte, hatte diese geschrieben: „Nun wird dein Herz ganz weit werden und du wirst mehr lieben, als du es je erlebt hast." Das stimmte und stimmt bis heute noch. Ich schreibe dieses Buch also als Psychologin, als Forscherin – und als Mutter.

Wissenschaftliche Forschungen über Achtsamkeit

Achtsamkeit als Praxis und als psychische Eigenschaft oder Fertigkeit ist von ihren buddhistischen Wurzeln etwas gelöst und in Methoden integriert worden, die auf viel Interesse bei Psychologen und Kognitionswissenschaftlern gestoßen sind. Ausgehend von der Beobachtung, dass sehr erfahrene Meditierer in der Lage zu sein schienen, dauerhafte Seinsarten zu zeigen, die besonders glücklich, friedlich und gut angepasst waren, fragten sich Psychologen, ob diese Praktiken vielleicht zu mehr Frieden und Wohlbefinden in der Allgemeinbevölkerung beitragen könnten. Mit dem Wissen, dass Stress vielerlei körperliche Erkrankungen auslösen oder verschärfen kann, stellten sich Forscher und Kliniker auch die Frage, ob die Praxis der Achtsamkeit bei stressbezogenen körperlichen Beschwerden hilfreich sein könnte. Infolgedessen wurden Programme entwickelt, die Menschen in Fertigkeiten der Achtsamkeit schulen, etwa Mindfulness Based Stress Reduction (Stressbewältigung durch Achtsamkeit, MBSR), ein acht- bis zehnwöchiger Kurs, in dem Menschen lernen, Achtsamkeit zu praktizieren (Kabat-Zinn 1982). Bislang scheinen die Ergebnisse sehr vielversprechend (Grossman et al. 2004).

Studien zeigen, dass eine Achtsamkeitsschulung bei gesunden Menschen die Stimmung verbessern, das Gefühl, sein Leben unter Kontrolle zu haben, steigern und Krankheitssymptome lindern kann (Astin 1997; Rosenzweig et al. 2003; Shapiro, Schwartz und Bonner 1998). Es wurde bewiesen, dass eine solche Schulung bei Krebspatienten Stress und Erschöpfung reduzieren und die Stimmung, den Schlaf und die allgemeine Lebensqualität verbessern kann, sogar noch sechs Monate nach der Teilnahme (Speca et al. 2000; Carlson et al. 2001; Carlson et al. 2003; Carlson und Garland 2005). Ein kürzlich durchgeführter Versuch ergab, dass Stresssymptome und Stimmungsstörungen bei Betreuern chronisch kranker Kinder abnahmen, wenn die Betreuer in MBSR geschult wurden (Minor et al. 2006). Offenbar profitieren sowohl Menschen, die gesund und einem normalen Niveau von Stress ausgesetzt sind, als auch Menschen, die an einer schweren Krankheit leiden oder starken Stress erleben, von einer Achtsamkeitsschulung.

MBSR wurde auch modifiziert und als Methode zur Rückfallprophylaxe bei Depressionen erprobt. Im Rahmen einer randomisierten, kontrollierten Studie berichteten die Forscher, dass bei Patienten, die drei oder mehr Episoden von Depression erlebt hatten, die Teilnahme an einem Programm, das Elemente der Achtsamkeitsschulung mit kognitiver Therapie (Mindfulness Based Cognitive Therapy oder MBCT) kombinierte, die Rückfallquote im Vergleich zu Patienten, die eine Standardbehandlung erhielten, ungefähr auf die Hälfte reduzierte (Teasdale et al. 2000). Der Nutzen von MBCT bei der Rückfallprophylaxe für Depressionen wurde auch von Ma und Teasdale demonstriert, die zu auffallend ähnlichen Ergebnissen kamen. Neuere Daten lassen auch darauf schließen, dass eine Achtsamkeitstherapie Depressionen bei behandlungsresistenten Patienten reduzieren kann (Kenny und Williams 2007). Im Rahmen einer aktuellen Studie demonstrierten Forscher auch eine deutliche Abnahme depressiver Symptome bei Patienten mit Fibromyalgie, die eine Schulung in Achtsamkeitsmeditation erhielten (Sephton et al. 2007).

Teasdale und seine Kollegen erläutern, wissenschaftliche Daten stützten die These, dass die Förderung der Metakognition, das heißt, der Fähigkeit, sich seiner Gedanken bewusst zu sein, den Erfolg von Achtsamkeitsschulungen bei Depressionen erklären könne (2002). Das lässt darauf schließen, dass die Änderung der *Beziehung* zu negativen Gedanken, statt der Änderung ihres *Inhalts,* möglicherweise der entscheidende Faktor bei der Rückfallprophylaxe von Depressionen ist.

Die positiven Auswirkungen von Methoden, die auf Achtsamkeit beruhen, auf negative Emotionen zeigen auch von Davidson und Kollegen durchgeführte Studien (2003). Diese Forscher beobachteten einen signifikanten Anstieg der Aktivität im linken präfrontalen Kortex (und eine entsprechende Abnahme der Aktivität im rechten präfrontalen Kortex) bei einer Gruppe psychisch gestresster High-Tech-Arbeiter nach ihrer Teilnahme an einem achtwöchigen MBSR-Programm. Daraus schlossen die Forscher, dass eine Achtsamkeitsschulung in Zusammenhang mit einer veränderten Gehirnfunktion steht: von einem Muster, das bisherigen Daten zufolge mehr negative Gefühle und Rückzug spiegelt, hin zu einem Funktionsmuster des Gehirns, das von einem stärker annäherungsorientierten, positiveren Weltbild zeugt. Dieser vermutlich positive Effekt auf die Gehirnfunktion war auch noch vorhanden, als die Teilnehmer sechs Monate nach der Schulung untersucht wurden, was darauf schließen lässt, dass die Auswirkungen langfristiger Natur sind. Von besonderer Bedeutung sind diese Ergebnisse angesichts der Tatsache, dass depressive Mütter und ihre Neugeborenen das gleiche Muster einer erhöhten rechtsfrontalen Aktivität (das Muster für Rückzug und negative Emotionen) aufweisen (Buss et al. 2003). Darüber hinaus war die Immunität, die in Form der Antikörperbildung als Reaktion auf eine Grippeimpfung gemessen wurde, bei der Nachuntersuchung nach sechs Monaten bei den Teilnehmern der Achtsamkeitsschulung gesteigert (Davidson et al. 2003).

Ausgehend von diesen Ergebnissen und unseren eigenen Erfahrungen als Eltern entwickelten mein Kollege John Astin und ich das Mindful Motherhood Program. Da Stress und Sorgen während der

Schwangerschaft erwiesenermaßen das Risiko nachteiliger Folgen (wie Frühgeburt, geringes Geburtsgewicht und suboptimale fötale Umwelt) erhöhen, entwickelten wir eine umfassende Achtsamkeitsschulung, die sich direkt und auf eine Weise, die auf schwangere Frauen zugeschnitten ist, mit diesen Themen befasst. Dann fügten wir noch Komponenten hinzu, um die Frauen möglichst gut auf das, was sie erleben würden, vorzubereiten und das Bonding zwischen Mutter und Baby nach dessen Geburt zu fördern. Schließlich ergänzten wir noch Elemente, die unserer Ansicht nach bei der Geburt hilfreich sein könnten.

Das Programm, das Elemente aus verschiedenen Programmen zur Achtsamkeitsschulung sowie unser eigenes, neu entwickeltes Material miteinander kombiniert, testeten wir zunächst in einer Gruppe von zehn Frauen. Nach dem Ende dieses Kurses modifizierten wir das Programm entsprechend dem Feedback der Teilnehmerinnen und unserer Erfahrung als Schulungsleiter und Forscher und erprobten es bei einer anderen Gruppe von Frauen. Schließlich verglichen wir zwei Gruppen von Frauen miteinander – eine, die diese Schulung in der Schwangerschaft erhalten hatte, und eine, die sie nicht erhalten hatte. Die Frauen, die in der Schwangerschaft die Schulung nicht erhalten hatten, nahmen daran teil, als ihre Babys zwischen drei und sechs Monate alt war.

Zwar war dies nur eine kleine Pilotstudie, jedoch zeigte sie, dass es möglich ist, achtsames Gewahrsein während der Schwangerschaft und der ersten Zeit des Mutterseins zu lernen (sogar mit einem Baby im Schlepptau!). Und wir konnten auch demonstrieren, dass bei Frauen, die in der Schwangerschaft an einer Achtsamkeitsschulung teilgenommen hatten, weniger negative Gefühle und Sorgen in der Schwangerschaft vorhanden waren als bei Frauen, die nicht daran teilgenommen hatten (Vieten und Astin 2008). Es waren auch Tendenzen hin zu weniger Symptomen von Depressionen und zunehmende positive Gefühle zu beobachten. Die Frauen in unseren Kursen kamen aus den verschiedensten Schichten und die meisten erlebten diese Erfahrung als bereichernd. Ich hoffe, dass Sie ähnliche Erfahrungen machen werden, wenn Sie dieses Buch lesen.

Zum Gebrauch dieses Buches

Dieses Buch ist ein praktischer Leitfaden, um zu lernen, wie achtsames Gewahrsein Ihnen helfen kann, mit den Situationen, Gedanken und Gefühlen umzugehen, die Ihnen in der Schwangerschaft und der ersten Zeit Ihres Mutterseins begegnen werden. Falls Sie bereits Achtsamkeit praktizieren, bietet Ihnen dieses Buch Möglichkeiten, achtsames Gewahrsein mit Ihrem täglichen Leben als junge Mutter zu verbinden. Schwangerschaft und Säuglingszeit können Ihr übliches Selbstpflegeritual, etwa das Einplanen von Zeit für Meditation oder Yoga, ziemlich aus den Fugen geraten lassen. Jedoch bietet diese Phase auch die Gelegenheit, die Praktik radikaler Achtsamkeit – einer Achtsamkeit, die tief in Ihrem Körper verwurzelt ist und Ihr tägliches Leben durchdringt – zu kultivieren.

Achtsamkeit ist nicht wertendes, Augenblick für Augenblick präsentes Gewahrsein Ihres gegenwärtigen Erlebens, so dass Sie im Lauf der Zeit immer besser in der Lage sind, Ihrem Erleben mit Neugier und Mitgefühl zu begegnen, statt gewohnheitsmäßig aufgrund Ihres Wunsches, dass Situationen anders sein sollten, als sie sind, zu reagieren. Beim *achtsamen Muttersein* geht es vor allem darum, Ihnen zu helfen, gewahr zu sein und im gegenwärtigen Augenblick zu bleiben, damit Sie auch in schwierigen Zeiten mit Ihrem Baby in Kontakt bleiben können, von beunruhigenden Gefühlen weniger überwältigt werden, weniger in negativen Gedankenmustern gefangen bleiben und mehr die einfachen Freuden genießen können, die jeden Tag des Mutterseins durchziehen.

Dieses Buch besteht aus vierundzwanzig Kapiteln, die jeweils in etwa zwanzig Minuten gelesen werden können. Sie können sie lesen, wenn Sie sich in der Schwangerschaft kurz ausruhen und die Beine hochlegen, wenn Sie Ihr Baby stillen oder wenn Sie einen der seltenen Augenblicke für sich selbst haben, während das Baby schläft. Sie können das Buch von vorne bis hinten lesen oder zu einem Kapitel vorblättern, das Ihnen an dem Tag besonders passend erscheint, und lesen Sie das Buch unbedingt immer wieder. Wiederholung ist wesentlich, um die Fertigkeit der Achtsamkeit zu erlernen.

Die meisten Kapitel enthalten eine oder mehrere fünf bis zehn Minuten lange Übungen, die Sie in ihr tägliches Leben integrieren können. Vielleicht finden Sie wunderbare Gelegenheiten zum Üben, wenn Sie mit dem schlafenden Baby im parkenden Auto sitzen, wenn Sie gerade wach werden, wenn Sie Ihr Kind stillen, während der Mittagspause bei der Arbeit, wenn Sie Ihr Baby im Park schaukeln lassen oder wenn Sie mit dem Baby-Jogger laufen oder wenn Sie spazieren gehen.

Im ersten Teil des Buches erläutere ich die Grundlagen des achtsamen Gewahrseins und der Achtsamkeitspraxis im Kontext von Schwangerschaft, Geburt und der ersten Zeit des Mutterseins. In den darauf folgenden Kapiteln geht es um die Eigenschaften achtsamen Gewahrseins und darum, welche Rolle sie in Situationen spielen können, die Ihnen als Mutter eines Babys vielleicht begegnen. Der dritte Teil des Buches beschäftigt sich damit, wie Sie Praktiken und Grundsätze der Achtsamkeit in Ihrem täglichen Leben als Mutter – und darüber hinaus – konkret anwenden können.

Die Kapitel 2 und 4 enthalten Anleitungen zu formelleren, zwanzig Minuten langen Übungen, die Sie jeden Tag durchführen sollten, um Ihre „Achtsamkeitsmuskeln" zu trainieren und mit dem Gebiet achtsamen Gewahrseins vertraut zu werden. Üben Sie ruhig auch nur zehn oder sogar fünf Minuten lang, wenn Sie keine zwanzig Minuten Zeit haben. Es geht vor allem darum, realistische Möglichkeiten zu finden, wie Sie Achtsamkeit in Ihr Leben als Mutter integrieren können. Üben Sie, wann Sie können und so viel Sie können, damit Sie den Nutzen früher spüren.

Darüber hinaus sollten Sie meine Website besuchen, wo Sie angeleitete Übungen finden, die Sie dort anhören, auf Ihr digitales Audiogerät herunterladen oder auf eine CD brennen können. Benutzen Sie diese so oft, wie es Ihnen hilfreich erscheint. Die meisten Menschen finden es nützlich, sich einige aufgenommene Anleitungen anzuhören, wenn das Praktizieren achtsamen Gewahrseins für sie noch neu ist.

Die Website enthält auch weitere Informationen, Tipps, Links und ein Forum, in dem Sie sich mit anderen Müttern, die Achtsamkeit praktizieren, unterhalten können (www.mindfulmotherhood.org).

I

Grundlagen achtsamen Mutterseins

1 Achtsames Muttersein: Sie können es schaffen

n gewisser Hinsicht ist achtsames Muttersein eine Fertigkeit, die man sich aneignen kann, wie man eine Sprache oder Geige spielen lernen kann. Achtsamkeit ist etwas, was man üben und worin man besser werden kann, und je mehr man übt (besonders in Zeiten, die nicht so schwierig sind), umso eher wird man in der Lage sein, schwierige Momente zu meistern. Jedoch ist achtsames Muttersein mehr als nur eine Übung oder eine Fertigkeit, die man lernen kann. Es ist auch eine Seinsart.

Achtsamkeit ist eine Einstellung zum Leben. Es ist eine Sicht der Welt, die erkennt, dass *die Dinge immer genauso sind, wie sie sind,* und dass kein Grübeln, kein inneres Ringen, kein Widerstand, kein Wünschen, es wäre nicht so, und kein Hoffen, es möge ewig so bleiben, die

Tatsache ändern kann, dass die Dinge so sind, wie sie in jedem Augenblick sind. Diese Erkenntnis bringt eine erhöhte Bereitschaft mit sich, jedes Erlebnis als Mutter und im übrigen Leben mit offenen Augen und offenem Herzen anzunehmen.

Der Vorteil daran, Achtsamkeit als Seinsart statt als Fertigkeit, die man lernen muss, anzusehen, liegt darin, dass *ein Teil von Ihnen schon ganz und gar und vollkommen achtsam ist*, ohne dass irgendeine Unterweisung oder Übung dafür nötig wäre. Ihr reines Gewahrsein auf der grundlegendsten Ebene ist achtsam. Achtsamkeit ist die ganz schlichte Art, das Gegenwärtige wahrzunehmen.

Und dies, als Seinsart, ist etwas, was Sie bereits können, ohne es lernen zu müssen. Achtsamkeit wird Ihnen leichtfallen, weil Ihr grundlegendes, fundamentales Gewahrsein – der Teil von Ihnen, der in diesem Augenblick wach ist und das weiß – schon von Natur aus achtsam ist. Achtsames Gewahrsein ist etwas, zu dem Sie vollkommen in der Lage sind, weil Ihr eigenes, grundlegendes Gewahrsein jedes Erlebnis so wahrnimmt, wie es ist, ohne Wertung oder Urteil, sondern mit einem Gefühl der Offenheit und voller Neugier darauf, was geschieht. Jedoch kann es einem ungewohnt vorkommen, Dinge ohne die vertraute Schicht aus Wertungen und Urteilen wahrzunehmen.

So gesehen, muss achtsames Gewahrsein nicht im herkömmlichen Sinn „erlernt" werden. Es ist bereits da, also brauchen Sie es nicht zu erschaffen. Jedoch kann man es stärken, indem man es auf eine bestimmte Weise verwendet und täglich übt. Von diesem Blickwinkel aus besteht die Hauptfunktion des Übens von achtsamem Gewahrsein darin, mehr Zeit in achtsamem Gewahrsein zu verbringen.

Denn man wird am besten dadurch mit einem Gebiet vertraut, dass man möglichst viel Zeit dort verbringt. Ich könnte Ihnen etwas über den Amazonas in Peru oder über die Serengeti oder Kairo erzählen. Doch nur wenn Sie eine gewisse Zeit dort verbrächten, könnten Sie das Land kennenlernen, sich dort zurechtfinden lernen, sich etwas von der Sprache aneignen, lernen, schwierige Stellen zu durchqueren, und mit den Sitten und Gebräuchen vertraut werden. Das

Üben von achtsamem Gewahrsein ermöglicht Ihnen, ein Gebiet in Ihrem Inneren zu erkunden, das Ihnen vielleicht noch nicht vertraut ist und in dem Sie vielleicht noch nicht viel Zeit verbracht haben. Doch wenn Sie Zeit dort verbringen, kann es zu einem zweiten Zuhause für sie werden.

Sie sind bereits achtsam

Probieren Sie einmal das folgende Experiment aus. Seien Sie für die nächsten paar Atemzüge auf einer ganz einfachen Ebene Ihrer selbst gewahr, während Sie dieses Buch lesen. Einfach: „Hier bin ich und lese dieses Buch." Nehmen Sie Ihre Umgebung wahr, wie es ein objektiver Reporter tun würde: „Dort steht ein Baum; hier ist ein Tisch; ich sitze auf einem Stuhl; die Luft ist kühl." Nehmen Sie einfach das wahr, was Sie von Natur aus wahrnehmen, und nehmen Sie es zur Kenntnis, als wollten Sie es jemand anderem berichten, ohne zu urteilen oder zu werten. Das ist Achtsamkeit.

Wenn Sie nun ein paar Atemzüge mehr Zeit hätten, hätten Sie wahrscheinlich das, was Sie festgestellt hätten, ganz natürlich kommentiert. „Es ist zu kalt. Ich hab diese Pflanze noch nie leiden können. Ich verstehe dieses Buch nicht wirklich. Ich finde es schön, hier im Bett zu liegen." Gewohnheitsmäßig fügen Sie jedem Erlebnis eine Schicht aus Wertungen hinzu. Und meist ist es diese zweite Schicht, die uns Probleme bereitet – nicht das Erlebnis selbst.

Damit will ich nicht sagen, manche Erlebnisse seien nicht schmerzlich oder sogar beinahe unerträglich. Der Tod eines geliebten Menschen, Schmerzen beim eigenen Kind, ein ernster Konflikt mit dem Partner, echte Angst um die eigene Sicherheit – all dies löst heftige Gefühle aus, die sehr quälend sein können. Und Achtsamkeit, so nützlich sie auch sein mag, kann diese Art von Schmerz nicht zum Verschwinden bringen.

Doch solche extremen Erfahrungen sind selten. Mit den meisten unserer Erlebnisse kann man zurechtkommen, wenn man nicht wertet, sie weder mit Vergangenem vergleicht noch in die Zukunft projiziert, nicht zu bestimmen versucht, was sie wohl bedeuten, oder wünscht, sie wären anders. Selbst schwierigen Erfahrungen kann man eine Art Freude abgewinnen, wenn man ihnen mit Neugier und Mitgefühl begegnet.

Achtsames Muttersein ist eine Seinsart. Es bedeutet, all Ihren Erlebnissen und denen Ihres Babys mit der Haltung zu begegnen, dass man sie einfach so sein lässt, wie sie sind. Jedoch ist diese Seinsart den meisten von uns fremd. Sie ist vielleicht anders als das, was wir gelernt haben, und in mancher Hinsicht steht sie auch im Widerspruch dazu, wie wir programmiert sind. Wie das Erlernen jeder neuen Gewohnheit oder Fertigkeit *erfordert es Übung*. Die gute Nachricht lautet, dass achtsames Gewahrsein auch in der Schwangerschaft und der ersten Zeit des Mutterseins auf realistische Weise in ihren Alltag integriert werden kann.

Wenn man etwas Neues lernt, etwa wie man ein Instrument spielt oder eine neue Sprache spricht, braucht man viel Übung. Wirklich gut darin zu werden kann Jahre dauern. Doch wenn man diese Fertigkeiten jeden Tag übt, auch wenn es nur zwanzig Minuten täglich sind, kommt man erstaunlich weit.

Es ist ein bisschen wie das Trainieren des Bizeps. Wenn Sie jeden Tag nur zwanzig Minuten lang Armbeugen machen und das acht Wochen durchhalten, haben Sie am Ende einen ziemlich starken Bizeps. Wenn Sie mit dem Trainieren aufhören, wird Ihr Bizepsmuskel mit der Zeit wieder schwächer. Doch wenn Sie dann wieder mit dem Üben anfangen, erleichtert Ihnen das „Muskelgedächtnis" den erneuten Muskelaufbau.

Forschungen beginnen zu zeigen, dass man sein Gehirn auf ähnliche Weise trainieren kann (Begley 2007). Nervenverbindungen, die man häufiger verwendet, werden kräftiger und durch wiederholten Gebrauch gewissermaßen geschmiert – sie werden leichter aktiviert. Verbindungen, die man nicht verwendet, werden im Lauf der Zeit schwächer und kaum aktiviert. Wenn Sie sich immer wieder in achtsamem Gewahrsein üben, ist das, als schüfen Sie sich Achtsamkeitsschienen, in die Sie leichter hineinfinden können. Und wenn Ihnen der Zugang zur Achtsamkeitsschiene immer leichter fällt, greifen Sie außerdem seltener auf die alten Denkmuster (Sorge, Grübeln, Ablenkung, Vermeidung, Selbstbeschimpfung und so weiter) zurück und die entsprechenden Nervenverbindungen werden nicht mehr ganz so leicht aktiviert wie früher.

Wie Sie vielleicht bemerkt haben, ist es schwer für den Verstand, Achtsamkeit zu erfassen. Das liegt zum Teil daran, dass sich Achtsamkeit nicht im Bereich des Verstandes ereignet! Daher kann man nur begrenzt etwas über Achtsamkeit lernen, indem man darüber liest. Keine Worte können Ihr eigenes subjektives, leibliches Erleben achtsamen Gewahrseins ersetzen.

Wenn Sie noch nie eine Orange gegessen hätten, könnte ich Ihnen den ganzen Tag davon erzählen – davon, dass eine Orange so frisch riecht, dass sich ihre Schale so glatt und kühl anfühlt, dass einem der Saft in den Mund spritzt, wenn man hineinbeißt. Doch durch nichts würde ich es besser beschreiben können als dadurch, dass ich Ihnen einfach eine Orange zu essen gäbe. Nichts, was ich Ihnen in diesem Buch erzähle, kann das ersetzen, was Sie selbst durch wiederholtes Üben achtsamen Gewahrseins und Selbsterforschung mit offenem Geist entdecken können.

Grundlegende Praktiken in achtsamem Gewahrsein

Dieses Buch wird sich auf drei Hauptpraktiken konzentrieren. Versuchen Sie, jeden Tag eine davon ein bisschen zu üben, solange Sie dieses Buch lesen. Wenn Sie Ihnen hilfreich erscheinen, machen Sie hoffentlich damit weiter. Es sind:

- Achtsamkeitspraxis im Sitzen oder Meditation (siehe Kapitel 2 und 3)
- Achtsame Bewegung in der Form von Yoga (siehe Kapitel 4)
- Achtsames Gewahrsein im Alltag (Übungen im ganzen Buch)

Jede der Praktiken ist auf ihre Weise hilfreich und ich schlage vor, dass Sie alle drei durchführen. Wenn Sie möchten, können Sie abwechselnd an einem Tag eine Sitzmeditation und am nächsten Yoga praktizieren und jeden Tag ein paar der Alltagsübungen probieren. An Tagen, an denen Sie viel zu tun haben, können Sie auch einfach eine kleine Übung durchführen, wann immer Sie Zeit dafür haben. Wichtig ist, das Gebiet achtsamen Gewahrseins oft aufzusuchen und die Achtsamkeitsmuskeln jeden Tag ein bisschen zu trainieren.

Zeit zum Üben finden

Wenn ich dieses Buch läse, käme mir an dieser Stelle einer der folgenden Gedankengänge ziemlich bekannt vor:

Gedanke 1: „Oh, das ist toll! Das werde ich ganz bestimmt jeden Tag üben, unbedingt. Ich steh früher auf, genau! Ich wollte schon immer einer von den Leuten sein, die um sechs Uhr morgens aufwachen, eine Tasse Tee trinken, meditieren, etwas Yoga machen. Und wo ich gerade dabei bin, melde ich mich auch gleich für den Pilates-Kurs in der Nähe um sieben Uhr morgens an …"

Gedanke 2: „Mist, ich wusste, dass das einen Haken haben musste. Jeden Tag üben? Ist diese Frau verrückt? Hat sie irgendeine Ahnung vom wirklichen Leben? Ich schaffe es nicht mal, mir jeden Tag das Gesicht einzucremen, und schon gar nicht hab ich zwanzig Minuten Zeit, um etwas zu üben, was ich nicht mal verstehe! Vergiss es. Ich gebe dieses Buch meiner Schwester, wenn sie schwanger wird …"

Wenn Sie eins von diesen beiden Dingen oder etwas Ähnliches denken, schlage ich vor, dass Sie sich etwas zurückhalten. Ich verlange gar nicht, dass Sie einen guten Vorsatz fürs neue Jahr daraus machen; im Übrigen funktionieren solche Vorsätze fast nie (wie Ihnen vielleicht schon aufgefallen ist). Achtsames Muttersein ist kein Projekt. Es ist kein Ziel und keine neue Methode, um ein anderer Mensch zu werden als der, der Sie schon sind. Achtsames Muttersein besteht aus einer Reihe von Eigenschaften, mit denen Sie sich, wenn Sie wollen, im Lauf der Zeit immer mehr vertraut machen können. Es ist eine Seinsart, auf die Sie mit der Zeit sich immer häufiger einstellen können.

Der Schlüssel dazu, das Üben achtsamen Gewahrseins in den Alltag zu integrieren, besteht darin, einen vernünftigen Plan für tägliches Üben aufzustellen und das Üben möglichst schnell zu etwas so Alltäglichem und Regelmäßigem wie das Zähneputzen zu machen. Es gibt viele Möglichkeiten, um leichter Zeit zum Üben zu finden. Zum Beispiel:

- Nachdem Sie das Baby zur Kindertagesstätte (und gegebenenfalls Ihre anderen Kinder zur Schule) gebracht haben, üben Sie zehn bis zwanzig Minuten im Auto.
- Üben Sie, während Sie das Baby stillen oder füttern.
- Üben Sie vor dem Einschlafen oder gleich nach dem Aufwachen.
- Besorgen Sie sich einen großen Gymnastikball, und wenn Ihr Baby unruhig ist, nehmen Sie es in den Arm und hüpfen beim Üben auf und ab.
- Wenn Sie zur Toilette gehen, nehmen Sie sich fünf Minuten Zeit zum Üben (falls Sie schwanger sind, bedeutet das, dass Sie reichlich Zeit zum Üben haben werden!).
- Üben Sie im Fitnessstudio auf dem Stepper und atmen Sie im Rhythmus Ihrer Schritte.
- Üben Sie, während Sie mit dem Baby im Kinderwagen oder einer Tragehilfe spazieren gehen. Jedes Mal, wenn Sie mit dem Fuß den Boden berühren, widmen Sie dieser Berührung die gleiche Aufmerksamkeit wie Ihrem Atem.
- Üben Sie mit offenen Augen, während Sie auf den Bus oder beim Arzt im Wartezimmer warten.

- Falls Sie einen Partner haben, bitten Sie ihn, sich mit Ihnen beim Ins-Bett-Bringen oder morgens beim Aufstehen mit dem Baby abzuwechseln, und üben Sie in der Zeit.
- Falls Sie eine alleinerziehende Mutter sind, bitten Sie eine andere Mutter, eine Freundin, die kinderlos ist, aber toll mit Kindern umgehen kann, oder eine Mutter, deren Kinder schon groß sind, eine halbe Stunde auf das Baby aufzupassen, während Sie im Schlafzimmer oder auf der Veranda üben.
- Nehmen Sie sich beim Mittagessen vor oder nach dem Essen zehn Minuten Zeit zum Üben.
- Falls Sie Milch abpumpen, üben Sie dabei (man kann seine Aufmerksamkeit tatsächlich ganz gut auf dieses nette, wiederholte Melkmaschinengeräusch richten, ebenso wie auf den Atem).
- Üben Sie beim Duschen.
- Üben Sie, wenn Sie ein bisschen dösen.
- Wenn das Baby schläft, gehen Sie in eine ruhige Ecke und üben Sie. Oder bleiben Sie neben dem Baby, legen Sie eine Hand auf seinen Rücken und üben Sie.
- Wenn Sie auf dem Spielplatz sind, legen Sie das Baby auf eine Decke unter einem Baum und üben Sie.

Der Trick besteht darin, aus dem Üben keine große Sache zu machen. Finden Sie die Zeitfenster, die es in Ihrem Leben schon gibt und die Sie nutzen können. Sehen Sie achtsames Gewahrsein nicht als ein ernstes Unternehmen an, das vom Rest Ihres Lebens getrennt ist. Machen Sie nicht etwas Besonderes daraus – im Sinne von „groß und wichtig". Denn auf diese Weise weigert sich der Geist, etwas zu tun, womit er nicht vertraut ist.

Sie können die Übungen in diesem Buch auf vielerlei Weise umsetzen. Sie können sie abwechselnd durchführen, jeweils eine an einem Tag, oder sie miteinander kombinieren. Sie können zwanzig Minuten oder bis zu einer Stunde oder jeweils für kurze Zeitspannen während des Tages üben. Üben Sie, wann immer sich Ihnen die Gelegenheit bietet. Nehmen Sie sich zwanzig Minuten Zeit, zehn, fünf oder auch nur zwei Minuten. Lassen Sie achtsames Gewahrsein Ihren Alltag durchdringen. Sie können probieren, die Uhr Ihres Computers oder Ihre Armbanduhr so zu stellen, dass sie Sie alle ein oder zwei Stunden daran erinnert, sich ein paar Minuten in achtsamem Gewahrsein zu üben. Oder Sie können einen schwierigen Augenblick als Signal nehmen, innezuhalten und fünf oder zehn Minuten lang achtsames Gewahrsein zu üben.

Gleichzeitig empfehle ich jedoch auch, dass Sie jede Übungsphase in achtsamem Gewahrsein zu etwas Besonderem machen – in dem Sinne, dass es Ihnen heilig ist und sie es still genießen. Seien Sie sich bewusst, dass jedes Mal, wenn Sie achtsames Gewahrsein üben, ob bei der Sitzmeditation, beim Yoga oder im Alltag, Sie sich mit einer Seinsart vertraut machen, die Ihre Fähigkeit verbessert, präsent und mit Ihrem Baby in Verbindung, neugierig und mitfühlend, stabil und fest verankert zu bleiben, ganz gleich, was auch geschehen mag.

Sie trainieren sich darin, für Ihr Baby präsent zu sein – für seine Impfungen, sein Fieber, seine Halsschmerzen, sein Bauchweh und seine juckenden Hautausschläge und für das Steuern durch die Kluft zwischen Wachen und Schlafen. Außerdem trainieren Sie sich darin, für sich selbst präsent zu sein – angesichts von Kritik Ihrer Schwiegermutter, Konflikten mit Freunden oder Partnern, Autopannen, den furchterregenden Momenten, wenn Sie nicht wissen, was mit Ihrem Baby los ist, oder dem Schmerz der Wehen. Sie stärken Ihre Fähigkeit, Ihr bestes Ich zu sein, die beste Mutter, die Sie sein können.

2 Achtsames Gewahrsein des Atmens

Die erste Übung – jeden Tag für eine gewisse Zeit ihres Atems gewahr zu sein – ist einer der besten Wege zur Pflege von Achtsamkeit, sowohl als Fertigkeit wie auch als Seinsart.

Für mache Menschen kann Meditation hoffnungslos fremd wirken. Vielleicht ist sie in Ihren Augen etwas Geheimnisvolles oder Exotisches. Möglicherweise sorgen Sie sich, ob das Meditieren nicht Ihrer religiösen Tradition widerspricht. Oder vielleicht waren Sie stets der Meinung, Meditation sei nur etwas für die Müslitypen in Kalifornien. Ich lade Sie ein, sich von all diesen Vorstellungen zu trennen.

Falls Sie dagegen mit Meditation bereits vertraut sind und feste Überzeugungen dazu haben – was Meditation ist und was nicht, wie, wo und wann man sie üben sollte, wer sie lehren sollte oder welche Ausrüstung man dafür braucht –, dann lade ich Sie ein, sich auch von all diesen Vorstellungen zu trennen, zumindest solange Sie dieses Buch lesen.

Für die Zwecke dieses Buches bedeutet Meditation:

Still sitzen und die Aufmerksamkeit auf das Erleben richten, es so sein lassen, wie es ist.

Es klingt einfach, und das ist es auch. Jedoch fällt es den meisten von uns nicht leicht. Anfangs kann einem dabei unbehaglich sein. Mit der Zeit wird es leichter (und dann manchmal schwerer und dann wieder leichter), und es kann eine wohltuende und vertraute Zuflucht sein.

Im Grunde kann das Stillsitzen und Wahrnehmen des eigenen Erlebens angenehm, unangenehm oder neutral sein, ebenso wie das Leben als Mutter (und wie das Leben im Allgemeinen). Man kann es leicht, schwer oder gerade in Ordnung finden. Manchmal ist das Muttersein besonders angenehm und macht große Freude, manchmal ist es schwierig und voller Herausforderungen und manchmal ist es gerade in Ordnung. Es geht hier darum, die Fähigkeit zu entwickeln, gewahr, im Augenblick präsent und mit Ihrem Baby verbunden zu sein, was auch geschieht. Sie fangen an, indem Sie üben, beim Atmen gewahr und präsent zu sein, ganz gleich, was in Ihrem Erleben geschieht.

Für den Anfang lege ich Ihnen sehr ans Herz, auf die Website für achtsames Muttersein (www.mindfulmotherhood.org) zu gehen, um sich Anleitungen für jede der Übungen anzuhören. Sie können in der Nähe Ihres Computers üben, die angeleiteten Meditationen auf eine CD brennen oder auf Ihren iPod oder MP3-Player herunterladen (bitten Sie den nächstbesten Teenager um Hilfe oder folgen Sie der Anleitung auf der Website). Falls Ihnen das nicht möglich ist, können Sie sich auch eine unserer CDs, die mehrere angeleitete Übungen zum achtsamen Muttersein enthalten, per Post zuschicken lassen.

Ich empfehle aufgenommene Übungen für den Anfang, weil sie ein bisschen wie Stützräder funktionieren. Wenn man Fahrrad fahren lernt, ist es ganz natürlich, hin und her zu schwanken, umzufallen, nicht recht zu wissen, wie man bremst oder schaltet und so weiter. Ähnlich ist es, wenn man achtsames Gewahrsein lernt. Die angeleiteten Übungen helfen Ihnen sanft, auf dem richtigen Kurs zu bleiben.

Achtsames Gewahrsein des Atmens

Das Atmen eignet sich sehr gut, um seine Aufmerksamkeit darauf zu richten, weil es (1) immer geschieht, (2) immer im gegenwärtigen Augenblick geschieht, (3) immer in Ihrem Körper geschieht und (4) ohne Ihr Zutun geschieht. Indem Sie auf Ihren Atem achten, richten Sie Ihre Aufmerksamkeit auf den gegenwärtigen Augenblick, auf Ihre leibliche Erfahrung (anstelle oder zumindest zusätzlich zu der Erfahrung Ihres Denkens) und auf ein Geschehen, an dem Sie nichts zu tun brauchen. Sie können Ihren Atem als Objekt Ihrer Aufmerksamkeit nutzen, um zu lernen, wie Sie im Augenblick und in Ihrem Körper präsent sein können.

Hier ist eine Anleitung, die kurz genug ist, damit Sie sie im Kopf behalten können. Sie brauchen keine Ausrüstung, kein besonderes Kissen und keinen besonderen Ort, keine besondere Glocke oder Musik – nur einen sicheren Ort, wo Sie sitzen können. Ihre Umgebung muss nicht einmal besonders ruhig sein. Es ist großartig, wenn Sie lernen, achtsames Gewahrsein auch bei Lärm zu praktizieren, denn wenn Sie Kinder haben, kann es schwer sein, ruhige, ununterbrochene Zeit für sich zu haben! Es ist so ähnlich wie die Empfehlung, keine völlige Ruhe zu verlangen, wenn Ihr Baby schläft – schließlich wollen Sie seine Fähigkeit fördern, auch einschlafen zu können, wenn der Staubsauger läuft! Ebenso wollen Sie Ihre eigene Fähigkeit zu achtsamem Gewahrsein auch unter Umständen, die nicht ideal sind, fördern.

Versuchen Sie nun diese einfache Atemmeditation:

Setzen Sie sich hin, den Brustkorb aufgerichtet, nicht auf den Bauch gestützt. Wenn Sie wollen, setzen Sie sich mit dem Rücken an eine

Wand gelehnt hin, auf einen Stuhl mit gerader Rückenlehne mit den Füßen auf dem Boden, oder auf den Fußboden, das untere Ende Ihrer Wirbelsäule auf ein festes Kissen oder zusammengefaltete Decken gestützt. Straffen Sie die Schultern, lassen Sie sie ein wenig absinken und ziehen Sie das Kinn etwas ein. Schließen Sie die Augen oder, falls Ihnen das lieber ist, richten Sie Ihren Blick ganz entspannt auf einen Punkt, der etwa einen Meter vor Ihnen liegt.

Richten Sie Ihr Gewahrsein auf das Atmen. Lassen Sie Ihre Aufmerksamkeit sanft auf Ihrem Atem ruhen, der herein- und hinausgeht. Lassen Sie Ihr Gewahrsein nur ganz leicht, wie ein Schmetterling, der auf einer Blume landet, auf Ihrem Atem ruhen. Es geht hier nicht um eine intensive Konzentration auf das Atmen. Lassen Sie Ihr Gewahrsein vielmehr den Vorgang Ihres Atmens durchtränken, wie Wasser, das einen Schwamm durchtränkt.

Irgendwann stellen Sie vielleicht fest, dass Ihre Aufmerksamkeit zu einem anderen Aspekt Ihres Erlebens schweift, etwa zu Ihren Gedanken, zu Geräuschen oder einer anderen Körperempfindung als dem Atmen. Das ist in Ordnung. Nehmen Sie einfach zur Kenntnis, dass Ihre Aufmerksamkeit abgeschweift ist, und fangen Sie an, wieder des Atmens gewahr zu werden. Es ist nicht nötig, Ihre Aufmerksamkeit krampfhaft zurückzuholen – kommen Sie einfach ganz sanft wieder auf den Atem zurück.

Lassen Sie all Ihr Erleben so sein, wie es ist. Lassen Sie Ihren Atem so sein, wie er ist. Lassen Sie Ihren Gedankenfluss fließen. Lassen Sie Ihre Körperempfindungen sein, wie sie sind, ohne sie zu bewerten oder etwas daran tun zu müssen. Für diese kurze Zeit brauchen Sie nirgendwohin zu gehen und nichts zu tun. Lassen Sie alles, was Sie hören, sehen (auch wenn Ihre Augen geschlossen sind), riechen oder spüren, da sein, genauso, wie es ist. Nehmen Sie es mit einem offenen Geist und einem offenen Herzen an. Lassen Sie alle Gefühle da sein – lassen Sie sie kommen und wieder verebben, oder kommen und bleiben. Dann bringen Sie Ihre Aufmerksamkeit sanft wieder auf den Atem zurück.

Das ist es fürs Erste. Falls es Ihnen hilft, stellen Sie sich einen Wecker und fangen damit an, diese Atemmeditation fünf Minuten lang durchzuführen. Dann probieren Sie es für zehn Minuten. Danach zwanzig. Die angeleiteten Meditationen auf unserer Website und auf den CDs sind ungefähr zwanzig bis fünfundzwanzig Minuten lang. Sie können so lange üben, wie Sie möchten. Manche Leute finden es sehr nützlich, morgens und dann wieder abends je eine gewisse Zeitlang zu üben. Je häufiger Sie sich Zeit zum Üben nehmen können, umso vertrauter wird achtsames Gewahrsein Ihnen werden und umso leichter wird es Ihnen fallen, in Ihrem täglichen Leben als Mutter darauf zurückzugreifen.

Wenn Sie zu mangelnder Disziplin neigen oder es Ihnen schwerfällt, Dinge zu tun, die gut für Sie sind, selbst wenn Sie die besten Vorsätze haben, seien Sie im Umgang mit sich selbst sanft, aber entschlossen. Versuchen Sie mindestens eine Möglichkeit zu finden, wie Sie wenigstens ein paar Minuten jeden Tag Achtsamkeit praktizieren können. Verbinden Sie es mit etwas, was Sie ohnehin tun, wie Essen oder Zähneputzen, so dass es zu etwas Alltäglichem wird.

Falls Sie jedoch zu übermäßiger Leistungsorientierung und Perfektionismus neigen, zu übertriebener Kontrolle und dazu, sich selbst unrealistische Ziele zu setzen, schlage ich vor, dass Sie für den Anfang nicht mehr als dreißig Minuten pro Tag üben und doppelt so sanft sein sollten, wie ich es beschrieben habe. Am Ende dieses Buches sind Einrichtungen aufgeführt, an die Sie sich wenden können, wenn Sie eine formellere und intensivere Achtsamkeitsschulung wünschen. Diese Schulungen finden über längere Zeitspannen hinweg statt und beinhalten Anleitungen von sehr erfahrenen Lehrern. Eine solche Art von Schulung kann äußerst wertvoll sein, doch sie ist nicht das, woran wir in diesem Buch arbeiten. Loszulassen und sanft und freundlich zu sich selbst zu sein ist beim achtsamen Muttersein mindestens so wertvoll wie Entschlossenheit und Ausdauer.

3 Der sich ständig wandelnde Fluss des Erlebens

Wenn Sie still dasitzen und die Aufmerksamkeit auf Ihr Erleben richten, es einfach sein lassen, wie es ist, können Sie die großartige Entdeckung machen, wie sehr Ihr sich verändernder Zustand Ihrem eigenen Geist und nicht veränderten äußeren Umständen entspringt. Wenn Sie einfach dasitzen, verändert sich an dem, was um Sie herum geschieht, nicht viel. Doch wenn Sie wie ich sind, werden Sie feststellen, dass Ihr Erleben in alle möglichen Richtungen schweift.

Ich erinnere mich zum Beispiel daran, wie ich einmal achtsames Gewahrsein übte, während ich mein vier Wochen altes Baby stillte. Das Stillen dauerte ungefähr zwanzig Minuten und ich saß in einem Schaukelstuhl und sah zu, wie die Staubteilchen in einem Sonnenstrahl, der durchs Fenster kam, schwebten. Meine Tochter dockte an, ich spürte diesen kleinen Oxytocin-Schub (das Wohlfühlhormon) und fühlte mich vollkommen friedlich, sehr zufrieden und glücklich. Während ich so dasaß und auf meinen Atem achtete, begann meine Aufmerksamkeit zu meinen Gedanken hin abzuschweifen.

Ich dachte an eine Freundin, die ich ein paar Wochen zuvor eingeladen hatte, die aber nicht hatte kommen können. Wir hatten einen neuen Termin vereinbart, doch ich hatte vergessen, mir das neue Datum zu notieren. Mit der Vergesslichkeit einer frischgebackenen Mutter hatte ich überhaupt nicht mehr an unsere Verabredung gedacht und war mit dem Baby unterwegs, als meine Freundin vorbeikam; sie war quer durch die Stadt gefahren, um uns zu besuchen. Sie rief an und hinterließ eine Nachricht, verständlicherweise etwas frustriert.

Ich fühlte mich schuldig und ärgerte mich gleichzeitig etwas über mich selbst. Leider war es eine Freundin, zu der ich keinen besonders engen Kontakt mehr hatte, und ich fühlte mich in ihrer Gesellschaft schon etwas angespannt. Während ich darüber nachdachte, überkam mich ein Gefühl der Scham, weil ich keine gute Freundin war und ihre Zeit vergeudet hatte. Gleichzeitig empfand ich einen gewissen Ärger. Schließlich hatte sie keine Kinder, also wusste sie auch nicht, wie es in den ersten Wochen nach der Geburt war. Sie war intolerant und nachtragend! Mein Oxytocin wurde durch Cortisol (das Stresshormon) ersetzt und ich fühlte mich aufgewühlt, etwas unglücklich und buchstäblich gedankenverloren – überhaupt nicht gewahr oder gegenwärtig.

Meine Tochter dockte ab und ich wurde ins Gewahrsein zurückgeholt. Erstaunt stellte ich fest, wie ich am Anfang der zwanzig Minuten noch selig, am Ende aber ganz unglücklich gewesen war, ohne dass sich irgendetwas außer meinen Gedanken geändert hätte.

Statische Aufladung loswerden

Wenn Sie achtsames Gewahrsein praktizieren, können Sie ziemlich deutlich sehen, wie all Ihre Erlebnisse vorübergehend sind – wie sie sich stets verändern. Sie können sehen, wie Ihr Gedankenzug einfach vor sich hin tuckert, offenbar ganz von alleine, ohne echten äußeren Anreiz. Sie können sehen, wie Gedankenzüge, denen man Brennstoff gibt oder in denen man gefangen ist, sei es durch Festhalten (Wünschen, sie würden bleiben) oder durch Widerstand (Wünschen, sie würden verschwinden), an Tempo und Macht gewinnen. Ebenso wird klar, dass Gedankenzüge, denen man keinen Brennstoff gibt und in die man sich nicht vertieft, einfach vorbeizufahren scheinen.

Manchmal scheinen Gefühle, Gedanken und Empfindungen furchtbar fest zu haften. Sie können ziemlich intensiv und beunruhigend sein und eine Weile anhalten. Sie verlangen unsere Aufmerksamkeit und wie beim Weinen eines neugeborenen Kindes kann es uns vorkommen, als verlangten sie danach, dass wir etwas daran tun. Wenn wir nichts tun können, hängen sie einfach wie ungebetene Gäste herum und tauchen wieder auf, um unsere Aufmerksamkeit zu fordern, sobald wir eine freie Minute haben.

Das Praktizieren achtsamen Gewahrseins kann Ihnen helfen, so mit Ihrem Gedankenzug umgehen zu lernen, dass Sie nicht versehentlich in irgendeiner Stadt landen, weil sie einfach nicht anders konnten, als auf einen besonders unwiderstehlichen Waggon des Zuges aufzuspringen. Und falls Sie doch in den Zug einsteigen, ohne es zu wollen, können Sie merken, dass Sie darin sitzen, und wissen, wo Sie sind.

Schließlich kommt es einem manchmal beinahe warm und gemütlich vor, sich wie üblich über ein Problem Sorgen zu machen. Durch Achtsamkeitspraxis kann Ihr Bewusstsein seine elektrostatische Aufladung, wo alles mit ein wenig Ladung haften bleibt und sich nicht löst, etwas reduzieren. Wenn Sie üben, den Inhalt des Erfahrungsflusses zu beobachten und vorüberziehen zu lassen, lernen Sie, nicht in den Angelhaken zu beißen und sich nicht von einem Gedanken, so verlockend er auch sein mag, ködern zu lassen.

Am Flussufer sitzen

Ruhig zu sitzen und dabei die Fähigkeit zu entwickeln, präsent zu sein und seine Erfahrungen wahrzunehmen, sie einfach so sein zu lassen, wie sie sind, ist eine grundlegende Praxis achtsamen Mutterseins. Es gibt Ihnen die Möglichkeit, Ihre Aufmerksamkeit zu schulen und mit dem Gebiet achtsamen, gegenwärtigen, wertungsfreien Gewahrseins ohne größere Ablenkungen von außen vertraut zu werden. Es bietet Ihnen Gelegenheit, zu beobachten, das Wesen des denkenden Geistes zu erforschen und das Zentrum Ihres Seins in dem Teil von Ihnen, der dieses denkenden Geistes und aller anderen Empfindungen, die Sie vielleicht haben, *gewahr* ist, wiederherzustellen.

Bei dieser Übung in achtsamem Gewahrsein geht es einfach darum, verschiedene Aspekte Ihres Erlebens zu beobachten, während sie geschehen, und nichts weiter. Das Ziel besteht nicht darin, sich zu entspannen, zu beruhigen, einen Ort inneren Friedens und innerer Zufriedenheit zu finden – obwohl dies geschehen könnte. Jedoch kann einem diese Übung auch unbehaglich, fremd oder sogar langweilig vorkommen. Was auch immer in Ihrem Erleben geschieht, ob angenehm oder unangenehm, nehmen Sie es einfach wahr. Darum geht es bei der Übung.

> Das wahrzunehmen, was im gegenwärtigen Augenblick geschieht, ist die Grundlage der Achtsamkeit.

Beobachten, wahrnehmen und erforschen sind natürliche Fähigkeiten, die wir als kleine Kinder hatten. Haben Sie schon einmal gesehen, wie ein Kleinkind einen vorbeikrabbelnden Käfer entdeckt? Der Anblick kann die Aufmerksamkeit des Kindes minutenlang fesseln; es sieht genau zu und nichts von dem Käfer entgeht ihm. Und dann kann es einfach aufspringen und weiter die Straße entlanggehen. Diese Übung ist ein bisschen ähnlich. Sehen Sie einfach interessiert und genau zu.

Eine gute Methode, den beobachtenden und wahrnehmenden (statt den denkenden und handelnden) Muskel zu trainieren, besteht darin, die Gedanken, Gefühle und Empfindungen in Ihrem Körper zu relativ neutralen Zeiten, wenn Sie nicht bekümmert oder wahnsinnig glücklich sind, zu beobachten. Probieren Sie es aus, wenn nicht viel los ist. Wenn Sie in neutralen Phasen üben, sind Sie besser darauf vorbereitet, Ihre Erlebnisse zu beobachten, als wenn Sie schwierigen Momenten begegnen oder wenn große Gefühle im Spiel sind.

Vielleicht fragen Sie sich, wie Ihnen das helfen könnte. Nun, die Fähigkeit, das, was in Ihrem gegenwärtigen Erleben geschieht, zu beobachten, wahrzunehmen, oder dessen gewahr zu sein, ist der erste Schritt zu der Fähigkeit, auch in schwierigen oder aufwühlenden Zeiten präsent und mit Ihrem Baby verbunden zu bleiben. Sie stärken dadurch Ihre Fähigkeit, jedem Erlebnis mit einem Gefühl der Offenheit, Neugier und Anteilnahme zu begegnen, es so sein zu lassen, wie es ist, ohne dagegen anzukämpfen, es festhalten oder zum Verschwinden bringen zu wollen. Und so einfach es auch klingen mag, das Erleben zu beobachten – tatsächlich kann es einiges an Übung erfordern. Versuchen Sie jetzt diese Meditation:

Nehmen Sie sich einen Moment Zeit, um sich aufrecht hinzusetzen, und heben Sie den Brustkorb an, vom Bauch weg. Das ist leichter gesagt als getan, wenn man schwanger ist, ich weiß. Es kann eine Hilfe sein, sich ein Kissen hinter das Kreuz oder auch unter die Arme zu legen. Nun atmen Sie. Nehmen Sie Ihren Atem wahr, wie er herein- und hinausgeht. Nehmen Sie ihn einfach wahr, ohne etwas daran zu ändern. Falls der Atem sich von alleine verändert, nehmen Sie das wahr.

Und nun nehmen Sie wahr, was Sie hören. Hören Sie es einfach so, wie es ist, ohne es benennen zu müssen. Falls Sie es automatisch benennen, ist das in Ordnung. Aber versuchen Sie, es einfach wahrzunehmen, und achten Sie dann darauf, ob Sie noch irgendetwas anderes hören. Horchen Sie genau – hören Sie die leisen, feinen Töne ebenso wie die lauten. Das Summen des Kühlschranks. Einen singenden Vogel. Vorbeifahrende Autos. Das Ticktack einer Uhr. Ihren eigenen Atem.

Nehmen Sie als Nächstes wahr, was Sie sehen. Falls Ihre Augen geschlossen sind, können Sie wahrnehmen, was hinter Ihren Augenlidern geschieht. Und wenn Sie die Augen öffnen, richten Sie Ihren Blick ganz entspannt auf das, was vor Ihnen ist, und nehmen Sie wahr, was Sie sehen. Falls Sie es nützlich finden, alles, was Sie sehen, jeweils mit einem Wort zu benennen, tun Sie das. Stuhl. Baum. Meine Knie. Mein Baby. Nehmen Sie einfach wahr, was sich in Ihrem Blickfeld befindet.

Nehmen Sie als Nächstes wahr, ob Sie irgendetwas schmecken. Vielleicht haben Sie in der letzten Zeit gar nichts gegessen, aber dennoch könnten Sie ein kleines bisschen schmecken. Metallisch. Knoblauchartig. Neutral. Nehmen Sie jeden Geschmack wahr, der in diesem Moment da ist.

Nun nehmen Sie wahr, ob Sie etwas riechen. Atmen Sie tief durch die Nase ein und achten Sie auf alle Gerüche, egal, ob stechend oder zart. Kümmern Sie sich jetzt nicht darum, ob Sie sie mögen oder nicht. Nehmen Sie nur den Prozess des Riechens wahr.

Und nun, was spüren Sie? Drückt sich Ihr Körper gegen das Bett, den Fußboden oder Stuhl? Spüren Sie Wärme oder Kühle? Anspannung in irgendeinem Körperteil? Spüren Sie das Baby in Ihnen drin oder das Baby auf Ihrem Schoß oder neben Ihnen? Luft an Ihrer Haut? Nehmen Sie alle taktilen oder physikalischen Empfindungen zur Kenntnis.

Achten Sie als Nächstes auf Ihre Gedanken. Sie können alle möglichen Dinge denken. Nehmen Sie sie einfach wahr, während sie vorüberziehen.

Achten Sie nun auf Ihre Gefühle. Sind irgendwelche da? Zufriedenheit? Langeweile? Traurigkeit? Ärger? Schuldgefühl? Nehmen Sie ganz entspannt jedes Gefühl wahr, das Sie jetzt, im gegenwärtigen Augenblick, haben.

Nun richten Sie Ihre Aufmerksamkeit wieder auf Ihren Atem. Nehmen Sie ein paar Atemzüge lang wahr, wie Ihr Atem herein- und hinausgeht.

Lassen Sie jeden Teil Ihres Erlebens vorbeiziehen, wie Blätter, die einen Bach hinuntertreiben. Sie können beschließen, ein Blatt hochzuheben und zu begutachten, aber legen Sie es danach in den Bach zurück. Oder lassen Sie sie einfach alle vorbeischwimmen.

Nehmen Sie wahr, ob sich irgendetwas an Ihrem Atem, anderen Empfindungen, Ihren Gedanken, Gefühlen oder Ihrem allgemeinen Seinszustand geändert hat, nachdem Sie diese Übung durchgeführt haben. Hat sich etwas gewandelt?

Bei dieser Übung geht es darum, wahrzunehmen, was *jetzt* in Ihrem Erleben geschieht. Wenn Sie sich an diese Art von Meditation gewöhnen, werden Sie feststellen, dass sie sehr wirksam ist, um Sie zum achtsamen Gewahrsein zu bringen – in den gegenwärtigen Augenblick, in Ihren Körper und in Verbindung zu Ihrem Baby.

4 Yogareihe zum achtsamen Muttersein

Jnana Gowan ist Mitautorin dieses Kapitels. Sie ist eine geprüfte Yogalehrerin, spezialisiert auf die Arbeit mit Müttern vor und nach der Geburt, und sie hat die Yogareihe zum achtsamen Muttersein entwickelt.

Jnana bringt vielfältige persönliche und berufliche Erfahrungen für diese Arbeit mit. Als Mutter hat sie die Praxis der Achtsamkeit mit Hilfe ihres Sohnes Riley in ihr tägliches Leben integriert. In dem Kapitel über weiterführende Informationen am Ende dieses Buches können Sie mehr über Jnanas Arbeit mit Einzelpersonen, Gruppen und im Umfeld von Unternehmen erfahren. Die Yogareihe zum achtsamen Muttersein in diesem Kapitel wurde von einer anderen großartigen Mutter, Joanne Le Cocq, einer professionellen Designerin und Künstlerin, illustriert.

Gewahrsein durch Bewegung

Die Aufmerksamkeit auf den sitzenden Körper zu richten ist eine Sache (und die meisten Menschen sind überrascht, wie viel geschieht, wenn man nur ruhig dasitzt), doch sie auf den gegenwärtigen Augenblick, den Atem und den Körper zu richten, *während man sich bewegt,* ist etwas völlig anderes. Als Mutter werden Sie sich viel bewegen. Die Yogareihe zum achtsamen Muttersein wurde entwickelt, um Ihnen zu helfen, nicht nur wenn Sie ruhig sitzen, sondern auch wenn Sie sich bewegen, präsent, gewahr und mit Ihrem Baby verbunden zu sein.

Falls es in Ihrer Gegend einen Lehrer oder eine Lehrerin gibt, der oder die mit Yoga für Schwangere oder für Mütter vertraut ist, können Sie an seinem oder ihrem Kurs teilnehmen, falls das eine Option für Sie ist. Yogakurse für Schwangere und für Mütter nach der Geburt werden für diejenigen, die an intensiveren Übungen teilnehmen möchten, immer häufiger in Fitnessstudios, Familienzentren, Yogastudios und ganzheitlichen Gesundheitszentren angeboten. Für viele Frauen ist ein Yogakurs für Schwangere oder für Mütter mit Babys ihre erste Yoga-Erfahrung.

Manche Frauen haben das Gefühl, als ob sich nicht viel geändert hätte, wenn sie schwanger sind – sie nehmen einfach nur zu. Andere können kaum den Kopf vom Kissen heben, haben alle möglichen Schmerzen oder ihnen ist ständig übel. Mit anderen Frauen, die ähnliche Erfahrungen machen, in einem Raum zu sein, kann einem viel Kraft geben. Es ist eine großartige Möglichkeit, um andere junge Mütter kennenzulernen, was sehr dazu beitragen kann, in der Schwangerschaft und ersten Zeit des Mutterseins das innere Gleichgewicht zu bewahren.

Wir haben Yoga für das Schulungsprogramm zum achtsamen Muttersein ausgesucht, weil es eine Praxis achtsamer Bewegung ist, die sich über Jahrtausende entwickelt hat, und für Frauen vor und nach der Geburt ist ein Programm erarbeitet worden, das Forschungen zufolge sicher und förderlich für die fruchtbaren Jahre ist. Durch achtsames Yoga kann man besonders gut lernen, mit seinem Atem zu arbeiten, seinen Körper wahrzunehmen und ein Gewahrsein des gegenwärtigen

Augenblicks zu entwickeln. Falls es Ihnen lieber ist, können Sie jedoch auch andere Formen achtsamer Bewegung wählen, etwa Tai Chi oder Qigong oder weniger formale Praktiken wie Gehen, Tanzen, Radfahren oder einfach Stretching. Um etwa beim Gehen, statt beim ruhigen Sitzen, achtsames Gewahrsein zu praktizieren, können Sie die Übung „Gewahrsein des Atmens" in Kapitel 2 modifizieren, indem Sie das Wort „Atmen" durch „Gehen" und „jeden Atemzug" durch „jeden Schritt" ersetzen. Auf der Website können Sie auch eine Audio-Anleitung zur Gehmeditation herunterladen. Falls Sie Bedenken haben, ob Sie körperlich imstande sind, die Übungen durchzuführen, fragen Sie Ihren Arzt um Rat, bevor Sie anfangen.

Die Art von Yoga, mit der die Menschen im Westen meist am ehesten vertraut sind, ist Hatha Yoga oder der körperliche Aspekt von Yoga, wie Haltungen und Atemarbeit (oder Pranayama). Die Haltungen selbst werden Asanas genannt, daher wird die Praxis oft als „Asana-Praxis" bezeichnet. Im Sanskrit bedeutet das Wort *yoga* „anjochen" oder vereinigen. Wenn man den Weg des Hatha Yoga einschlägt, arbeitet man daran, Geist, Körper und Seele zu vereinigen. Genau das ist in der Schwangerschaft und der ersten Zeit des Mutterseins wichtig – ein Gleichgewicht zwischen Ihrem Körper, Ihrem Geist und Ihrer Seele oder Ihrem tieferen Selbst zu finden. Diese Praxis werden wir in diesem Kapitel erforschen.

Der Sanskrit-Ausdruck für „atmen" lautet *prana.* Jedoch geht Prana über das reine Atmen hinaus und bezeichnet auch die Lebenskraft, das Gefühl, lebendig zu sein – die ursprüngliche Energie, die der geistigen, körperlichen und seelischen Gesundheit und Kraft aller Dinge zugrunde liegt. Wenn man Yoga praktiziert, benutzt man den Atem als Brücke zwischen Körper und Geist. Der Geist hat die Aufgabe, auf den Atem zu achten und Sie tiefer mit Ihrem wahren Selbst zu verbinden, dem Ort des Gewahrseins, das jenseits Ihrer Gedanken, Gefühle oder körperlichen Empfindungen ist. Das Gewahrsein des Atems fungiert als Anker und bringt sie in den gegenwärtigen Augenblick.

Vor der Sitzmeditation ein klein wenig Yoga zu machen kann äußerst hilfreich sein. Im Schulungsprogramm für achtsames Muttersein fangen wir jede Kursstunde mit zwanzig Minuten Yoga an. Dies hilft, den emsig denkenden Geist in den gegenwärtigen Augenblick zurückzuholen, uns auf unseren Körper zu konzentrieren und ganz an einem ruhigeren Ort anzukommen.

Wenn Sie achtsames Yoga praktizieren, nehmen Sie bestimmte Körperhaltungen ein und halten diese eine Zeitlang aufrecht. In der Kriegerstellung zum Beispiel richten Sie achtsames Gewahrsein auf Ihren Atem und Ihren Körper, während Sie mit gegrätschten Beinen und weit ausgebreiteten Armen stehen. In unseren Kursen wird diese Position bis zu einer Minute (die Länge einer typischen Wehe) gehalten, was eine ziemliche Herausforderung sein kann. Viele Frauen sagen, dass sie in dieser kraftvollen Haltung neue Wege finden, Bodenhaftung zu gewinnen und sich zu sammeln. Durch Atemarbeit, Entschlossenheit und Loslassen lernen diese Frauen, sich für diese Position zu öffnen, statt dagegen anzukämpfen. Durch Üben entsteht eine „Ich-kann-das-schaffen-Haltung" (was einer Frau, die sich darauf vorbereitet, ein Kind zu gebären, sehr zugute kommt).

Viele Situationen als Mutter ähneln der Kriegerstellung. Etwa die Momente, in denen Sie ein Baby auf der Hüfte haben und gleichzeitig versuchen, Ihr Kleinkind aus seinem Autositz zu befreien, während Sie hilflos zusehen, wie eine offene Flasche frisch abgepumpter Muttermilch auf dem Teppich Ihres Autos ausläuft. Oder wenn Sie in einem fürchterlichen Stau stecken und das Baby nicht pünktlich von der Tagesstätte abholen können und zusehen müssen, wie sich der Akku Ihres Handys verabschiedet. Solchen Stresssituationen kann man mit der Art von „annehmender" Kriegerhaltung, die beim achtsamen Yoga kultiviert wird, begegnen. Und die Wehen – nun, die Wehen sind vielleicht die größte Kriegerstellung, die Ihnen in Ihrem Leben begegnen wird, und die Fähigkeit, währenddessen zu atmen und präsent zu sein, ist unglaublich hilfreich.

Meine Hebamme sagte einmal zu mir: „Man kann ein Kind nicht aus seinem Körper herausdenken." Bücher und Kurse zum Thema Geburt mögen informativ sein und einen dazu bringen, über die Wehen nachzudenken. Doch wenn die Wehen anfangen, kommt es letztlich auf Sie, das Baby und Ihren Atem an.

Die Yogareihe zum achtsamen Muttersein

Für die Yogareihe zum achtsamen Muttersein ist es nicht nötig, dass Sie sich viel Zeit außerhalb Ihres üblichen Alltags nehmen. Sie können die Yogaübungen machen, wenn Sie aufwachen, bevor Sie einschlafen, während Ihrer Mittagspause, vor oder nach einem Workout oder Spaziergang, wenn Sie mit Ihrem Baby zusammen sind – es gibt viele Möglichkeiten. Die Übungen sind eine schnelle und einfache Art, achtsame Bewegungen durchzuführen, und sie werden hoffentlich auch Ihrer Seele Nahrung geben.

Wie bei jedem Sport- oder Bewegungsprogramm sollten ein paar Worte über Ihre Sicherheit gesagt werden. Da drinnen ist – oder war noch vor kurzem – ein Baby! In der Schwangerschaft sorgt die Plazenta dafür, dass das Hormon Relaxin in Ihrem Körper ausgeschüttet wird. Relaxin lässt das Bindegewebe und die Bänder in Ihrem Körper elastischer werden, und aus diesem Grund ist Yoga eine perfekte Begleitung zu dieser hormonellen Veränderung. Die Elastizität des Körpers ist in der Schwangerschaft am höchsten, und dies ermöglicht Ihnen, sich zu überdehnen.

Bei diesen Übungen sollten Sie nicht denken: „Wer schön sein will, muss leiden." Dies ist eine Zeit, um ruhiger zu werden und die Verbindung zu Ihrem Atem, Ihrem Körper und zu Ihrem Baby zu finden. Sobald Sie eine Spannung spüren, die an Schmerz grenzt, reduzieren Sie die Dehnung etwas und halten die Position an der Stelle. Achten Sie auf Ihren Atem. Wenn Sie in einer Position angestrengt atmen, senken Sie das Tempo. Wenn Sie bei den Bewegungen stöhnen, entspannen Sie sich. Und wenn es Ihnen unangenehm oder zu viel ist, eine Position zu halten, hören Sie auf und fragen Sie Ihren Arzt nach seiner Meinung. Sie können auch einen professionellen Yogalehrer, der Sie persönlich beobachten kann, um Rat fragen. Manchmal ist es auch sinnvoll, eine bestimmte Position für eine Zeitlang sein zu lassen und sie später in der Schwangerschaft noch einmal zu probieren. Denn der Körper verändert sich so schnell, dass diese Haltung zu einem bestimmten Zeitpunkt schwierig, aber etwas später unproblematisch sein kann.

Durch das Praktizieren achtsamer Bewegungen werden Sie zur Forscherin. Mit Ihrem sich ständig verändernden Körper in der Schwangerschaft und nach der Geburt haben Sie ein riesiges Gebiet, das Sie erforschen können. Jeder Tag ist anders; Ihr Bauch dehnt sich aus oder zieht sich zusammen, Sie haben vielleicht Nervenschmerzen, Ihr Gewicht verändert sich (Sie nehmen zu) – all diese Veränderungen sind eine Einladung, die Verbindung zu Ihrem neuen Selbst und Ihrem Baby zu suchen.

Möglicherweise erleben Sie merkwürdige Gefühle, wenn Sie anfangen, mit dem Atem zu arbeiten und sich achtsam zu bewegen. Vielleicht bemerken Sie Stellen in Ihrem Körper, die schon länger angespannt sind, oft ohne dass Ihnen das bisher aufgefallen ist. Wenn dies geschieht, kann es sein, dass Sie Traurigkeit, Ärger oder einfach ein allgemeines, vages Unbehagen empfinden. Versuchen Sie nicht, Ihr Erleben zu ändern (was möglicherweise Ihr erster Impuls ist), sondern bemühen Sie sich, bei diesen Gefühlen und Emotionen zu bleiben. Atmen Sie in sie hinein und beobachten Sie, wie sie sich alle irgendwann wandeln.

Sie *brauchen* keine Ausrüstung für diese achtsame Yogareihe, aber vielleicht finden Sie es nützlich, sich eine Yogamatte zu besorgen (sehr empfehlenswert, weil sie das Ausrutschen verhindert). Andere Dinge, die sinnvoll sein könnten: drei oder vier dicke, stabile Bücher oder Yogablöcke (die man in Yogastudios, über das Internet oder in einem der großen Supermärkte bekommt), zwei feste Decken oder große Handtücher, ein Stuhl und ein Hocker. Vielleicht brauchen Sie nicht all diese Dinge, je nachdem, wie Sie sich in der Sitzung bewegen.

Doch vor allem während der Schwangerschaft stellen Sie möglicherweise fest, dass diese Requisiten umso hilfreicher sind, je mehr Ihr Umfang zunimmt.

Die Sitzung ist für eine Dauer von etwa zwanzig bis dreißig Minuten angelegt. Wir empfehlen, dass Sie die Yogareihe vollständig ausführen. Über unsere Website können Sie einen „Spickzettel" mit allen Positionen auf einer Seite herunterladen. Doch weil es beim achtsamen Muttersein darum geht, diese Übungen in Ihren Alltag als Mutter einzubauen, dürfen Sie an Tagen, an denen Sie einfach nicht genug Zeit (oder Energie) haben, um die ganze Yogareihe durchzuführen, diese in zwei Abschnitte aufteilen und einen davon auswählen: die Sitzpositionen oder die Stehpositionen. Und Sie können immer ein paar Ihrer Lieblingspositionen üben, wenn Sie gerade ein paar Minuten Zeit haben, vor allem wenn Sie sich antriebs- oder ratlos, lethargisch oder aufgebläht fühlen oder wenn Ihnen alles weh tut.

Sie können diese Yogareihe mit Ihrem Baby durchführen. Zwar ist es ideal, sich Zeit für sich selbst zu nehmen, aber warten Sie nicht, bis Sie Zeit haben, alleine Yoga zu praktizieren, weil das eine Seltenheit sein kann. Fangen Sie an und schließen Sie Ihr Baby in Ihre Übungen ein. Außerdem sehen Babys furchtbar gerne zu, wie ihre Mamas die verrücktesten Körperhaltungen einnehmen! Führen Sie manche der Positionen aus, während Ihr Baby unter Ihnen auf der Matte liegt (vorsichtig) oder während es bei den Sitzpositionen neben Ihnen auf dem Rücken liegt. Es kann eine sehr schöne Möglichkeit sein, eine achtsame Verbindung zu Ihrem Kleinen zu finden.

Weil die Namen der Positionen variieren, wenn man westliche Begriffe verwendet, benutzen wir bei jeder Stellung zuerst einen Sanskrit-Terminus und dann eine verbreitete westliche Bezeichnung.

Hinweis: Falls Sie so sind wie ich – ich würde an dieser Stelle die nächsten paar Seiten durchblättern und denken: „Das sieht toll aus!" und „Ich werd es irgendwann versuchen." Ich möchte Sie ermutigen, es jetzt zu versuchen.

1 Sitzpositionen

Sukhasana: Leichte Haltung

Setzen Sie sich auf eine oder zwei Decken oder auf ein sehr festes Kissen. Sitzen Sie mit gekreuzten Beinen auf Ihren Sitzhöckern (den Knochen in Ihrem Gesäß). Halten Sie mit den Sitzhöckern Verbindung zum Boden und richten Sie den Brustkorb auf, um die Wirbelsäule zu dehnen. Atmen Sie. Halten Sie die Position und atmen Sie drei- bis fünfmal aus und ein.

Teil 1

Atmen Sie ein und heben Sie die Arme hoch, die Handflächen nach oben. Drehen Sie als Nächstes Ihre Handflächen nach außen. Atmen Sie aus und lassen Sie die Arme sinken, die Handflächen nach unten. Handflächen nach oben, einatmen, Arme hoch. Dann Handflächen nach unten, ausatmen, Arme runter. Drei- bis fünfmal wiederholen. Vielleicht möchten Sie üben, indem Sie beim Einatmen und Ausatmen von eins bis sechs zählen, um Ihren Atem zu verlangsamen.

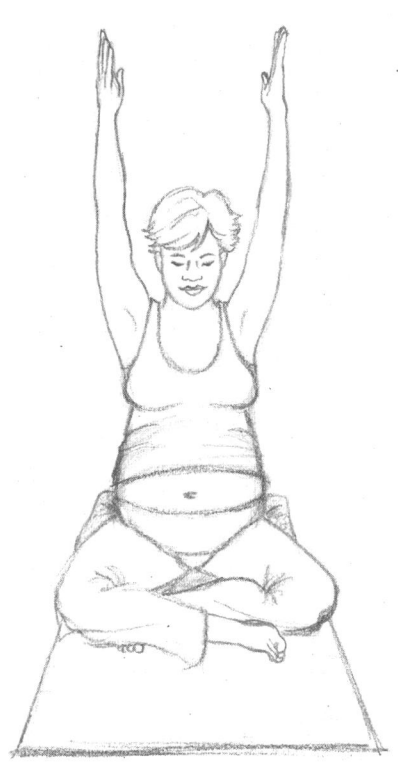

Teil 2

Atmen Sie ein, heben Sie die Arme hoch und führen Sie die Handflächen zusammen. Verschränken Sie nun die Finger und drehen
Sie die Handflächen beim Ausatmen zur Decke. Diese Position
einen Atemzug oder zwei ganze Atemzüge halten, dann die Arme
wieder sinken lassen.

Teil 3

Atmen Sie ein, führen Sie die Arme hinter dem Rücken zusammen und verschränken Sie die Finger so, dass die Handflächen gegenüber liegen. Wenn Sie ausatmen, strecken Sie die Arme nach hinten, wobei die Hände verschränkt sind, heben Sie den Brustkorb und halten Sie diese Position einen Atemzug oder zwei Atemzüge lang.

Wiederholen Sie Teil zwei mit den Armen über dem Kopf; verschränken Sie dieses Mal die Finger spiegelverkehrt, so dass der andere Daumen vorne ist. Wiederholen Sie dann Teil drei mit spiegelverkehrt verschränkten Fingern.

(ohne Abbildung)

Upavista Konasana: Sitz stark gegrätscht

Grätschen Sie die Beine weit. Atmen Sie ein und strecken Sie die
Arme über den Kopf, schulterbreit voneinander entfernt, wobei die
Handflächen zueinander zeigen. Strecken Sie sich ganz nach oben,
so dass Ihr kleiner Finger und Ringfinger zur Decke zeigen. Beziehen Sie die Beine mit ein, indem Sie die Zehen zu Ihrem Gesicht
hin ziehen und die Knie zur Decke zeigen lassen.

Atmen Sie nun aus und legen Sie die rechte Hand auf den Boden, während der linke Arm nach oben gestreckt ist und in einer Linie mit dem Rumpf bleibt. Die Hand auf dem Boden wird Sie bei der nächsten Bewegung stützen. Nun strecken Sie sich mit dem linken Arm zur rechten Seite. Atmen Sie ein, kommen Sie wieder zur Mitte und strecken Sie beide Arme wieder über den Kopf. Atmen Sie aus und wiederholen Sie die Übung auf der anderen Seite.

Baddha Konasana: Schmetterling/Schneidersitz

Bringen Sie von der vorigen Position aus Ihre gegrätschten Beine zusammen. Greifen Sie mit den Händen auf die Innenseite jedes Knies und ziehen Sie Ihre Knie auf sich zu, bis sich die Fußsohlen an den Fersen berühren, fünfzehn bis dreißig Zentimeter von der Leiste entfernt.

Teil 1

Umfassen Sie Ihre Knöchel und drehen Sie Ihren Oberkörper im Kreis. Stimmen Sie Ihren Atem darauf ab: Atmen Sie ein, wenn Sie sich nach hinten drehen, und atmen Sie aus, wenn Sie sich nach vorne drehen. **Drücken Sie Ihre Knie nicht auf den Boden.** Drücken Sie die Fußballen und die Innenseiten der Fersen weiterhin aufeinander, während Sie sich im Kreis drehen. In der Schwangerschaft können Sie das Gefühl haben, Ihr Baby zu quetschen, also tun Sie nur, was für Sie beide angenehm ist. Tun Sie dies fünf Atemzüge lang, dann wiederholen Sie die Übung in der entgegengesetzten Richtung. Wenn Sie fertig sind, nehmen Sie eine neutrale Sitzhaltung ein.

Teil 2

Umfassen Sie Ihre Knöchel, während Sie einatmen und Ihr Becken nach vorne kippen. Ziehen Sie Ihre Schulterblätter nach hinten und unten, so dass Ihre Wirbelsäule nach hinten gerundet ist.
Richten Sie Ihren Blick nach oben, zur Decke hin, und heben Sie
sanft das Kinn.

Atmen Sie aus, umfassen Sie weiter Ihre Knöchel, rollen Sie ein Stück nach hinten auf Ihr Kreuzbein (das untere Ende der Wirbelsäule), wobei Sie den Rücken runden, die Arme strecken und in die gestreckte Brustwirbelsäule hinein atmen. Synchronisieren Sie Ihre Atmung, während Sie fünf oder zehn Atemzüge lang vor- und zurückrollen. Atmen Sie ein und heben Sie den Brustkorb, während Sie in die leichte Rückwärtsbeuge gehen. Atmen Sie nun aus, rollen Sie wieder zurück, runden Sie den Rücken und strecken Sie die Arme.

Adho Mukha Svanasana: Herabschauender Hund

Stützen Sie sich mit gespreizten Fingern auf die Hände und Knie. Drehen Sie die Hände leicht nach außen, ungefähr in einem Winkel von 45 Grad. Stellen Sie die Knie und Füße ungefähr hüftbreit auseinander, vielleicht noch etwas mehr, wenn Sie schwanger sind. Es kann etwas Übung erfordern, die richtige Stellung zu finden. Falls Ihre Füße zu dicht beieinander stehen, spüren Sie vielleicht eine Spannung in der Wirbelsäule, und falls sie zu weit auseinander sind, kann es sein, dass Sie sich überanstrengen. Atmen Sie ein und drehen Sie beim Ausatmen die Zehen so, dass sie flach auf dem Boden aufliegen, und strecken Sie die Beine, wobei alle zehn Zehen weiterhin nach vorne gerichtet sind. Drücken Sie die Hände in den Fußboden, während Sie Ihr Steißbein dehnen und vom Kopf wegziehen. Drücken Sie alle vier Punkte Ihrer Handflächen in den Fußboden, wobei die Ellbogen durchgestreckt bleiben. Lassen Sie den Kopf locker und lassen Sie ihn zwischen den Armen hängen. Halten Sie diese Position nur für drei oder fünf Atemzüge. Falls Ihnen schwindelig wird oder Sie sich benommen fühlen, lassen Sie sich hinuntersinken und ruhen Sie sich in der Kindeshaltung (siehe nächste Seite) aus. **Hören Sie mit dieser Position auf, falls Ihnen schwindelig wird oder Sie sich benommen fühlen.**

Hinweis: Wenn Sie mit dieser Übung gerade erst anfangen, wenn Sie hochschwanger sind oder beides, kann Ihnen diese Position als zu schwierig vorkommen. Falls dies der Fall ist, lassen Sie sie aus und gehen zur nächsten Position weiter. Mit Ihrem sich verändernden Körper geht die Einladung einher, sich jeden Tag achtsam zu fragen, wo Sie sind.

Adho Mukha Virasana: Kindeshaltung

Kommen Sie vom Herabschauenden Hund wieder herunter auf alle Viere, auf die Hände und Knie. Führen Sie die großen Zehen zusammen, wobei die Knie auseinander bleiben, und setzen Sie sich dann mit den Hüften auf die Fersen (dabei sollten die Beine weit genug auseinander sein, damit Ihr Bauch dazwischen Platz hat, wenn Sie schwanger sind). Entspannen Sie sich beim Ausatmen und beugen Sie sich vor. Vielleicht möchten Sie die Hände noch ein Stück nach vorne gehen lassen und den Bauch dabei zwischen den Beinen abstützen. Ziehen Sie die Schulterblätter weiter den Rücken hinunter und strecken Sie die Arme über dem Kopf aus, die Handflächen auf dem Boden. Während Sie auf den Fersen sitzen, drücken Sie das Steißbein weiter nach hinten auf die Fersen. Wenn Sie können, legen Sie die Stirn auf den Boden. Frauen mit größerem Bauchumfang können sich auf ihre Ellbogen (oder ein Kissen) stützen und den Kopf nach unten sinken lassen.

Hinweis: Sie können drei- bis fünfmal vom Herabschauenden Hund aus in die Kindeshaltung gehen.

2 Stehpositionen

Uttanasana: Stehende Vorwärtsbeuge

Rollen Sie Ihre Zehen von der Kindeshaltung aus ab, wobei Ihre Füße weiter als hüftbreit auseinander stehen. Stützen Sie die Hände auf dem Fußboden (oder auf Büchern, Yogablöcken oder einem Stuhl) ab, strecken Sie die Beine, heben Sie die Hüften an und lassen Sie den Kopf herunterhängen. Lassen Sie sich aus der gebeugten Hüfte hängen und vom Gewicht Ihres Kopfes zum Boden hin ziehen. Beziehen Sie die Beine oberhalb der Knie mit ein, indem Sie die Oberschenkelmuskeln anspannen und hochziehen. Je mehr Sie Ihre Beine anstrengen, umso entspannter wird Ihre Wirbelsäule. Stellen Sie sich vor, sich so sehr wie möglich aus der Hüfte hängen zu lassen, damit sich die Wirbelsäule entspannen kann. Lassen Sie Ihre Kniekehlen sich öffnen und atmen Sie tief ein, als atmeten Sie bis in die Rückseiten Ihrer Oberschenkel hinein.

Um aus dieser Position wieder herauszukommen: Beugen Sie leicht die Knie und stützen Sie sich dann mit den Händen auf den Oberschenkeln ab, während Sie sich zur Bergstellung (Tadasana) hochrollen.

Tadasana: Bergstellung

In der Schwangerschaft und nach der Geburt eine Haltung wie vor der Schwangerschaft aufrechtzuerhalten, ist sehr hilfreich, wenn Sie an Gewicht zulegen und Ihre Körpergrenzen sich ausdehnen. Nehmen Sie diese Haltung als Teil Ihrer täglichen Achtsamkeitspraxis ein, während Sie im Supermarkt oder in der Bank Schlange stehen oder auf einen Bus oder ein Taxi warten.

Stellen Sie sich mit den Füßen hüftbreit auseinander hin, so dass die Außenseiten der Füße fast parallel sind. Drehen Sie die Fersen leicht nach außen. Drücken Sie die Füße gleichmäßig in den Boden und spreizen Sie die Zehen. Spüren Sie das Gewicht Ihres sich wandelnden Körpers und verteilen Sie das Gewicht gleichmäßig von Ihren Fußballen zu den Vorderseiten Ihrer Fersen. Spannen Sie die vorderen Oberschenkelmuskeln an, aber strecken Sie die Knie nicht ganz durch. Heben Sie die vorderen oberen Darmbeinstachel (die spitzen Knochenteile des Beckens an der Vorderseite des Körpers) **ein wenig** und ziehen Sie das Steißbein **ein wenig** zum Boden hin, damit das Becken waagerecht ist. Achten Sie darauf, dass Ihre Hüften genau über den Knien und die Knie über den Knöcheln sind. Richten Sie den Brustkorb auf. Dehnen Sie Ihre Schlüsselbeine zu den Schultern hin und lassen Sie die Arme an den Seiten herunterhängen.

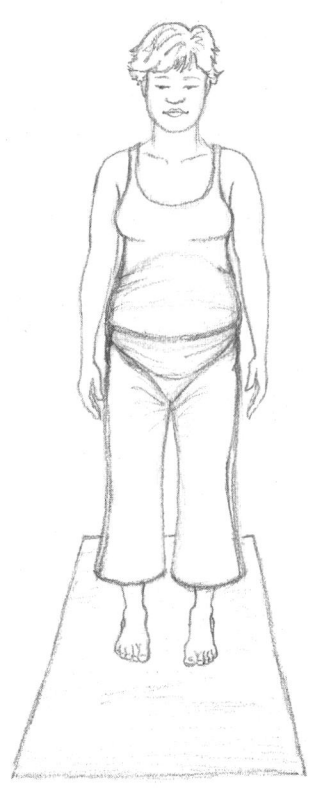

Ein paar Worte über Hockstellungen

Der menschliche Körper mit einem Baby im Schlepptau ist wie geschaffen für eine hockende Haltung, daher ist es sehr empfehlenswert, diese Stellung in der Schwangerschaft zu üben. Im Lauf der Zeit werden Sie feststellen, dass sich Ihr Körper immer besser in der Hocke öffnen kann. Beginnen Sie von der Bergstellung aus, indem Sie Ihre Füße weiter als hüftbreit auseinander und parallel hinstellen. Atmen Sie aus. Beugen Sie die Knie und hocken Sie sich auf die Fußballen. Ihre Zehen drehen sich vielleicht von alleine nach außen und Sie können sich mit den Händen auf dem Boden abstützen. Ihre Zehen sollten in einer Linie mit Ihren Knien sein. Strecken Sie Ihr Steißbein zum Boden hin und verlängern Sie die Dehnung bis zur Oberseite Ihres Kopfes, so dass die Wirbelsäule in die Länge gezogen wird. Lassen Sie die Fersen vom Boden abheben, um zu vermeiden, dass sich die Wirbelsäule rundet. Mit zunehmender Übung werden sie immer mehr auf dem Boden bleiben können. Wenn Sie sich mit den Händen nicht auf dem Fußboden abstützen müssen, nehmen Sie mit den Händen eine Gebetshaltung ein, indem sie sich gleichmäßig gegeneinander drücken, wobei die Daumen vor Ihrem Herzen sind.

Um es etwas leichter zu machen, können Sie sich auch auf einen Yogablock, einen Hocker oder auf drei oder vier große Bücher setzen. Achten Sie darauf, dass Ihre Sitzbeinhöcker auf der Oberfläche des Hockers bleiben.

Gehen Sie im Lauf der Zeit, wenn Sie sich an diese Position gewöhnen, immer tiefer in die Hocke. Sie können sich bei dieser Haltung auch zusätzlich mit dem Rücken an einer Wand abstützen.

Um aus der Hocke wieder hochzukommen: Stützen Sie sich mit den Händen auf dem Boden ab, verlagern Sie Ihr Gewicht leicht nach vorne und drehen Sie die Fersen nach außen, so dass Ihre Füße fast parallel stehen. Kommen Sie hoch in die Stellung Uttanasana (stehende Vorwärtsbeuge), indem Sie die Beine strecken. Atmen Sie aus. Lassen Sie Ihren Körper in der Vorwärtsbeuge herunterhängen und kommen Sie gemäß der Anleitung für Uttanasana aus dieser Position wieder heraus – beugen Sie leicht die Knie und stützen Sie sich mit den Händen zusätzlich auf den Oberschenkeln ab, während Sie sich Wirbel für Wirbel zur Bergstellung hochrollen.

Virabhadrasana II: Krieger II

Stellen Sie Ihre Füße von Tadasana (der Bergstellung) aus zwischen gut einem Meter und ca. 1,35 m auseinander. Drehen Sie den rechten Fuß ungefähr 90 Grad nach außen, so dass die Ferse Ihres rechten Fußes in einer Linie mit dem Gewölbe Ihres hinteren (linken) Fußes ist. Bleiben Sie mit den Ballen des hinteren (linken) Fußes auf dem Boden, heben Sie die Ferse (des linken Fußes) an und drehen Sie sie 45 Grad nach innen. Beziehen Sie die Oberschenkel mit ein, indem Sie sich vorstellen, dass Sie die Muskeln über den Knien hochziehen. Atmen Sie ein und heben Sie die Arme so, dass die Handflächen parallel zum Fußboden sind. Die Schultern sollten dabei unten bleiben, von den Ohren weg. Drehen Sie den Kopf so, dass Sie über Ihren rechten Arm hinwegschauen. Spannen Sie beide Beine an, atmen Sie aus und beugen Sie das rechte Bein, so dass das Knie in dieselbe Richtung wie die Zehen zeigt. Achten Sie darauf, dass sich Ihre Zehen nicht nach innen drehen. Der rechte Oberschenkel sollte parallel zum Boden sein. Heben Sie das Kinn leicht an und seien Sie eine stolze Kriegermama! Der Rumpf ist nicht zum vorderen Bein hin gebeugt, sondern steht im rechten Winkel zum Boden. Halten Sie diese Position anfangs fünfzehn bis dreißig Sekunden lang, doch arbeiten Sie darauf hin, sie eine Minute lang zu halten, um Ihre Kraft und Ausdauer zu stärken. Führen Sie dann die Füße wieder zusammen, stellen Sie sich in Tadasana (die Bergstellung) und wiederholen Sie Krieger II auf der anderen Seite.

Kegel-Übungen oder Beckenbodenübungen

Kegel- oder Beckenbodenübungen sind Kontraktionen des Musculus pubococcygeus, des hängemattenartigen Muskels, der sich vom Schambein zum Steißbein erstreckt und den Beckenboden bildet. Die Stärkung dieses Muskels kann einem die Kraft geben, die Geburt zu erleichtern, und trägt dazu bei, dass der Damm intakt bleibt (was Risse und Dammschnitte reduziert). Außerdem beugen diese Übungen einem unfreiwilligen Urinverlust beim Niesen, Husten, Lachen oder Springen vor. Ein weiterer Vorteil von (natürlich achtsam durchgeführten) Kegel-Übungen besteht darin, dass der sexuelle Genuss für beide Partner gesteigert werden kann. Indem Sie diese Übungen während Ihrer Schwangerschaft (und während Ihres ganzen Lebens) durchführen, stärken Sie Ihren Beckenboden, der Ihre Fortpflanzungsorgane und die ungefähr sechsunddreißig Muskelpaare des Beckens beherbergt. Sie können Kegel-Übungen fast jederzeit durchführen (beim Autofahren, Schlangestehen, Fernsehen). Als Minimum empfehle ich, jedes Mal, wenn Sie zur Toilette gehen, zehn Kegel-Übungen durchzuführen – und wenn Sie schwanger sind, sind das eine ganze Menge Kegel-Übungen! Die beste Methode, diesen Muskel zu finden, besteht darin, den Urinfluss zu unterbrechen. Die Kontraktion des Musculus pubococcygeus stoppt den Urinfluss. Sobald Sie den Muskel entdeckt haben, sollten Sie den Urinfluss nicht mehr unterbrechen, um die Übung durchzuführen. Am besten führen Sie sie aus, wenn Sie fertig sind, vielleicht während Sie sich die Hände waschen.

Prasarita Padottanasana: Gegrätschte Vorwärtsbeuge

Stellen Sie Ihre Füße von Tadasana (der Bergstellung) aus zwischen gut einem Meter und ca. 1,35 m auseinander. Die Zehen stehen gerade nebeneinander, leicht nach innen gedreht. Drücken Sie die Füße gleichmäßig gegen den Fußboden. Beziehen Sie die Oberschenkel mit ein, indem Sie sich vorstellen, dass Sie die Muskeln über den Knien hochziehen. Atmen Sie ein und machen Sie die Wirbelsäule lang, indem Sie den Brustkorb aufrichten. Atmen Sie aus und achten Sie darauf, dass Ihre Wirbelsäule lang bleibt, während Sie sich in der Hüfte beugen und zum Boden hin bewegen, wobei Ihre Hüften und Fersen in einer Linie sein sollten. Legen Sie die Finger genau unterhalb Ihrer Schultern auf den Boden (oder auf Yogablöcke oder einen Stuhl). Atmen Sie tief, als atmeten sie bis in die Rückseite

Ihrer Oberschenkel hinein. Halten Sie Ihren Kopf in einer Linie mit der Wirbelsäule und strecken Sie die Schädelbasis vom Steißbein weg. Halten Sie die Vorwärtsbeuge drei bis fünf Atemzüge lang.

Um wieder aus der Position herauszukommen: Stützen Sie sich auf dem Boden oder den Yogablöcken ab und führen Sie die Beine enger zusammen, indem Sie erst die Fersen und dann die Zehen jeweils ein paar Zentimeter nach innen bewegen. Wenn Ihre Beine enger zusammen stehen, beugen Sie leicht die Knie und drücken dann die Hände oben auf die Oberschenkel, so dass Sie die Kraft Ihrer Arme nutzen, um sich wieder in die Bergstellung hochzurollen.

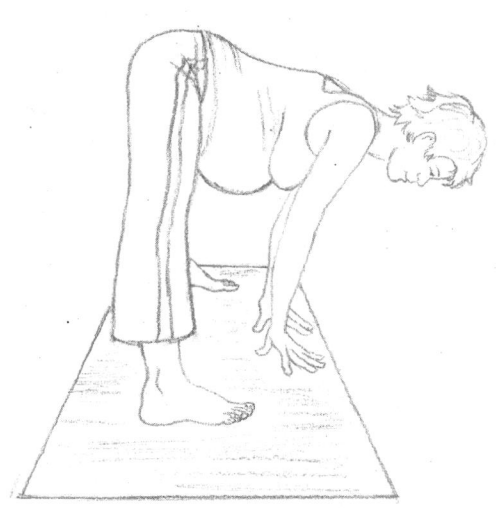

Savasana: Totenstellung (auf der Seite)

Traditionell liegt man bei dieser Position flach auf den Rücken. In der Schwangerschaft ist es jedoch am besten, auf der **linken Seite** zu liegen, denn bei Frauen im zweiten und dritten Schwangerschaftsdrittel kann es zu einem ernsten Syndrom, dem sogenannten **Vena-Cava-Kompressionssyndrom,** kommen, wenn die Mutter auf dem Rücken liegt. Das Gewicht der Gebärmutter, des Fötus, der Plazenta und des Fruchtwassers kann zur Kompression einer großen Vene, der **Vena cava inferior,** führen, wodurch der Rückstrom des Blutes zum Herzen behindert wird. Wenn diese große Vene zusammengedrückt wird, steigt Ihre Herzfrequenz und Ihr Blutdruck sinkt, was zu Schwindel, Müdigkeit, Übelkeit und anderen Beschwerden führen kann. Auch kann dieses Syndrom eine intrauterine Hypoxie aufgrund einer verminderten Sauerstoffversorgung des Babys auslösen. Wenn Sie Ihr Baby schon bekommen haben, können Sie bei Savasana flach auf dem Rücken liegen, die Handflächen nach oben gewandt. Richten Sie achtsames Gewahrsein auf Ihren Körper und hören Sie mit **jeder** Position auf, bei der Sie kein gutes Gefühl haben.

Legen Sie sich für Savasana (die Totenstellung) auf die linke Seite und stützen Sie sich nach Bedarf mit Kissen und Decken ab, damit Savasana für Sie zu einem Ort tiefen Friedens wird. Legen Sie ein festes Kissen, eine Decke, ein Handtuch oder Ihren linken Arm unter Ihren Kopf, damit er nicht unter Ihrem Rumpf eingeklemmt wird. Wenn Sie möchten, legen Sie sich ein weiteres Kissen zwischen die Beine, wobei das obere Bein etwas weiter vorne als das untere liegt. Stützen Sie Ihren oberen Arm ab, indem Sie die Hand auf den Bauch legen, wenn Sie wollen. Lockern Sie Ihre Zunge, indem Sie sie fest gegen den Gaumen drücken und dann wieder loslassen, so dass die Spannung nachlässt. Entspannen Sie den Kiefer; der Unter- und der Oberkiefer sollten einander nicht berühren. Lassen Sie Ihren Körper schwer auf dem Boden liegen. Versinken Sie in sich selbst. Bleiben Sie mindestens drei bis vier Minuten in dieser ruhigen, erholsamen Stellung. Wenn Sie genug Zeit haben, können Sie auch zehn Minuten oder länger in der Position bleiben.

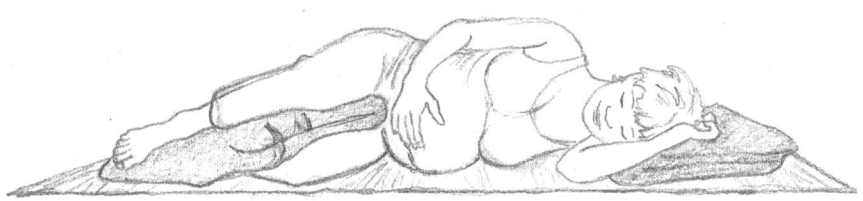

Hier ist eine Kurzfassung der Übungen, die Sie zum Nachschlagen nutzen können, während Sie üben. Verwenden Sie diese schnelle Übersicht, entweder indem Sie dieses Buch aufgeschlagen hinlegen oder diese Seite fotokopieren und mitnehmen. Und falls Sie eine detailliertere Anleitung zum schnellen Nachsehen haben möchten, können Sie diese auf der Website www.mindfulmotherhood.org herunterladen.

Yogareihe zum achtsamen Muttersein
Schnellübersicht

1 Sitzpositionen
- Sukhasana: Leichte Haltung (Atemgewahrsein)
- Upavista Konasana: Sitz stark gegrätscht (zur Seite strecken)
- Baddha Konasata: Schmetterling/Schneidersitz
- Adho Mukha Svanasana: Herabschauender Hund
- Adho Mukha Virasana: Kindeshaltung

2 Stehpositionen
- Uttanasana: Stehende Vorwärtsbeuge
- Tadasana: Bergstellung
- Hocke und Hocke mit Abstützung
- Kegel-Übungen: Beckenbodenübungen
- Virabhadrasana II: Krieger II
- Prasarita Padottanasana: Gegrätschte Vorwärtsbeuge

3 Schlussposition
- Savasana: Totenstellung (in der Schwangerschaft auf der Seite)

5 Die drei Elemente des Erlebens

Nun, da Sie ein paar Übungen haben, die Sie jeden Tag durchführen können, wollen wir uns genauer damit befassen, wie man lernen kann, die verschiedenen Elemente des Erlebens wahrzunehmen.

Die drei Elemente

Eine Teilnehmerin unserer Schulung für achtsames Muttersein erzählte uns eine Geschichte über einen dieser Augenblicke, vor dem sich jede Mutter fürchtet. Eines Tages gingen sie und ihr Mann mit ihrem Kleinkind und ihrem vier Monate alten Baby im Kinderwagen zum Teich im Park, um zuzuschauen, wie die kleinen Modellboo-te segelten. Eine Kapelle spielte, die Sonne schien, eine Brise wehte, Kinder lachten und fütterten die Enten, Straßenhändler verkauften heiße Brezeln und Eis und Teenager fuhren Roller-Blade. Es war ein rundherum schöner Tag. Während sie auf ihr älteres Kind aufpasste, sah Cindy aus dem Augenwinkel heraus, wie der Kinderwagen mit dem darin angeschnallten Baby auf den Teich zurollte. Wie in Zeit-lupe rollte der Kinderwagen direkt in den Teich, mit dem Baby und allem! Zum Glück war das Baby am Ende nur nass und überrascht, da es von Cindys Mann aus dem Teich gezogen wurde.

Auf den ersten Blick enthält dieses Erlebnis eine ganze Menge Ele-mente: den Klang der Musik und der plaudernden und lachenden Kin-der, die Sonnenstrahlen, die sich im Wasser spiegelten, die Brise und die Wärme der Sonne, den Duft der weichen Brezeln von dem Wagen in der Nähe, die Rufe „Hey!" und „O Gott!" von Leuten, die gesehen hatten, was geschehen war. In der Minute, die ihr Mann brauchte, um dem Baby zu Hilfe zu eilen, hatte Cindy alle möglichen Gedan-ken: „Wie konnte mir das passieren? Ich weiß, dass ich die Feststell-bremse am Kinderwagen angezogen habe … oder nicht? Wie soll ich den Leuten erklären, dass mein Baby in einem flachen Teich im Park ertrunken ist? Was haben die in dem Erste-Hilfe-Kurs für Säuglinge noch mal über Herzdruckmassage bei Babys gesagt?" Ihr Körper ver-spannte sich; sie war erfüllt von Angst und Panik. All dies überwältigte sie verständlicherweise recht schnell.

Doch im Grunde enthält dieses Erlebnis (wie alles, was Sie erleben) drei Elemente: Gedanken, Gefühle und Körperempfindungen. Selbst in diesem komplizierten Augenblick geschahen in Cindys Erleben nur drei Dinge: Sie *dachte:* In diesem Fall überlegte sie, wie sie zum Baby ge-langen könnte, ohne das Kleinkind alleine zu lassen, und sie wünschte, die Leute würden ihr den Weg frei machen. Sie erlebte *Gefühle:* Sie hatte Angst, dass ihr Baby in echter Gefahr war, sie war schockiert, vielleicht ein wenig ärgerlich und stand unter Strom, zum Baby zu kommen. Au-ßerdem nahm sie *Empfindungen* durch ihre Augen, Ohren, ihre Nase, ihren Tastsinn und ihren Körper wahr. Sie nahm wahr, was es um sie herum zu sehen und zu riechen gab, ihre Anspannung, das Gefühl von Wind und Sonne auf ihrer Haut und das Gefühl, von den Leuten auf ihrem Weg herumgeschubst zu werden.

In jeder Situation, die Sie als junge Mutter erleben werden, ganz gleich, ob sie chaotisch oder ruhig ist, sind diese drei Elemente vorhanden. Erforschen Sie, was im Moment bei Ihnen geschieht. Wahrscheinlich denken Sie etwas und Ihr Geist konzentriert sich darauf, zu lesen und diese Informationen zu verarbeiten. Außerdem spielen sich in Ihrem Inneren sicherlich Gefühle ab. Darüber hinaus erleben Sie Körperempfindungen, etwa Entspannung oder Anspannung, Kühle oder Wärme. Und alles, was „außerhalb" von Ihnen geschieht, wird durch ihre Sinne wahrgenommen – die bekannten fünf Sinne des Sehens, Hörens, Tastens, Riechens und Schmeckens. Es gibt auch noch einen sechsten Sinn, den ich Ihren gespürten Sinn nennen möchte, Ihr Bauchgefühl oder Ihre körperliche Gesamtwahrnehmung von Dingen (etwa, wenn sich Ihnen die Nackenhaare aufstellen oder wenn Sie sich behaglich und entspannt fühlen). Achtsamkeit fängt damit an, wahrzunehmen, was in diesen drei Bereichen des Erlebens – Gedanken, Gefühle und Empfindungen – geschieht.

Denken

Wenn Sie so sind wie ich (und wie die meisten Menschen, mit denen ich bisher gearbeitet habe), plappert Ihr Geist ständig vor sich hin. Er gibt einen laufenden Kommentar über alles ab, was geschieht. Es ist beinahe, als hätten Sie Ihren eigenen, persönlichen Reporter, der dauernd darüber berichtet, wie Sie Ihr Leben leben. Er stempelt Dinge als gut oder schlecht ab und bewertet alles, was Sie erleben. Er plant für die Zukunft und denkt über die Vergangenheit nach. Er sucht nach Problemen oder nach Dingen, die nicht funktionieren oder fehl am Platz sind, und er bemüht sich, sie zu lösen, in Ordnung zu bringen oder zu verstehen. Er erzählt Geschichten darüber, wie und warum was in welcher Situation geschieht. Er kategorisiert und vergleicht. All dies, ob es Ihnen nützt oder nicht, ist der Bereich, den wir *Denken* nennen.

Das Denken an sich ist kein Problem. Sehr vieles von unserem Denken ist positiv und hilfreich. Vielleicht richten sich Ihre Gedanken darauf, Probleme zu lösen, angemessen für die Zukunft zu planen oder über die Vergangenheit nachzudenken. Oder vielleicht sind Ihre Gedanken eher ziellos – Ihr Geist plappert über alles, was kommt. Das Denken ist ein nützliches Werkzeug, über das wir Menschen verfügen, um Dinge zu verstehen, aus der Vergangenheit zu lernen und für die Zukunft zu planen. Das Denken ist großartig für Aufgaben wie: „Wie kann ich den Pfirsich da vom höchsten Ast herunterholen?", oder: „Wie viele Windeln werde ich im nächsten Monat brauchen?", oder: „Wie kann ich einen Arbeitsablauf erstellen, durch den die Ressourcen meiner Abteilung am effektivsten genutzt werden?" Ehrliches Nachdenken ist hilfreich, um vergangene Situationen zu verarbeiten und daraus zu lernen, zum Beispiel: „Im Rückblick betrachtet, erkenne ich, dass es vielleicht besser weitergegangen wäre, wenn ich meinem Partner weniger vorwurfsvoll begegnet wäre", oder: „Was mich an diesem Arzt am meisten stört, ist nicht, dass ich jedes Mal so lange im Wartezimmer sitzen muss, sondern dass er zu beschäftigt wirkt, um sich wirklich um meine Sorgen in der Schwangerschaft zu kümmern. Ich glaube, ich werde den Arzt wechseln."

Doch leider kann der innere Kommentar ziemlich laut werden. Er kann sich in den Mittelpunkt Ihres Erlebens drängen und alles andere – Körperempfindungen, Ihre Gefühle, Ihre Umgebung, das, was Sie hören und sehen, selbst den Menschen vor Ihnen – in den Hintergrund treten lassen. Ihre Erlebnisse werden alle durch Ihren denkenden Geist gefiltert und Ihr Geist kann ein bisschen wie ein Gast wirken, der nicht gehen will und sich dauerhaft im Wohnzimmer einquartiert.

Es kann sich so entwickeln, als spräche Ihr persönlicher Reporter durch ein Megaphon. Das Denken beginnt, alles alleine zu bestimmen, und statt sich direkt damit zu beschäftigen, was geschieht, sind

Sie vor allem mit Ihrer Geschichte darüber, was geschieht, beschäftigt. Statt den gegenwärtigen Augenblick wahrzunehmen, wie er ist, sind Sie in der Vergangenheit gefangen, in der Zukunft, in Ihren Wertungen oder in dem Versuch, Probleme zu lösen. Ihr Geist kann wie ein führerloser Zug sein, von dem man kaum noch abspringen kann. Sie können sogar das Gefühl haben, *als seien Sie* Ihre Gedanken. Ich denke, also bin ich, stimmt's?

Gefühle

Ein anderer Teil Ihres Erlebens ist emotionaler Art. Stimmen Sie sich darauf ein, welche Gefühle Sie im Moment erleben. Manchmal erlebt man einzelne Gefühle wie Traurigkeit, Freude, Schuldgefühl oder Liebe. Vielleicht fühlen Sie etwas, was Sie benennen können und dessen Ursprung Sie kennen – eine Erfahrung, die Sie mit einem anderen Menschen gemacht haben oder noch machen, etwas, was Sie gelesen haben, eine Erinnerung oder eine Vorstellung von der Zukunft. Zu anderen Zeiten erleben Sie vielleicht diffusere Gefühle, wie Depression, Sorge, Aufregung oder allgemeine Zufriedenheit. Es kann sein, dass diese Gefühle oder Stimmungen gar nicht einem bestimmten Ursprung entstammen, sondern dass viele Dinge dazu beitragen – was Sie gegessen haben, wie die letzten paar Tage gelaufen sind, die Jahreszeit oder die Monatsblutung und so weiter. Und manchmal erlebt man Gefühle, die ziemlich schwer zu erklären sind, die schwer zu benennen sind und deren Ursprung noch schwerer zu finden ist. Vielleicht empfinden Sie ein allgemeines Gefühl von Stress oder von Frieden. Meistens empfindet man irgendeine Kombination all dieser Dinge. Diesen ganzen Bereich wollen wir als *Gefühle* bezeichnen.

Ebenso wie Gedanken sind auch Gefühle in sich kein Problem. Sie haben sehr nützliche evolutionäre Funktionen: Furcht weist Sie auf mögliche Gefahren in Ihrer Umgebung hin und gibt Ihnen Antrieb, um auf die Gefahr zu reagieren. Liebe, Mitgefühl und Empathie und sogar die Trauer, die mit dem Verlust eines geliebten Menschen einhergeht, stellen sicher, dass wir starke Bindungen zu anderen Menschen eingehen können. Gefühle der Scham und der Schuld richten zwar oft Schaden an, jedoch können sie Ihnen im Grunde helfen, Ethik und Moral als soziales Wesen aufrechtzuerhalten. Selbst Traurigkeit hat etwas Positives: Sie hilft Ihnen, Mitleid für andere Menschen in Not zu empfinden, einen Verlust oder eine Trennung zu verarbeiten oder unhaltbare Situationen zu erkennen und Lösungen dafür zu finden. Glück, Freude, Staunen, Überraschung – diese positiven Gefühle sind nicht bloß angenehm, sondern Forschungen zeigen auch, dass sie in direktem Zusammenhang mit Gesundheit und Wohlbefinden stehen und als Puffer oder Gegenmittel zu schwierigeren Gefühlen dienen können (Folkman und Moskowitz 2000).

Ein Problem entsteht jedoch dann, wenn man entweder so sehr von seinen Gefühlen überwältigt ist, dass die Leistungsfähigkeit und gesunde Interaktionen mit anderen beeinträchtigt werden, oder wenn man chronisch bestimmte Gedanken- oder Verhaltensmuster pflegt, um Gefühle, die man als unerträglich wahrnimmt, zu vermeiden oder zu unterdrücken. Bisweilen können Gefühle so unangenehm werden, dass es Ihnen vielleicht schwerfällt, Ihre eigenen Gefühle oder die der Ihnen nahestehenden Menschen zu ertragen. In der Schwangerschaft können Gefühle wie Dampfmaschinen sein, überwältigend und intensiv, und Ihre übliche Art, Dampf abzulassen oder sich zu beruhigen (etwa Laufen gehen oder etwas trinken), ist vielleicht nicht möglich. Wenn das Baby da ist, können Deprimiertheit, Sorgen oder auf andere Weise überwältigende Gefühle Ihnen zu schaffen machen und Ihnen Probleme bereiten, eine Bindung zu Ihrem Baby aufzubauen und Ihre Zeit zusammen zu genießen.

Empfindungen

Der dritte Bereich des Erlebens sind Empfindungen. Sie umfassen Sinneseindrücke – was Sie sehen, hören, fühlen, schmecken oder riechen – und Körperempfindungen. Wahrscheinlich haben Sie auch im Moment einige Körperempfindungen. Ein Gefühl der Anspannung hier, ein Gefühl von Wärme dort, einen Schmerz, ein Reiben von Kleidern gegen die Haut oder eine Art Strom von Empfindungen. Auch atmen Sie immer, wenn auch die meisten Menschen sich dessen nur selten bewusst sind, es sei denn, sie sind außer Atem. Doch wenn Sie Ihre Aufmerksamkeit darauf richten, können Sie spüren, dass Sie atmen, und vielleicht können Sie auch Ihren Puls oder Ihren Herzschlag spüren.

Ob Sie etwas sehen, hören, schmecken, riechen oder fühlen – in der Regel erlebt man Sinneseindrücke als (1) angenehm, (2) unangenehm oder (3) neutral, das heißt weder angenehm noch unangenehm. Manche Körperempfindungen, vor allem während der Schwangerschaft, der Wehen und der ersten Zeit des Mutterseins, sind äußerst unangenehm, und manche sind sehr angenehm. Wahrscheinlich wird Ihnen jetzt klar, was ich darüber sagen will. Natürlich wollen Sie, dass angenehme Empfindungen andauern und unangenehme aufhören, verschwinden oder sich nicht bemerkbar machen. Dieser Wunsch ist ganz natürlich und in einem gewissen Maß sogar nützlich. Es ist gut, dass man seine Hand von einem heißen Herd wegzieht. Doch wie in den Bereichen des Denkens und des Fühlens entsteht viel unnötiges Leid dadurch, dass man sich gegen unangenehme Empfindungen sträubt, gegen sie ankämpft, sich vor ihnen fürchtet, sie hasst oder zu vermeiden versucht. Ein schrecklicher Geruch, ein furchtbarer Geschmack oder körperliche Schmerzen können schwierige, manchmal sogar grauenvolle Erfahrungen sein. Aber das unnötige Leid, das wir dem Schmerz oft hinzufügen, ist etwas, was wir ändern können.

Sich gegen das sträuben, was ist

Wenn Gedanken also kein Problem sind, Gefühle nicht und Empfindungen auch nicht, was ist es dann, was unnötiges Leid verursacht? Meistens besteht es darin, dass man sich gegen diese drei Elemente des Erlebens sträubt, sie ablehnt oder dagegen ankämpft. Und wenn diese Elemente angenehm sind, kann der Versuch, sie festzuhalten, zur Grundlage Ihrer inneren Kämpfe werden. Das Bemühen, Gefühle zum Aufhören zu bewegen, sich gegen sie zu sträuben oder gegen sie an-zukämpfen oder auch ihnen nachjagen oder sie festhalten zu wollen, kann den Grundstock zu Suchtproblemen, schlechten Gewohnheiten und negativen interpersonellen Interaktionen mit geliebten Menschen, einschließlich der eigenen Kinder, legen. Ein Beispiel erlebte ich vor einiger Zeit in einem Flugzeug, wo eine Frau versuchte, ihr schreien-des Baby zu beruhigen.

Nun schafft ein schreiendes Baby in einem Flugzeug, vor allem wenn es das eigene Kind ist, natürlich keine einfache Situation. Man ist müde, verkrampft, fühlt sich unbehaglich, das Geschrei scheint unerträglich zu sein und manchmal sind die anderen Passagiere nicht nur wenig hilfreich, sondern wirken sogar feindselig. Ich empfand viel Mitgefühl mit dieser Frau, zumal ich mich selbst schon in ähnlichen Situationen befunden hatte.

Doch als ich sie beobachtete, merkte ich, dass ihr Widerstand ge-gen die Situation alles noch schlimmer machte, als es war. Sie schien ihre emotionale Belastungsgrenze – für die Not Ihres Babys und ihre eigene Not – erreicht zu haben. Sie hatte die Augen vom Kopf des Babys abgewandt, schaukelte den Kleinen unsanft auf und ab und „brüllte" „sch", insofern dies überhaupt möglich ist. Ihr Körper war angespannt, ihre Handtasche und ihre Babysachen kullerten auf dem Boden herum, ihre Haare waren zerzaust und sie drehte den Kopf ständig hin und her. Als Reaktion auf mein Angebot, ein wenig mit dem Baby spazieren zu gehen, fauchte sie: „Nein, nein, Sie können gar nichts tun. Da ist nichts zu machen."

Ganz klar: Als Mutter habe ich selbst natürlich auch schon oft meine emotionale Belastungsgrenze erreicht, sei es für meine eigenen Gefühle oder für die meiner Tochter, und mich auf eine Weise ver-halten, die ich später bereut habe. Wenn ich also sage, dass ich Mit-gefühl mit dieser Frau empfand, dann bezieht sich das nicht nur auf ihre Situation, sondern auch auf ihr Gefühl, von den Dingen überrollt zu werden. Ich kann mir vorstellen, was sie wohl gedacht hat, welche Geschichte sie sich selbst über diese Situation erzählte: „Ich muss sehen, dass das aufhört! Bitte hör auf – was ist los? Ist alles in Ordnung mit ihm? ... O Gott, bestimmt hassen mich alle hier im Flugzeug. Er soll jetzt bitte endlich still sein! Warum hab ich ihm kein Beruhigungsmittel gegeben, wie meine Schwester es mir empfohlen hat?" und so weiter und so fort. Doch ich wusste auch, dass es ihr Leid vielleicht etwas gemildert hätte, wenn sie auch nur einen Augenblick in der Lage gewesen wäre, zu erkennen, dass das Schreien des Babys *absolut kein Problem* war.

Wie kann ich sagen, diese Situation sei kein Problem? Ein derart lautes Geräusch in einem kleinen, engen Raum, das Wissen, dass sich ihr Baby nicht wohlfühlte und dass sich die anderen Leute ebenso nicht wohlfühlten, war sicher nicht angenehm. Doch in Wahrheit war die Situation nichts weiter als ein lautes Geräusch, ein Baby, das sich nicht wohlfühlte, und ein paar Passagiere, die sich ärgerten. Das war alles. Der Widerstand gegen dieses Erlebnis jedoch, das Ankämpfen dagegen, der Versuch, es zu ändern, zum Aufhören zu bringen oder davor zu flüchten, und die Vorstellung, es sei ein großes Problem und dürfe nicht passieren, machten alles noch schlimmer. In diesem Fall, wie so oft, führt unsere *Vorstellung,* schwierige Gedanken, Gefühle und Empfindungen seien unerträglich und müssten unterdrückt, vermieden oder gestoppt werden, zu unnötigem Leid – mehr als das Erlebnis selbst.

Wenn die Frau dieser Situation mit achtsamem Gewahrsein begegnet wäre, sie einfach hätte sein lassen, wie sie war, ohne groß darüber zu urteilen, wenn sie mit Mitgefühl und Akzeptanz an die Sache herangegangen wäre, wäre ihr das Ganze vielleicht noch unangenehm gewesen, aber sie hätte keine Panik bekommen. Natürlich ist das leichter gesagt als getan. Doch im Lauf der Zeit und mit zunehmender Praxis wird Ihnen diese Haltung leichter fallen.

Übung: Denken, Fühlen und Handeln

Diese Übung dient dazu, das, was in Ihrem Erleben geschieht, zu beobachten, wahrzunehmen und zu benennen – eine der Grundlagen achtsamen Mutterseins. Es gibt keine richtigen oder falschen Antworten.

Nehmen Sie sich ein Blatt Papier, legen Sie es im Querformat vor sich und teilen Sie es in fünf gleich große Spalten ein. Denken Sie nun an eine Situation, die Sie vor kurzem erlebt haben, die besonders beunruhigend, belastend oder schwierig war. Schreiben Sie über die Spalte ganz links „Situation" und schildern Sie, woraus die Situation bestand (nicht Ihre Geschichte über die Situation, nur die Tatsachen!). Schreiben Sie über die nächste Spalte „Gedanken" und schildern Sie die Gedanken, die Sie zu der Zeit im Hinblick auf diese Situation hatten. Schreiben Sie über die nächste Spalte „Gefühle" und schildern Sie, was Sie zu der Zeit fühlten (wahrscheinlich war es mehr als nur ein Gefühl). Schreiben Sie über die nächste Spalte „Empfindungen" und schildern Sie Ihre Körperempfindungen zu der Zeit. Schreiben Sie über die nächste Spalte „Verhalten" und schildern Sie, was Sie in dieser Situation getan haben. (Für eine genauere Anleitung siehe das Beispiel am Ende dieses Kapitels.)

Sehen Sie sich Ihre Tabelle an. Stellen Sie fest, wie Ihr Erleben jeder Situation, so komplex sie auch sein mag, auf diese drei Elemente reduziert werden kann: Ihre Gedanken, Ihre Gefühle und Ihre Empfindungen. Gibt es im Hinblick auf Ihr Erleben dieser Situation irgendetwas, was nicht in eine dieser drei Spalten passt? Denken Sie daran, dass Sie in jeder Situation, die Ihnen begegnet, in Wirklichkeit nur in der Lage sind, auf **Ihr Erleben** dieser Situation, das sich aus Ihren Gedanken, Gefühlen und Empfindungen zusammensetzt, zu reagieren. Wenn Sie jemand anschreit, besteht Ihr Erleben darin, dass Sie eine sehr laute Stimme hören, ein wütendes Gesicht sehen, etwas wie „Was zum Teufel ist mit ihr los?" denken und vielleicht etwas wie „Ich habe Angst" fühlen. Zwar ist natürlich auch jemand anders beteiligt, aber Sie müssen mit **Ihrem** Erleben umgehen.

Sehen Sie sich dann noch einmal die Situation selbst an (die Spalte ganz links). Wenn Sie nur die Fakten der Situation ohne die begleitenden Gedanken, Gefühle oder Empfindungen betrachten, was geschieht eigentlich? Wenden Sie sich dann den Gedanken zu, die Sie in der Situation hatten. Sind sie Varianten von „Das sollte nicht so sein"? Sind sie vorwurfsvoll? Sind sie selbstkritisch? Gehen sie weit über die Situation hinaus und beschäftigen sich damit, was dies für das ganze Leben bedeuten könnte? Konzentrieren sie sich auf die Vergangenheit oder die Zukunft? Sind sie mitfühlend?

Sehen Sie sich als Nächstes die Spalte „Gefühle" an. Inwieweit beziehen sie sich auf die Situation selbst (Spalte 1) und inwieweit auf Ihre Gedanken über die Situation (Spalte 2)? Betrachten Sie einen Moment lang die Gefühle, als gäbe es keine anderen Spalten. Sind Sie bei manchen der Gefühle der Meinung, sie seien in Ordnung, und bei anderen der Meinung, sie seien nicht in Ordnung? Fragen Sie sich beim Betrachten jedes Gefühls, ob Sie glauben, es aushalten zu können. Oder ist es ein Gefühl, bei dem es Ihnen sehr schwerfällt, damit umzugehen? Überlegen Sie bei jedem Gefühl, ob Sie gewöhnlich irgendeine Maßnahme ergreifen, wenn sich dieses Gefühl bei Ihnen einstellt.

Betrachten Sie zum Schluss die letzte Spalte. Haben Sie sich bewusst zu einem bestimmten Verhalten entschieden oder fühlten Sie sich dazu gedrängt? Wenn Sie sich bewusst entschieden haben, zu welchem Zeitpunkt des Prozesses haben Sie die Entscheidung getroffen (zum Beispiel sofort, als Sie die Situation wahrnahmen, oder nach Ihren Gedanken oder Ihren Gefühlen darüber)? War Ihr Verhalten eine Reaktion auf die Situation, auf Ihre Gedanken oder auf Ihre Gefühle? Sind Sie zufrieden mit Ihrem Verhalten? Hat es geholfen?

Versuchen Sie, diese Übung nun damit zu wiederholen, was im Moment bei Ihnen geschieht, während Sie dieses Buch lesen. In der linken Spalte könnte stehen: „Ich lese das Buch im Schaukelstuhl beim Stillen" oder: „Ich lese das Buch auf dem Stepper im Fitnessstudio." Füllen Sie dann die übrigen Spalten aus.

Denken, Fühlen und Handeln

Situation	Gedanken	Gefühle	Körperempfindungen	Verhalten
Die Fahrt zur Geburtstagsfeier meiner besten Freundin dauerte länger als erwartet, ich verfuhr mich, und wir kamen zu spät.	Ich hätte früher losfahren sollen. Ich hätte nicht zum Drive-In-Restaurant fahren sollen, um mir ein Mittagessen zu holen. Ich hätte mir eine bessere Wegbeschreibung geben lassen sollen. Ich sollte mich nicht so aufregen.	Frustration Scham Schuldgefühl Angst (dass wir es gar nicht mehr finden würden) Ärger Gereiztheit	Angespannt Heiß Schnelle Atmung Aufgerissene Augen Geruch vom Auspuffgas Helles Sonnenlicht Autogeräusche	Geflucht und laut so etwas wie „Nun komm schon!" gesagt Herumgehetzt, um das Haus zu finden

Sie können diese Übung jederzeit durchführen, um sich des Unterschieds zwischen dem, was in Ihrer Umgebung geschieht, was Sie denken, was Sie fühlen und was Ihre Körperempfindungen sind, bewusster zu werden. Statt zu versuchen, sofort etwas an einem dieser Elemente zu ändern, kann der einfache Prozess, jedes davon wahrzunehmen, sie voneinander zu trennen und sie mit Sanftmut, Neugier und Mitgefühl anzunehmen, die Art, wie Sie mit all Ihren Erfahrungen während der Schwangerschaft, Geburt und der ersten Zeit des Mutterseins umgehen, grundlegend verändern. Im nächsten Kapitel erfahren Sie mehr darüber, warum das so ist.

Diese Übung ist sehr gut für jede Situation, die Sie belastend finden. Nehmen Sie Ihre Empfindungen, Gedanken und Gefühle zur Kenntnis, benennen Sie sie und überlegen Sie, wie Sie reagiert haben. Die Übung ist ein Prozess der Selbsterforschung, der Ihnen helfen kann, sich in künftigen Situationen bewusster darüber zu werden, was die wirklichen, gegenwärtigen Tatsachen sind, was Ihre Gedanken und was Ihre Gefühle sind und was Sie in Ihrem Körper empfinden. Dann können Sie sich besser für eine sinnvolle Reaktion entscheiden. Einfach wahrzunehmen, was in einer Situation bei Ihnen geschieht, statt sich ohne Gewahrsein davon überwältigen zu lassen, ist eine Grundlage achtsamen Mutterseins.

6 Das beobachtende Selbst

m vorigen Kapitel haben Sie gesehen, dass es drei Elemente des Erlebens gibt: Gedanken, Gefühle und Empfindungen. Wenn Sie daran denken, wie Sie erleben, wer Sie sind, scheinen diese drei Elemente vielleicht alles abzudecken. Doch zu dem Menschen, der Sie sind, zu Ihrer Erfahrung als Mensch gehört noch mehr dazu als Gedanken, Gefühle und Empfindungen: Es gibt auch einen Aspekt Ihres Wesens, der sich dieser Elemente *bewusst* ist.

Am Ende des vorigen Kapitels habe ich Sie aufgefordert, über eine Situation in der letzten Zeit nachzudenken, die belastend oder schwierig war, und Ihre Beobachtungen über die Situation selbst, Ihre Gedanken, Gefühle, Empfindungen und Ihr daraus resultierendes Verhalten zu notieren. Wodurch waren Sie in der Lage, über Ihre Erfahrung zu berichten? Wer kann uns berichten, dass Sie Angst hatten, dass Sie darüber nachgedacht haben, eine Freundin anzurufen, oder dass Sie aufgewühlt waren?

Sie sind in der Lage, wahrzunehmen, was geschehen ist, was Sie darüber gedacht haben, welche Gefühle sie dazu hatten und was Ihr Körper empfunden hat, weil es einen Bereich in Ihrem Bewusstsein gibt, der all diese Elemente beherbergt.

Sie haben einen allgegenwärtigen inneren Zeugen, einen Teil von sich, der nicht mit Ihren Gedanken identisch ist, der nicht von Ihren Gefühlen mitgerissen wird und der sich zwar Ihrer Empfindungen bewusst, jedoch nicht mit ihnen verschmolzen ist. Dieser innere Zeuge kann Ihre Gedanken, Gefühle und Empfindungen sehen, ohne in ihnen gefangen zu sein. Es gibt einen Aspekt Ihres Wesens, der manchmal das *beobachtende Selbst* genannt wird, und aus diesem Aspekt des Bewusstseins entspringt die Achtsamkeit.

Wie der Himmel

Man kann Ihr Gewahrsein so beschreiben, als wäre es wie der Himmel: Ihre Gedanken, Ihre Gefühle, Ihre Empfindungen sind wie Wolken. Sie entstehen, nehmen Gestalt an, Sie können sie sehen, und dann lösen sie sich auf oder ziehen weiter. An manchen Tagen ist der Himmel voller dunkler Sturmwolken, so dass Sie nichts als Wolken sehen können. Ein heftiger Streit mit einer Freundin oder mit Ihrem Partner, die Feststellung, dass Ihr Baby die „falsche Maul- und Klauenseuche" hat (was bei Ihnen das Gefühl hervorruft, als wohnten Sie auf einem Bauernhof), Schwierigkeiten beim Stillen – all diese Dinge können dazu führen, dass alles ziemlich düster aussieht. An anderen Tagen bilden sich nur ein paar graue Wolken und ziehen über den Himmel. Sie haben es heute nicht geschafft zu duschen, daher sind Sie verschwitzt und Ihre Haare sind fettig, oder es hat sich ein ganzer Berg Wäsche angesammelt und Sie müssen mehrere Ladungen waschen. Sie probieren Ihre Hosen von vor der Schwangerschaft an, aber sie passen immer noch nicht. Sie bekommen einfach nicht heraus, wie man das neue Babytragetuch bindet, wenn Sie aus dem Haus gehen müssen.

An manchen Tagen erscheint ein Regenbogen am Himmel – das erste Lächeln oder erste Wort Ihres Babys, das erste Mal, das Ihr älteres Kind zum Baby „Ich hab dich lieb" sagt, all diese magischen Momente, die es so wunderbar machen, Mutter zu sein. An anderen Tagen zeigen sich große, majestätische Gewitterwolken am Himmel und entladen ihren Inhalt auf jeden, der gerade vorbeikommt. Ihr Baby bekommt einen Zahn, deshalb ist es schlecht gelaunt und schreit alle paar Minuten laut los. Ihre Mutter gibt Ihnen zum fünften Mal einen unerwünschten Erziehungsratschlag und Sie explodieren, weil Sie glauben, dass Ihre Mutter damit sagen will, Sie machten es nicht gut. Sie sind im letzten Schwangerschaftsdrittel und bekommen kaum noch Luft, weil das Baby Ihre inneren Organe zusammendrückt, und dann verlangt Ihr Partner, dass Sie sich beeilen, damit Sie nicht den Film um 19 Uhr verpassen, und Sie brechen in Tränen aus.

Manchmal kann schlechtes Wetter tage- oder sogar wochenlang andauern, wie der Winter in manchen Gegenden. Ich hatte einmal eine Teilnehmerin an einer Schulung für achtsames Muttersein, die während ihrer gesamten Schwangerschaft an *Hyperemesis gravidarum,* das heißt an ständiger Schwangerschaftsübelkeit litt. Einer anderen Teilnehmerin wurde ab der 28. Schwangerschaftswoche Bettruhe verordnet (ja, das bedeutet *zwölf Wochen* Bettruhe). Wenn man zu wenig Schlaf bekommt, weil man in der Schwangerschaft ständig aufwacht, um zur Toilette zu gehen, oder weil man das Baby alle paar Stunden stillen muss, weil man das Baby in der Zeit des Zahnens tröstet oder ihm beibringen will, im eigenen Bett durchzuschlafen, kann der Himmel voller grauer Wolken hängen, die einfach nicht weggehen wollen.

Vielleicht hat Ihr älteres Kind aufgehört, Mittagsschlaf zu halten, oder Sie sind schwanger mit Nummer zwei, aber Nummer eins ist erst ein halbes Jahr alt. Sie sind extrem müde und das, was Sie alles tun müssen, scheint Sie zu überfordern, weil Sie einfach keine Energie haben. Sie essen mehr, um den Mangel an Energie und Schlaf auszugleichen, daher nehmen Sie zu. Beim Anblick Ihrer immer dicker werdenden Oberschenkel werden Sie depressiv. Die ständige Müdigkeit wirkt sich auf Ihre Beziehung zu Ihrem Partner aus. Sie streiten viel miteinander und alles kommt Ihnen düster vor. Das kann lange anhalten, so ähnlich wie das scheußliche graue Eis, das monatelang den Boden bedecken kann. Manchmal gibt es sogar Wirbelstürme oder Orkane, etwa eine Scheidung, eine ernste Erkrankung des Babys oder die Versetzung des Vaters in den Mittleren Osten.

Doch all diese Wetterphänomene haben eines gemeinsam: Sie geschehen vor dem Hintergrund des Himmels. Auch wenn der Himmel von einer dichten Nebelschicht verdeckt wird, so ist er doch stets da. Er umfasst all diese Wetterphänomene, aber er selbst bleibt klar.

Unser Gewahrsein ist wie dieser Himmel. Es ist das Reich unseres Erlebens, in dem all unsere persönlichen Wetterphänomene entstehen und weiterziehen. Unsere Gedanken, unsere Gefühle, unsere Empfindungen sind wie Wetterphänomene. Sie entstehen, nehmen Gestalt an, bleiben eine Weile da, doch schließlich ziehen sie weiter oder lösen sich auf. Manchmal sind sie groß, manchmal klein, manchmal wunderschön, manchmal bedrohlich – doch immer nehmen sie Gestalt an, bleiben ein bisschen da und ziehen dann weiter.

Wenn Sie die Wetterphänomene bestimmen lassen, wer Sie sind, statt sie als Bestandteile Ihres Erlebens zu sehen, die in Erscheinung treten und schließlich wieder weiterziehen, wird es Ihnen verständlicherweise sehr wichtig, wie diese Wetterphänomene entstehen, wie lange sie bleiben und wie und wann sie sich auflösen. Sie wenden dann viel Energie für den Versuch auf, Ihr Erleben zu ändern oder zu steuern, was ebenso vergeblich wie der Versuch sein kann, das Wetter zu steuern oder zu ändern.

Gewahrsein des Gewahrseins

Im Lauf des Tages ist man gewöhnlich mit seinen Gedanken, Gefühlen, Empfindungen oder einer Kombination davon beschäftigt. Daher ist es einleuchtend, dass man üben sollte, den Ort innerhalb seines Ichs ausfindig zu machen, wo man der Gedanken, Gefühle und Empfindungen gewahr ist – den Ort des Gewahrseins, in dem sich all diese Dinge ereignen. In gewissem Sinne ist Achtsamkeit die Praxis, sein Gewahrsein auf das Gewahrsein selbst zu richten.

Ich weiß – anfangs klingt das irgendwie wie ein Pleonasmus. Oder wie in einem Kung-Fu-Film: „Wenn du des Gewahrseins selbst gewahr bist, Grashüpfer, wirst du Meister sein." Doch in Wirklichkeit ist diese Praxis überhaupt nicht abstrakt, wenn man sich daran gewöhnt.

Wie gesagt, das Wesen des Gewahrseins ist von Natur aus achtsam – wenn man also seine Aufmerksamkeit auf den Teil von sich richtet, der gewahr ist, begegnet man seiner natürlichen Fähigkeit zu achtsamem Gewahrsein (das heißt urteilsfreie Achtsamkeit im gegenwärtigen Augenblick, die Gedanken, Gefühle und Empfindungen einfach voller Neugier wahrnimmt). Diese Art von Achtsamkeitspraxis konzentriert sich nicht auf das Atmen, die Empfindungen Ihres Körpers oder den Inhalt Ihres Erlebens. Vielmehr rückt diese Praxis das Gewahrsein selbst in den Mittelpunkt der Aufmerksamkeit.

Was bedeutet das? Erstellen Sie im Geiste einmal kurz eine Liste möglichst vieler Inhalte Ihres Erlebens. Gedanken, Emotionen, Gefühle, Klänge und andere Empfindungen, die Sie wahrnehmen. Richten Sie Ihre Aufmerksamkeit entspannt auf jeden Aspekt Ihres Erlebens und benennen Sie ihn mit einem oder zwei Worten. „Mir ist kalt." „Ich denke ans Abendessen." „Ich höre einen Vogel singen." „Ich sehe einen Baum."

Was nimmt all diese Dinge wahr? Welcher Teil Ihres Bewusstseins macht es möglich, über all dies zu berichten? Es gibt einen Teil von Ihnen, der kein Gedanke, kein Gefühl, keine Empfindung und auch keine Kombination dieser Dinge ist. Vielmehr ist er der Teil von Ihnen, der all dieser Dinge *gewahr* ist. Er ist das Gewahrsein selbst.

> Sie sind nicht Ihre Gedanken, Gefühle oder Empfindungen. Sie sind diejenige, die dieser Gedanken, Gefühle und Empfindungen gewahr ist.

Beim achtsamen Gewahrsein geht es um einen Wandel dessen, wo man sich selbst lokalisiert. Um beim obigen Bild zu bleiben, sind Sie nicht die Wolken, sondern der Himmel. Von dieser Perspektive aus können Sie jeden einzelnen Ihrer Gedanken, Gefühle und Empfindungen als Dinge sehen, die sich innerhalb des gewaltigen und grenzenlosen Raumes dessen, der Sie sind, ereignen.

Selbst wenn Sie ein Auto oder einen Baum ansehen, gibt es einen Aspekt von „Ihnen“, der gewahr ist, dass Sie sehen. Wenn Sie über morgen nachdenken, gibt es einen Teil von Ihnen, der sagen kann: „Oh, schau, ich denke gerade darüber nach, was ich morgen tun werde.“ Es gibt einen Aspekt Ihres Seins, der einfach aller Dinge, die in Ihrem Bewusstsein auftauchen, gewahr ist. Oder vielleicht genauer: Gewahrsein ist das Medium, innerhalb dessen alles andere geschieht.

Das Wesen dieses Gewahrseins ist Achtsamkeit. Es nimmt alles, was in Ihr Bewusstsein dringt oder es wieder verlässt, zur Kenntnis und lässt es zu, ohne es zu kommentieren, zu bewerten, festzuhalten oder wegzuschieben. Wenn überhaupt ein bestimmter Ton da ist, so ist es einer der Toleranz, des Zulassens oder sogar der leichten Neugier. Gewahrsein will nicht entscheiden, ob etwas da sein sollte oder nicht; es nimmt einfach wahr, dass es da *ist*.

Versuchen Sie Folgendes:

> Setzen Sie sich so hin, wie Sie es bei den Übungen im Körpergewahrsein oder bei den Atemübungen getan haben, oder legen Sie sich hin, wenn Sie glauben, dass Sie dabei nicht einschlafen. Praktizieren Sie ein paar Minuten lang Atemgewahrsein, was großartig ist, um

einen im gegenwärtigen Augenblick zu verankern. Beobachten Sie Ihre Gedanken, Gefühle und Körperempfindungen und falls es Ihnen hilft, jede Empfindung mit einem oder zwei Worten zu benennen, tun Sie das. Wärme. Denken. Schmerzender Oberschenkel. Traurigkeit. Herzschlag. Juckreiz. Lassen Sie jeden Bestandteil Ihres Erlebens kurz in den Mittelpunkt Ihrer Aufmerksamkeit rücken, so ähnlich wie aufplatzendes Popcorn.

Richten Sie dann Ihre Aufmerksamkeit auf das Gewahrsein all dieser Bestandteile – auf die Luft, in der das Popcorn aufplatzt. Wenn ich sage: „Richten Sie Ihre Aufmerksamkeit", meine ich damit nicht, dass Sie es wie von außen betrachten sollten. Vielleicht sollte man besser sagen: „Legen Sie Ihre Aufmerksamkeit hinein." Legen Sie das Zentrum Ihres Seins in Ihr Gewahrsein und seien Sie dessen, was gewahr ist, gewahr.

Anfangs ist es ein bisschen kompliziert. Eine andere Herangehensweise, die von alters her verwendet wird, besteht darin, sich zu fragen: „Wer bin ich?" Vielleicht antworten Sie: „Eine Mutter, eine Anwältin, eine Tennisspielerin, eine Ehefrau, eine gute Freundin, eine Supermarktangestellte, eine Filmliebhaberin" und so weiter. Dann fragen Sie sich: „Wer ist all dieser Dinge gewahr? Wer weiß das alles?" Und wenn Sie eine Verbindung zu diesem Ort des Gewahrseins haben, nehmen Sie wahr, wie er ist. Er kann sich leer anfühlen, rein, kahl, riesig oder einfach wach. Er kann sich einfach lebendig anfühlen. Sie können sogar noch einen Schritt weiter gehen und sich fragen: Wer ist dieser Lebendigkeit gewahr? Wer ist es, der sieht, dass Sie gewahr sind? Verharren Sie in diesem Gewahrsein. Lassen Sie die Bestandteile Ihres Erlebens auftauchen und weiterziehen. Legen Sie Ihre Aufmerksamkeit in das Gewahrsein selbst.

Stille

Sei einen Augenblick still
und lass dich überwältigen von diesem Donner,
den man nicht hören kann.
Ob in deinem Kopf eine wilde Party tobt
oder ob alles ruhig ist,
es spielt keine Rolle –
denn die Große Stille
ist immer da,
dieses Gewahrsein,
das keinen Ton macht
und doch ganz Musik ist.
Du bist schon immer
dieses Lied gewesen
und die Stille,
aus der es geboren ist.

John Astin

7 Der Luftballon im Brotkasten

Wenn man einen wirklich großen Gedanken, ein intensives Gefühl oder eine intensive Empfindung hat, kann das so ähnlich sein, als würde man einen Luftballon in einem Brotkasten aufblasen. Wenn er vollständig aufgeblasen ist, nimmt er jeden Kubikmillimeter Raum ein – es ist gar kein Platz mehr übrig.

Zum Beispiel denke ich manchmal daran zurück, als ich zwei Wochen nach meinem errechneten Entbindungstermin immer noch schwanger war. Um den errechneten Termin herum hatte ich mich „sehr schwanger gefühlt", sehr bereit, das Baby zu bekommen, etwas aufgebläht und müde, doch erfüllt von der freudigen Erwartung, die es so nur in der Schwangerschaft gibt. Als Tag um Tag ohne eine einzige Wehe verging, wurde ich immer aufgeblähter und immer unglücklicher. Ich hätte nie gedacht, dass ich so dick, so aufgeschwemmt, so erschöpft und derart bereit sein könnte, das Baby zu bekommen. Am Morgen des vierzehnten Tages nach meinem errechneten Termin wachte ich auf, schaute auf meinen Bauch und sah ein Spinnennetz aus Schwangerschaftsstreifen, das anscheinend über Nacht entstanden war. Wer weiß, ob es schon vorher da gewesen war – aber großer Gott, jetzt war es nicht zu übersehen!

Ich fing sofort an, unkontrolliert zu weinen. Wie scheußlich! Diese Streifen waren furchtbar. Ich konnte sie nicht ertragen! Bald heulte ich laut. Ich war einfach fassungslos und wünschte intensiv, alles wäre anders, als es tatsächlich war – ich wünschte, ich hätte das Baby schon bekommen, wünschte, ich hätte keine Schwangerschaftsstreifen, und fand es schrecklich, dass ich in diesem walähnlichen Zustand das Gefühl hatte, ganz schlecht auf die Wehen vorbereitet zu sein. Ich hatte mich im Geiste als starke, für die natürliche Geburt in der Hocke prädestinierte Mama gesehen, wie eine Ureinwohnerin, und hatte geglaubt, ich würde die Geburt energisch in Angriff nehmen, als wäre es der Mount Everest. Und nun hatte ich das Gefühl, mich kaum noch auf die Seite rollen zu können, um aus dem Bett aufzustehen und mir ein Taschentuch zu holen. In diesem Moment füllte die Tatsache, dass ich schwanger und längst überfällig war und mein riesiger Bauch mit, wie ich fand, entstellenden Schwangerschaftsstreifen übersät war, mein ganzes Erleben aus. Es erdrückte mich. Ich wollte, dass es aufhörte. Es gab nichts anderes mehr in meinem Erleben – mein innerer Kampf füllte mich bis zum Rand aus.

Dann, wie ich es mir angewöhnt hatte, begann ich wahrzunehmen, was gerade bei mir geschah. Ich betrachtete meine Gedanken, meine Gefühle und meine Körperempfindungen. Inmitten meiner Tränen fing ich leise an zu lachen. Natürlich gefiel mir die Situation immer noch nicht. Doch ich war nun in der Lage zu sehen, wie mein Geist so sehr gegen das, was geschah, ankämpfte und wie mir das noch mehr Kummer bereitete als das, was tatsächlich geschah! Mich gegen alles, woran ich kein bisschen ändern konnte, zu wehren, brachte mich noch mehr aus der Fassung als die tatsächlichen Fakten der Situation.

Ich musste loslassen. Ich fing bewusst zu atmen an. Ich trottete ins Wohnzimmer, wobei ich nun über meinen bärenartigen Gang lachte, und sah mir eine schöne Schnulze im Fernsehen an. An dem Tag bewegte ich mich mehr und trank Tee, um den Beginn der Wehen zu fördern. Verstehen Sie mich nicht falsch – es machte mir keinen Spaß. Ich fühlte mich noch immer ziemlich unwohl und traurig. Achtsames Gewahrsein und achtsames Handeln brachten mich zu einem Ort der Gegenwärtigkeit, Akzeptanz und Erleichterung, wenn auch nicht zu Freude und Zufriedenheit. Für eine Weile jedoch hatte der Luftballon meines Erlebens den Brotkasten vollständig ausgefüllt.

Nehmen wir ein anderes Beispiel. Sagen wir, Sie sind wenige Tage nach der Geburt mit dem Baby zu Hause und Ihr Partner ist einkaufen gegangen. Sie sind nun ganz allein mit dem Baby und insgeheim haben Sie, seit Sie aus dem Krankenhaus nach Hause gekommen sind, ein bisschen Angst davor, das Baby selbst zu versorgen. Was, wenn Sie es fallen lassen? Was, wenn es weint und sich nicht beruhigen lässt? Sie sind sich nicht einmal sicher, ob Sie das Baby richtig halten. Sie stellen sich total ungeschickt an, als Sie seine Windel wechseln, und es fängt zu weinen an. Haben Sie ihm am Nabel wehgetan, als Sie ihm die Windel ausgezogen haben? Bis Sie die verdammte Windel endlich angezogen haben, schreit das Baby laut. Also stillen Sie es.

Beim Andocken gehen Sie die Wände hoch, so weh tut es. Sie geben es nicht gerne zu, aber Stillen ist nicht gerade Ihre Lieblingsbeschäftigung. Sie können es nur schwer aushalten, wenn ständig jemand „an Ihnen hängt". Und Sitzen ist sowieso nicht Ihre Stärke. Das Baby zappelt und strampelt an Ihrer Brust herum, und das macht Sie wahnsinnig, also nehmen Sie es von der Brust ab und versuchen es auf der anderen Seite anzulegen. Es will nicht andocken und fängt schon wieder zu weinen an.

Ihnen fällt Ihre Freundin Molly ein, die auch gerade ein Baby bekommen hat. Sie scheint ein Naturtalent zu sein. Sie wickelt und stillt mit einer solchen Leichtigkeit. Ihr Baby weint fast nie. Sie haben Angst, dass Sie es nie lernen werden, Mutter zu sein, und Sie fangen zu weinen an. Sie fühlen sich unzulänglich und fragen sich, wie sich all das auf Ihr Baby auswirkt. Als Ihr Partner nach Hause kommt, weinen Sie und das Baby beide untröstlich.

In dieser Situation haben Ihre ganz natürlichen Sorgen darüber, die Mutter eines Neugeborenen zu sein, Ihr Bewusstsein ganz ausgefüllt. Die schwierigen Aspekte des Mutterseins – das Weinen, Ihre Schwierigkeiten mit dem Stillen und Ihr eigenes Gefühl der Unzulänglichkeit – scheinen so gewaltig und erdrückend zu sein, dass es schwer ist, irgendetwas anderes zu sehen. Ihr Geist springt auf den fahrenden Zug Ihrer Gefühle auf und fügt eine Reihe wenig hilfreicher Gedanken hinzu – er vergleicht Sie mit Ihrer Freundin Molly, entwickelt umfassende Zukunftsängste, wirft Ihnen Ihr bisheriges Versagen als Mutter vor und so weiter und so fort. Der Luftballon hat den Brotkasten ganz und gar ausgefüllt.

Den Brotkasten größer machen

Achtsamkeitspraxis hindert den Luftballon nicht daran, sich aufzublasen. Sie wissen dadurch nicht automatisch, wie man stillt, und die Schwangerschaftsstreifen (oder Ihre Gedanken und Gefühle darüber) verschwinden davon auch nicht. Durch Achtsamkeitspraxis werden Ihr Gedankenzug, Ihre Emotionen und andere Gemütszustände (Angst, Neid auf Ihre Freundin, Ärger, Frustration, Schuldgefühl, Gereiztheit) oder Ihre Gefühle körperlichen Unbehagens (Schlafmangel, wunde Brustwarzen) nicht ausgelöscht und auch nicht unbedingt immer gemildert.

Vielmehr trägt Achtsamkeitspraxis dazu bei, dass der Brotkasten so groß wird wie ein geräumiges Zimmer. Um den Ballon herum ist genügend Platz, so dass Sie das Geschehen erleben und es beobachten können, während es geschieht. Sie haben noch immer Ihre Gedanken, Gefühle und Empfindungen. Doch – und das ist das Entscheidende – es geschehen auch noch andere Dinge in Ihrem Gewahrsein.

Denken Sie daran: Sie sind diejenige, die belastender Erlebnisse *gewahr* ist. Und wahrscheinlich sind Sie – als dieses Gewahrsein – außerdem vieler anderer Elemente Ihres Erlebens gewahr, etwa wie gut Sie es machen, obwohl Sie nicht viel Erfahrung mit Babys haben, wie süß Ihr Baby ist, wie sonnig es draußen ist, wie sehr Ihr Partner zur Verfügung steht und bereit zu helfen ist, wie Ihnen das Lied gefällt, das gerade im Radio läuft, und dass Sie Freundinnen haben, die mehr Erfahrung haben, was diese Phase des Mutterseins betrifft, und die Sie um Rat oder Hilfe bitten können. Sie als diejenige, die Ihrer inneren Kämpfe gewahr ist, können Mitgefühl mit dieser frischgebackenen Mama haben, die sich solche Mühe gibt, die so müde und so streng zu sich selbst ist. Wenn Sie Ihre Aufmerksamkeit darauf richten, merken Sie, dass um den Ballon herum eine Menge Platz ist, dessen Sie vorher nicht gewahr waren.

Wenn Sie Platz um den Ballon herum haben, wenn der Brotkasten größer wird, können Sie all der anderen Dinge gewahr werden, die auch Teil Ihres Bewusstseins sind, etwa Ihrer Ziele im Hinblick darauf, wie Sie mit sich selbst oder Ihrem Baby umgehen wollen, oder positiver Erlebnisse, die sich gleichzeitig ereignen. Sie können vieler anderer Dinge gewahr werden, die gewöhnlich von den „lauteren" Erlebnissen in den Hintergrund gedrängt würden. Und, was noch wichtiger ist, Sie können des Raums selbst gewahr werden – jenes tiefen, stillen Urgrunds, aus dem alles entsteht und vergeht. Zwar mag es schwer sein, Seelenfrieden zu finden, jedoch ist dieser Raum, in dem alle Dinge erscheinen und verschwinden, von seinem Wesen her bereits friedlich, akzeptierend, urteilsfrei und zulassend, ohne dass Sie mehr tun müssten, als sich hineinfallen zu lassen.

Wodurch wird der Brotkasten größer? Dadurch, dass Sie jeder dieser Empfindungen, jedes dieser Gedankenmuster, jedes dieser Gefühle *gewahr* werden, sie einfach wahrnehmen, wie sie sind – ein großer Suppentopf voller Empfindungen, Gefühle und Gedanken. Sie können wahrnehmen, was in der Situation wirklich geschieht, und all Ihre Geschichten darüber für einen Moment beiseitelegen. Was im obigen Beispiel tatsächlich geschieht, ist, dass Sie Schwierigkeiten mit dem Stillen haben, etwas besorgt und im Hinblick darauf, wie Sie sich um das Baby kümmern sollen, in einigen Punkten unsicher sind. Das ist alles.

In dem Moment werden Sie diejenige, die all dieser Gedanken, Gefühle und Empfindungen gewahr ist, statt mit den Gedanken, Gefühlen und Empfindungen verschmolzen zu sein – als ob diese der Mensch wären, der Sie sind. In Wirklichkeit sind sie nur eine Reihe sich ständig wandelnder, vorübergehender Gedanken, Gefühle und Empfindungen von unterschiedlicher Richtigkeit, Intensität und Relevanz für die momentane Situation. Manche von ihnen sind eigentlich vollkommen falsch und irrelevant für die derzeitige Situation.

Sie können eine der Übungen in den letzten Kapiteln nutzen, um Ihre Gedanken, Gefühle und Empfindungen wahrzunehmen. Oder Sie können die Übung am Ende dieses Kapitels verwenden, die dazu beitragen soll, dass Ihr Brotkasten größer und Ihr beobachtendes Selbst gestärkt wird. All diese Übungen sollen deutlich machen, dass dieser Augenblick Ihnen zwar gewaltig erscheinen mag – dass Sie zwar vielleicht das Gefühl haben, keinen rechten Überblick über das Geschehen zu haben, weil Ihre Gedanken wie ein Megaphon in Ihrem Inneren dröhnen und Ihre Gefühle und Empfindungen jeden Zentimeter Raum einnehmen –, doch dass es *in Wirklichkeit einen ganzen Bereich Ihres Seins gibt, der anderer Dinge gewahr ist als dessen, was im Augenblick im Mittelpunkt steht*. Sie sind mehr als diese Sammlung von Gedanken, Gefühlen und Empfindungen. Sie sind das Gewahrsein, in dem diese Dinge geschehen.

Diese Praxis hilft Ihnen, mehr Zeit in Ihrem beobachtenden Selbst – in dem Teil von Ihnen, der aller Dinge, die geschehen, gewahr ist – zu verbringen. Wenn Sie anfangen, mehr Zeit in diesem Teil Ihres Bewusstseins, das eine Art Zeugenperspektive einnimmt, zu verbringen, bekommen Sie mehr Raum um den Ballon herum. Der Brotkasten wird allmählich größer. Ihr Behälter beginnt sich auszudehnen, genau wie Ihr Bauch in der Schwangerschaft. Doch in gewisser Hinsicht hat dieser Behälter keine Grenzen. Wenn Sie dieses Reich des Gewahrseins weiter erforschen, stellen Sie vielleicht fest, dass es ebenso wie beim Himmel schwer ist, irgendwo Grenzen zu finden.

Wenn sich Ihr Behälter ausdehnt und mehr Erlebnisse gleichzeitig beherbergen kann, steigt Ihre Fähigkeit, belastende oder unangenehme Erlebnisse auszuhalten. Sie können ihnen sogar mit Neugier und Mitgefühl begegnen, weil sie mehr Raum dafür haben. Ein großes, lautes Erlebnis mag Ihnen zwar noch immer überwältigend und gewaltig vorkommen, doch selbst dann ist darum noch ein bisschen Raum, in dem sie sich bewegen können. Sie können etwas absolut Fürchterliches erleben, und es kann Ihnen trotzdem relativ gut gehen, weil dieses schwierige Erlebnis nicht jeden Zentimeter Ihrer Aufmerksamkeit einnimmt. Andere Elemente Ihres Erlebens werden ebenso berücksichtigt.

Ich merke, dass die Teilnehmer an den Schulungen für achtsames Muttersein anfangen, dahinter zu kommen, wenn sie Dinge sagen wie: „Ich *konnte sehen,* wie ich echt wütend wurde. Mann, war ich geladen!" Anfangs hätten sie vielleicht gesagt: „Ich war so stinksauer, ich konnte es nicht aushalten." Der feine Unterschied zwischen diesen beiden Arten, dasselbe Erlebnis zu beschreiben, ist der Unterschied dazwischen, in einem schwierigen Augenblick präsent, in seinem Körper und mit seinem Baby verbunden zu bleiben, oder sich in die Spirale der Wut, des Sich-Sträubens und der negativen Gedanken hineinziehen zu lassen. Im ersten Fall haben Sie ein Erlebnis, dessen Sie gewahr sind. Im zweiten Fall hat das Erlebnis Sie.

Ihren Schwerpunkt zu verlagern braucht Zeit. Es erfordert wiederholte Erfahrungen darin, sich an diesem Ort der Sammlung einzufinden, um ein Gespür für dessen Aroma und dessen Konsistenz und ein Gefühl dafür zu bekommen, wie es sein könnte, sich öfter dort aufzuhalten. Ich empfehle Ihnen, dies und die anderen von mir beschriebenen Übungen häufig durchzuführen, damit Sie erforschen können, wie es ist, das Gewahrsein zu *sein,* in dem all Ihre Erlebnisse geschehen.

Ihren Behälter ausdehnen

Das nächste Mal, wenn Sie etwas erleben, was Sie normalerweise nicht mögen, versuchen Sie, ihm auf eine neue Weise zu begegnen. Beobachten Sie das Erlebnis, wie es ist. Zum Beispiel ist es für die meisten Menschen unangenehm zu frieren. Wenn Sie also das nächste Mal frieren, warten Sie fünf Minuten, bevor Sie die Heizung aufdrehen, einen Pullover anziehen oder reingehen.

Beobachten Sie erst Ihre Körperempfindungen. Vergessen Sie für eine Minute das Wort „kalt" und alle Gedanken darüber, ob es kalt sein sollte oder nicht. Nehmen Sie einfach die Empfindung wahr, die wir als frieren bezeichnen. Wenn es geht, verkrampfen Sie sich nicht gegen die Kälte, wie Sie es gewöhnlich tun würden. Versuchen Sie, sich zu entspannen. Wie fühlt sich Kälte an? Stechend? Schneidend? Eisig? Frisch? Kümmern Sie sich auch nicht allzu viel um Worte – nehmen Sie einfach das Erlebnis wahr. Erforschen Sie es voller Neugier.

Halten Sie bei den Empfindungen, die Sie erleben, nicht den Atem an. Atmen Sie langsam und gleichmäßig weiter, während Sie die Empfindung erforschen, die Sie normalerweise als „kalt" bezeichnen. Versuchen Sie, Gedanken und Worte in den Hintergrund treten zu lassen und die Empfindungen so wahrzunehmen, wie sie sind. Versuchen Sie, sich für die Empfindungen zu öffnen. Spielen Sie ein bisschen mit dem Erlebnis. Begeben Sie sich ins Zentrum der Empfindung. Finden Sie ihren Rand. Füllt die Empfindung Ihr ganzes Bewusstsein aus oder gibt es einen Teil Ihres Gewahrseins, der sich außerhalb der Empfindung von Kälte befindet? Können Sie außer „kalt" noch andere Worte finden, um die Empfindung zu beschreiben? Suchen Sie so viele Begriffe, wie Ihnen einfallen – ruhig auch Unsinnwörter, die passend klingen.

Können Sie in die Empfindungen hineinatmen und sie einfach da sein lassen? Und falls Sie Gedanken haben, die in Ihr Gewahrsein dringen, können Sie auch die einfach da sein lassen? Wenn Sie aufkommende Gefühle (vielleicht Ärger, Angst oder Erregung) bemerken, versuchen Sie sie da sein zu lassen, ohne etwas daran zu tun. Kommen Sie nach ein paar Minuten aus der Kälte heraus, aber beobachten Sie noch eine Zeitlang weiter Ihre Gedanken, Gefühle und Empfindungen. Inwieweit verändern sie sich?

Sie können diese Methode beim nächsten Mal anwenden, wenn Sie Empfindungen haben, die Ihnen gewöhnlich unangenehm wären – wenn Ihnen zu heiß ist, Sie körperliche Schmerzen haben, wenn das Baby weint oder Sie vom Regen überrascht werden. Es ist erstaunlich, wie sehr wir aus der Fassung geraten können, uns dagegen sträuben oder sogar empört werden oder die Panik bekommen, wenn es zu regnen anfängt! Sehen Sie stattdessen einmal, wie es ist, einfach nass zu werden. Beobachten Sie all Ihre Reaktionen, die angenehmen wie die unangenehmen. Dehnen Sie Ihren Behälter aus, um sie da sein zu lassen. Sie könnten überrascht sein!

Sich mit Absicht Erlebnissen auszusetzen, die etwas unangenehm sind, kann zur Steigerung Ihrer Fähigkeit beitragen, Momente des Unbehagens zu ertragen. Indem Sie sich immer wieder sanft jedes Mal ein bisschen mehr *öffnen* und Unbehagen nicht nur aushalten, sondern es sich dabei sogar gut gehen lassen, steigern Sie das, was Psychologen als Selbstwirksamkeit bezeichnen, nämlich Ihr Zutrauen in Ihre Fähigkeit, mit Situationen umzugehen. Wenn Sie wissen, dass Sie Belastungen ertragen können, bringen belastende Situationen Sie weniger aus der Fassung und Sie können wirksamer damit umgehen.

Sie können auch etwas Neues darüber herausfinden, wie Sie auf Situationen reagieren können, die eine Herausforderung für Sie darstellen. Viele von uns begegnen neuen oder sogar vertrauten Situationen mit einer Menge Altlasten. Wenn Sie sich einem Erlebnis gegenüber öffnen, stellen Sie möglicherweise fest, dass Sie an ähnliche Situationen bisher mit Erwartungen, die nicht mehr aktuell oder ungenau sind, herangegangen sind. Beispielsweise haben Sie es vielleicht immer verabscheut, mit der

Fähre zur Arbeit zu fahren, weil es da so voll ist, weil es zu lange dauert und Sie dann meistens zu spät zur Arbeit kommen. Doch als Ihr Auto eine Panne hat, müssen Sie ein paar Tage lang mit der Fähre fahren. Wenn Sie sich für dieses Erlebnis öffnen, statt dagegen anzukämpfen, stellen Sie vielleicht fest, dass sich Ihre Gefühle gewandelt haben. Immerhin ist es fünf Jahre her, seit Sie es das letzte Mal ausprobiert haben, und nun sind Sie selbst überrascht, dass es Ihnen irgendwie gefällt. Sie haben jetzt mehr Geduld und merken, dass es Sie beruhigt und Ihnen gleichzeitig Energie verleiht, auf dem Wasser zu sein. Durch die Fahrt haben Sie sogar Zeit, sich innerlich vorzubereiten, bevor Sie bei der Arbeit ankommen. Wenn Sie diesem Erlebnis dagegen bewaffnet mit Ihren alten Meinungen begegnet wären, hätten Sie vielleicht gar nicht gemerkt, dass diese früher unangenehme Erfahrung auch Freude bereiten kann.

Sich unangenehmen Erlebnissen gegenüber zu öffnen führt nicht immer dazu, dass sie einem besser gefallen, doch es macht einen vertrauter mit dem Gebiet des Unbehagens und ermöglicht einem, es bereitwillig anzunehmen (statt dagegen anzukämpfen). Wenn Sie dieses Gebiet besser kennen und es bereitwillig annehmen, sind Sie besser in der Lage, es zu bewältigen.

8 Der Gedankenzug

Wenn Sie anfangen, achtsames Gewahrsein zu praktizieren (und falls Sie noch keine der Übungen zum achtsamen Gewahrsein in diesem Buch oder auf der Website ausprobiert haben sollten, wäre jetzt ein wunderbarer Zeitpunkt!), werden Sie feststellen, dass der denkende, wertende Geist all Ihre Erlebnisse filtert. Wie Sie reagieren, wie Sie fühlen und was Sie infolgedessen zu tun beschließen, beruht auf Ihrer Bewertung der aktuellen Situation und der Bedeutung, die Sie ihr zuschreiben. Wie Sie die aktuelle Situation bewerten oder deuten, hängt wiederum in hohem Maße von Ihren früheren Erfahrungen ab – davon, woran die aktuelle Situation Sie erinnert oder was sie in Ihnen wachruft. Wir alle erschaffen Geschichten über jedes Erlebnis, die auf unseren früheren Erlebnissen und der Art, wie wir die Welt im Allgemeinen sehen, beruhen, und diese Geschichten bestimmen unsere Gedanken und Gefühle über die Situation.

Stellen Sie sich vor, Sie gehen in einen Coffee Shop. Sie gehen zur Tür hinein und sofort dringt Ihnen der Duft frischen Kaffees in die Nase. „Das gefällt mir. Ich freu mich schon auf meinen Kaffee." Sie erinnern sich an Kaffee, den Sie früher getrunken haben, und daran, was für ein warmes, gemütliches und gutes Gefühl das war. Sie merken, dass es in dem Coffee Shop sehr kalt ist. „Oh, wie scheußlich. Warum haben die die Klimaanlage immer so kalt eingestellt?" Frustration kommt in Ihnen hoch, Ihr Körper spannt sich an … dann sehen Sie sich um. „Wow. Schönes, warmes Holzdekor. Das gefällt mir." Es erinnert Sie an das Haus, in dem Sie aufgewachsen sind, und Sie fühlen sich etwas behaglicher.

Doch die Schlange ist lang. Ja, sie ist sogar sehr lang und bewegt sich sehr langsam. Ein Angestellter arbeitet hinter der Theke und ein anderer, der offenbar Pause hat, sitzt an einem Tisch und liest Zeitung. Sofort regen Sie sich auf. „Warum ist diese Schlange so lang? Warum muss der Typ ausgerechnet jetzt Pause machen?"

Während sich die Schlange im Schneckentempo vorwärts bewegt, werden Sie immer frustrierter. Vielleicht stöhnen Sie sogar, wippen mit dem Fuß und machen sarkastische Bemerkungen zu anderen Wartenden. Als Sie den Kaffee bekommen und hinausgehen, sind Sie spät dran, frustriert, verärgert und speichern das Erlebnis als negativ ab.

In diesem Fall führen Ihre laufende Bewertung der Situation als positiv oder negativ, Ihre Konditionierung aus der Vergangenheit und vielleicht Ihre Werturteile über die Ungerechtigkeit und Verkehrtheit der Situation zu einer nicht unerheblichen Unruhe und Frustration bei Ihnen. Beachten Sie, dass ich nicht sage, die Situation *selbst* führe zu der Frustration. Vielmehr führen die Geschichten, die Sie sich über die Situation erzählen, zu diesen Gefühlen. Pema Chödrön, Meditationslehrerin und Autorin des Buches *When Things Fall Apart* (dt. Titel Wenn alles zusammenbricht), sagt: „Nicht die Dinge, die geschehen, sind die Ursache unseres Leids, sondern das, was wir uns selbst über die Dinge, die geschehen, sagen. Daher kommt das Leid." (2003, 1)

Die Grundbewertung, auf der viel von unserem unnötigen Leid beruht, ist der Gedanke: „Das sollte nicht da sein." Mit großem Abstand an zweiter Stelle kommt: „Das gefällt mir und es sollte mehr davon da sein."

In dem Beispiel mit dem Coffee Shop sind es die Werturteile:

- Es sollte nicht so kalt sein.
- Die Schlange sollte nicht so lang sein.
- Der Mitarbeiter sollte nicht Pause machen.

In einem geringeren Maß beruht die Unruhe auch auf dem Wunsch, die angenehmen Aspekte des Erlebnisses würden schneller geschehen oder es gäbe mehr davon. In diesem Fall:

- Ich mag diesen Duft nach Kaffee so gerne.
- Ich will ihn *jetzt* trinken.
- Ich bin gern pünktlich, ich sollte pünktlich sein und ich will jetzt pünktlich sein.

Natürlich ist das Bewerten von Erlebnissen vollkommen normal, notwendig und wird auch weiterhin stattfinden, ganz gleich, was Sie tun. Manche Dinge sind wünschenswert und manche nicht. Jedoch ist achtsames Gewahrsein eine Art, auf der Welt zu sein, bei der Sie jeden Augenblick präsent und gewahr sind und bei der Ihre Gedanken und Ansichten einen Teil Ihres Bewusstseins ausmachen, aber nicht alles andere in den Schatten stellen.

Fünf Aktivitäten des denkenden Geistes

Ihr denkender Geist ist typischerweise mit einer oder mehr von fünf Aktivitäten beschäftigt.

Die Prüfung hat ergeben ...

Erstens bewertet der denkende Geist alles, was geschieht. „Ich finde es schön, wie warm es heute ist", „Ich treffe mich so gern mit meiner Hebamme, sie ist die Beste", „Dieser Kaffee ist zu stark", oder „Ich finde es furchtbar, wie diese Frau mich ansieht". Der Geist ist sehr gut darin, jedes Erlebnis auf einer Skala von „Es gefällt mir" bis zu „Es gefällt mir nicht" zu bewerten. Es ist, als hätten Sie im Geiste Ihre eigene olympische Jury, die ständig ihre Bewertungskarten zückt, um jede Situation zu bewerten.

Oft bedeutet „Es gefällt mir" automatisch „Es ist gut" und „Es gefällt mir nicht" bedeutet „Es ist schlecht". Und wenn es gut ist, will man natürlich mehr davon und will, dass es andauert. Wenn es schlecht ist, will man, dass es aufhört und nicht wieder geschieht.

Falls Sie zu depressiven oder ängstlichen Denkmustern neigen, stellen Sie möglicherweise fest, dass sich Ihre Sorgen und Urteile oft auf Sie selbst beziehen: „O je, meine Haut ist in einem schlechten Zustand", „Ich bin mit allem so hinterher", „Das war blöd, dass ich das getan habe". Oder vielleicht sind Ihre Denkmuster globaler: „Warum bekomme ich es nie auf die Reihe?" oder: „Diese Situation ist total hoffnungslos".

Vom evolutionären Standpunkt aus gesehen, ist diese Fähigkeit des Geistes, Dinge als gut oder schlecht zu bewerten, tatsächlich recht nützlich. Wenn etwas gut schmeckt, riecht oder sich gut anfühlt (etwa Zucker oder das Zusammensein mit einem genetisch gut passenden Partner), ist das im Allgemeinen ein Zeichen, dass es auch gut *ist*, wenn man es aus der Perspektive der Arterhaltung betrachtet. Und wenn man etwas als unangenehm wahrnimmt (etwa verdorbene Lebensmittel oder das Gefühl der Angst, wenn einem ein Grizzlybär gegenübersteht), ist das im Allgemeinen ein Zeichen, dass es für das Überleben oder Wohlergehen vielleicht nicht zuträglich ist. In der heutigen schnelllebigen, stressigen, komplexen Welt jedoch ist unsere evolutionäre Tendenz, Dinge als gut oder schlecht zu bewerten, ein wenig aus dem Ruder gelaufen. Auf emotionaler Ebene kann man auf Dinge, die man nicht mag oder nicht wünscht, so reagieren, als bedrohten sie das eigene Überleben. Ebenso kann man das Gefühl haben, Dinge, die man mag oder wünscht, seien notwendig zum Überleben. Wie man Situationen im Geiste bewertet, kann daher erhebliche Auswirkungen auf die eigenen Gefühle und das eigene Verhalten haben.

Das Bewerten unserer Erlebnisse ist eine völlig normale Aufgabe des denkenden Geistes und kann bisweilen sehr nützlich sein. Wenn wir diese Bewertungen jedoch unser ganzes Leben bestimmen lassen, können wir Probleme bekommen. Wir machen uns das Leben schwer, wenn wir unseren Seelenfrieden, unser Verhalten und in manchen Fällen sogar unser Selbstbild und unser Selbstwertgefühl ganz von den sich ständig wandelnden Umständen des Lebens abhängig machen. Und wir verschärfen unseren Stress und unsere Schwierigkeiten ganz wesentlich dadurch, dass wir all unsere Erlebnisse gewohnheitsmäßig bewerten und diese Bewertungen dann sehr wichtig nehmen.

Sagen wir, Ihre zehn Monate alte Tochter beginnt laut zu weinen, als Sie gerade in der Gemüseabteilung des Supermarkts sind. Sie wissen, dass sie gerade erst geschlafen hat, weil Sie eine Stunde auf dem Supermarktparkplatz darauf gewartet haben, dass sie aufwacht. Sie haben ihre Windel gewechselt und sie gestillt, bevor sie eingeschlafen ist, also wissen Sie, dass sie nicht nass oder hungrig sein kann. Sie hört auf zu weinen, als Sie sie hochnehmen. Sie strampelt und will runter, weil sie krabbeln will. Sie will nicht in der Tragehilfe sitzen und jetzt sorgt sie mit ihrem entrüsteten Heulen dafür, dass der ganze Laden ihren Protest mitbekommt. Sie wollen den Einkauf wirklich gern erledigen und nach Hause fahren, damit Sie das Abendessen machen können. Sie werden langsam ärgerlich und das Ganze ist Ihnen peinlich. Es gefällt Ihnen wirklich nicht, dass Ihre Tochter schreit. Es fällt eindeutig in die Kategorie: „Nicht gut, und ich will, dass es aufhört".

An diesem Punkt haben Sie zwei Möglichkeiten, mit der Situation umzugehen. Sie können beschließen, sich dagegen zu wehren – zu sagen: „Ich hasse das, ich will, dass es aufhört, und ich werde dafür sorgen, dass es aufhört, damit ich weiter einkaufen kann." Sie können alles Mögliche ausprobieren, und falls das nicht funktioniert, werden Sie vielleicht noch frustrierter und nervöser und alles ist Ihnen noch peinlicher. Möglicherweise stürmen Sie hinaus, fahren nach Hause und sind für den Rest des Abends verärgert.

Sie können sich aber auch sagen: „Das Baby weint. Es will offenbar krabbeln, aber das geht auf diesem schmutzigen Fußboden nicht. Ich würde auch gerne den Einkauf erledigen." Sie können einen Moment innehalten und atmen und wahrnehmen, dass Ihre Atmung etwas beschleunigt und Ihr Körper angespannt ist. Wenn Sie die Situation so betrachten, wie sie ist, ohne darüber zu entscheiden, ob sie gut oder schlecht ist, sehen Sie vielleicht, dass Sie eine Menge Möglichkeiten haben. Zum Beispiel könnten Sie irgendwo Pause machen, wo Ihre Tochter eine Weile herumkrabbeln kann, und das Abendessen etwas später machen. Sie könnten eine Möglichkeit finden, sie zu tragen. Sie könnten das Einkaufen aufgeben, nach Hause fahren und eine Tiefkühlpizza in den Ofen schieben. Sie könnten sich etwas Salat von Ihrer Nachbarin leihen. Sie könnten das Baby schreien lassen und den Einkauf schnell erledigen. Sie könnten sich weiterhin ärgern, aber Ihren eigenen Ärger beobachten, sehen, was für ein Gefühl das ist, und erst danach eine Entscheidung treffen.

In diesem Fall bestimmt Ihre Bewertung der Situation, und nicht die Situation selbst, wie Sie reagieren und handeln. Wenn Sie die Situation als schlecht, unangemessen oder als etwas, das nicht geschehen sollte, bewertet haben und sich mit dieser Bewertung als der „Wahrheit" stark identifizieren, erleben Sie daraufhin eine wahre Kaskade schwieriger Gefühle, Gedanken und Empfindungen. Dann reagieren

Sie. Wenn Sie der Situation so begegnen, wie sie ist, entscheiden Sie sich für die beste Reaktion, die für Sie angesichts der Situation so, wie sie ist, möglich ist, ohne noch eine Menge anderer Dinge darauf gehäuft zu haben.

Ständig an früher und an die Zukunft denken

Zweitens reflektiert der denkende Geist gerne über die Vergangenheit und plant für die Zukunft. „Gestern hatte ich ein Gespräch mit meinem Partner, wobei er dies und ich das gesagt habe, und dann hat er gesagt …" „Ich muss heute Nachmittag unbedingt ins Fitnessstudio." „Ich muss mein Baby im Kindergarten voranmelden." Oft sind diese Gedanken mit Wertungen verknüpft. Zum Beispiel: „Ich muss heute Nachmittag unbedingt ins Fitnessstudio und ich kann es kaum fassen, dass ich drei Tage hintereinander nicht da war. Ich werde schrecklich dick! Ich werde wohl nie mehr mein Gewicht von vor der Schwangerschaft zurückbekommen." Oder: „Ich freue mich so darauf, wenn mein Bruder kommt und das Baby kennen lernt. Das wird toll!" Oder vielleicht: „Dass dieser Scheck nicht gedeckt war, war echt Mist. Ob wir je lernen werden, mit Geld umzugehen?" Und: „Was ist, wenn wir keinen Platz in diesem Kindergarten bekommen? Zu dem anderen kann ich nicht jeden Tag fahren – der ist zu weit. Ich hätte unseren Namen früher auf die Warteliste setzen sollen."

Falls Sie eine Tendenz zu negativen Denkmustern haben, neigen Sie vielleicht dazu, Verallgemeinerungen über die Vergangenheit anzustellen oder sich vor allem an negative emotionale Erlebnisse zu erinnern. Beispielsweise werfen Sie es sich möglicherweise noch immer vor, dass Sie Ihr Studium nicht abgeschlossen haben oder dass Sie das Baby einmal auf dem Fliesenboden in der Küche auf den Kopf haben fallen lassen. (Das ist einer Freundin von mir tatsächlich passiert. Keine Sorge – das Baby hat es heil überstanden.)

Es kann auch zur Gewohnheit werden, ständig eine Katastrophe vorauszusehen: „Mein Kind hat noch nicht zu sprechen angefangen, und Lindas Sohn ist zwei Monate jünger und spricht schon. Ob mein Sohn wohl eine Lernbehinderung hat?" Oder: „Was, wenn wir unsere Hypothek nicht bezahlen können?" Und sogar: „Ich weiß einfach, dass irgendwas schiefgehen wird."

Achtsames Gewahrsein unterscheidet sich unter anderem dadurch vom denkenden Geist, dass es seine Zeit ganz im gegenwärtigen Augenblick verbringt. Ich werde das später noch viel gründlicher erläutern, aber achten Sie fürs Erste einfach mal darauf, wie sehr Ihr Denken um die Vergangenheit oder Zukunft kreist. Versuchen Sie nicht, es zu ändern, nehmen Sie es einfach wahr.

Was gehört hier nicht hin?

Neben dem Bewerten, Reflektieren und Planen ist unser denkender Geist auch bestrebt, Probleme zu lösen. Er sucht die Umgebung nach potentiellen Problemen ab und versucht Lösungen zu finden.

Erinnern Sie sich noch an diese Zeitschriften aus Ihrer Kinderzeit, in denen zum Beispiel ein Bild einer Stadt abgedruckt war, bei dem Sie dann alle Dinge finden sollten, die nicht dahingehörten, zum Beispiel jemanden, der verkehrt herum auf dem Fahrrad fuhr, oder zu ein Haus ohne Dach?

Oft fühlt sich Ihr denkender Geist automatisch zu Dingen, die fehl am Platz sind, oder Situationen, die einer Klärung bedürfen, hingezogen. Der Geist hat die Tendenz, die Aufmerksamkeit auf Dinge zu richten, die beschädigt sind, die nicht gut funktionieren, um die man sich offenbar kümmern muss.

Sagen wir, Sie erleben gerade einen wunderbaren Nachmittag mit Ihrer kleinen Tochter auf dem Spielplatz. In Ihrem inneren Erleben ist alles ruhig. Also legt Ihr Geist los und fängt an, Ihr Erleben nach etwas abzusuchen, was nicht gut läuft oder fehl am Platz ist. Hmm, nichts dort auf dem Spielplatz funktioniert nicht oder ist fehl am Platz. Daher dehnt der denkende Geist seine Suche auf die Vergangenheit und die Zukunft aus. Bingo! Plötzlich fällt Ihnen etwas ein, das gestern bei der Arbeit geschehen ist. Zu dem Zeitpunkt kam es Ihnen nicht so schlimm vor, aber es kann doch zum Problem werden, daher nehmen Sie Ihr Handy und kümmern sich darum, während Sie Ihre Tochter auf der Schaukel anschubsen. Auf einmal sind Sie weder hier noch dort. Ihre Gedanken, Gefühle und Empfindungen haben damit zu tun, was gestern geschehen ist und was morgen geschehen könnte – statt damit, was im jetzigen Augenblick geschieht. Sie machen sich Sorgen über das, was in der Vergangenheit geschehen ist, und das, was in der Zukunft geschehen könnte, und dabei entgeht Ihnen der Genuss des Augenblicks.

Kollegen von mir, Rick Hanson und Richard Mendius, erläutern, warum dies so ist (2007). Wenn Sie überlegen, wie wir uns als Art entwickelt haben, welche Wesenszüge sich am besten über Jahrtausende hinweg durchgesetzt haben, glauben Sie, von den kleinen, pelzigen Vorfahren der Menschen waren es ausgerechnet die Gelassenen, Unbekümmerten, die überlebten und sich erfolgreich fortpflanzten?

Wie Rick und Rick erklären, waren es wahrscheinlich nicht unbedingt die gelassenen kleinen Kerle, die überlebten. Die, die das Rennen machten, waren eher die extrem wachsamen Typen, diejenigen, die besonders gut darin waren, danach Ausschau zu halten, was gefährlich und bedrohlich sein könnte, was nicht funktionierte, was man *meiden* sollte. Daher leuchtet es ein, dass viele von uns darauf programmiert sind, nach Problemen zu suchen, und sich große Mühe zu deren Lösung geben. Rick und Rick zufolge haben wir heutzutage, wo es so viel weniger lebensbedrohliche Gefahren gibt, diese Tendenz zu extremer Wachsamkeit auf unser alltägliches Leben übertragen. Gewiss stehen die meisten von uns jeden Tag sehr komplizierten Situationen gegenüber, jedoch sind die wenigsten davon lebensbedrohlich. Daher müssen wir uns tatsächlich anstrengen, um uns darin zu *schulen,* uns zu entspannen, danach Ausschau zu halten, was *gut* läuft, im Augenblick zu sein, gegenwärtig zu sein.

Der Geist erzählt Geschichten

Viertens erzählt Ihr denkender Geist gerne Geschichten über das, was geschieht. Er versucht, jede Situation zu deuten, stellt Vermutungen darüber an, warum Ihr Partner zu spät kommt, warum Ihr Baby nachts nicht durchschläft, wieso das Baby in Ihrem Bauch ständig Schluckauf hat, was es über Sie aussagt, wenn Sie bei der Geburt um Schmerzmittel bitten, was es bedeutet, dass Ihre Schwiegermutter Sie im Krankenhaus nicht besuchen gekommen ist und so weiter. Ihr Geist hat für alles eine Geschichte, von ganz einfachen („Ich habe Hunger und muss etwas essen") bis hin zu sehr komplexen Geschichten darüber, warum und wie Dinge geschehen, was passiert und wer daran beteiligt ist.

Unsere Geschichten variieren bestenfalls, was den Grad ihrer Richtigkeit angeht. Ja, Forschungen zeigen, dass wir uns mit unseren Erinnerungen an Ereignisse aus der Vergangenheit und daran, welche Gefühle wir hatten, oft irren (Hassan 2006). Alle Erlebnisse, aktuelle wie vergangene, werden durch Ihre Wahrnehmung, Ihre Vorurteile und Ihre Erwartungen gefiltert, und Ihre Erinnerungen daran werden dann von der Bedeutung, die Sie ihnen im Laufe der Zeit zuschreiben, gewandelt. Selbst in der Gegenwart sind viele unserer Gedanken bloß Geschichten – was jemand denkt, wenn er Sie ansieht, was es zu bedeuten hat, dass Ihr Partner wieder nicht den Müll rausgebracht hat, was Sie sich vorstellen, wenn jemand schon wieder zu spät kommt oder Sie nicht zurückruft.

Mit anderen Worten: *Ihre Gedanken sind keine Tatsachen.* Es sind Arten, das, was Sie wahrnehmen, zu deuten. Und weil Ihre Gedanken keine Tatsachen sind, brauchen Sie auch nicht jeden Gedanken, den Sie haben, zu glauben. Sie können anfangen, jeden Gedanken als das anzusehen, was Wissenschaftler als *Arbeitshypothese* bezeichnen – als die beste Vermutung, die Sie angesichts der Ihnen zu dem Zeitpunkt zur Verfügung stehenden Informationen anstellen können. Arbeitshypothesen soll man keinen blinden Glauben schenken; man sollte sie prüfen, um zu sehen, ob sie zutreffen, nicht krampfhaft an ihnen festhalten, und man sollte bereit sein, sie zu revidieren, falls sich Informationen ergeben, die sie widerlegen.

Wenn Sie so damit umgehen, beginnen Ihre Geschichten über das, was geschieht, allmählich ihre Macht über Sie zu verlieren. Sie können dann sagen: „Ich hab mich gefragt, warum du mich nach der Geburt des Babys nicht im Krankenhaus besuchen gekommen bist" und sich die Antwort wirklich anhören, statt zu fauchen: „Ich kann es kaum fassen, dass du mich nicht im Krankenhaus besuchen gekommen bist!" Ihr Gedankengang könnte werden: „Ich muss sie das fragen", statt: „Ihr liegt nichts an mir, und das war schon immer so!" Selbst wenn Sie Letzteres denken, was ja gut sein kann, können Sie Ihren Gedanken betrachten und sagen: „Mensch, weil sie nicht ins Krankenhaus gekommen ist, denke ich, ihr läge nichts an mir", statt ganz in der Überzeugung „Ihr liegt nichts an mir" aufzugehen.

Der Geist vergleicht und kategorisiert

Schließlich neigt der Geist dazu, Informationen zu vergleichen, gegenüberzustellen und in Kategorien einzuteilen, wobei er sie meistens in die großen Schubladen „Gut, es gefällt mir, und ich will mehr davon" und „Schlecht, es gefällt mir nicht, und es sollte nicht da sein" steckt. Doch es gibt noch andere Schubladen. Aus Gründen der Effizienz beschließt Ihr Geist, wie ganze Gruppen von Dingen sind, und ordnet Ihre neuen Erlebnisse einer dieser Gruppen zu. Das ist praktisch, wenn man über den Unterschied zwischen Red-Delicious-Äpfeln (rot und süß) und Granny Smiths (grün und sauer) spricht. Wenn man jedoch Annahmen über komplexe Situationen oder über Menschen anstellt, kann das Kategorisieren einen daran hindern, das zu sehen, was direkt vor einem ist. So können Sie zum Beispiel die starke Überzeugung haben, dass Frauen, die ihre Babys stillen, während Sie die Flasche geben mussten, voreingenommen und überheblich sind. Sie können glauben, dass Leute, die im Familienbett schlafen, zu liberal und undiszipliniert sind, oder dass Leute, die ein Schlafprogramm durchführen, wenn ihr Kind sechs Wochen alt ist, kalt und gefühllos sind. Diese Annahmen hindern Sie daran, zu sehen, wie die Dinge wirklich sind – in all ihrer Bandbreite und in jeder neuen Situation.

Und schließlich vergleicht der Geist auch gerne. Er sucht nach Unterschieden und wenn er welche findet, urteilt er, welche Variante wünschenswert und welche problematisch ist. Das ist einfach eine eingebaute Funktion des Geistes – sie ist weder gut noch schlecht. Das Problem entsteht, wenn wir diese Vergleiche ganz und gar glauben und dann emotional und mit unserem Verhalten darauf reagieren. So könnten Sie zum Beispiel Ihr Aussehen mit dem von jemand anderem vergleichen („Wie hat sie es nur geschafft, in vier Wochen alle Schwangerschaftspfunde loszuwerden?"). Sie könnten das Verhalten einer anderen Mutter mit Ihrem vergleichen („Merkt sie nicht, wie sie ihr Baby verwöhnt?"). Oder Sie könnten ein fiktives, unerreichbares Ideal erschaffen und sich selbst damit vergleichen – eine der Lieblingsbeschäftigungen des menschlichen Geistes („Ich sollte eine konfliktfreie Ehe führen, als Hausfrau und Mutter zufrieden und erfüllt sein, fröhlich und voller sexueller Energie sein und mir keine Sorgen über Geld machen"). Diese vergleichende Funktion des Geistes ist zwar nützlich, doch wenn Sie sie als *Gewohnheit des Geistes,* statt als *die Wahrheit* ansehen, können Sie diese Gedanken einfach vorüberziehen lassen, statt daran festzuhalten.

Auch wenn Sie dem, was ich hier sage, zustimmen, wird Ihr Geist weiterhin kategorisieren und vergleichen. Das tut er einfach. Wenn Sie das *sehen* können, statt es selbst zu *sein,* haben Sie den Schlüssel zu einer gewissen Befreiung vom denkenden Geist in der Hand.

Die Gleise überqueren

Sagen wir, Sie haben ein wunderbares Baby, das zufrieden stillt, gluckst und Ihr Herz zum Schmelzen bringt. Sie, Ihre Partnerin und Ihr Kind leben auf Wolke Sieben. Sie gehen zusammen spazieren, schlafen zusammen und Sie und Ihre Partnerin starren das Baby stundenlang an. Das Leben als Mutter ist schöner, als Sie es sich je erträumt haben.

Doch dann muss Ihre Partnerin wieder zu arbeiten anfangen und Sie sind den ganzen Tag mit dem Baby allein. Sie finden kaum Zeit, zu duschen und zu essen, geschweige denn E-Mails zu schreiben, Freunde anzurufen, das Haus in Ordnung zu bringen oder ein bisschen zu arbeiten. Bei Ihnen dreht sich alles nur noch um das Stillen, Wickeln und Herumtragen des Babys. Sie fühlen sich allmählich von der Außenwelt isoliert und einsam.

Wenn Ihre Partnerin von der Arbeit nach Hause kommt, ist sie müde und braucht Zeit für sich. Sie wünschen sich so, dass sie das Baby nimmt, damit Sie mal eine Pause haben. Sie finden, Ihre Partnerin hilft nicht genug mit, und Sie fangen an sich zu ärgern. „Sollte sie nicht Zeit mit ihrem eigenen Kind verbringen wollen? Hat sie die Kleine gar nicht vermisst?" Sie fühlen sich nicht genug gewürdigt. Der Gedanke, dass Sie sich Ihr altes Leben zurückwünschen, überwältigt Sie und löst Schuldgefühle bei Ihnen aus. Sie und Ihre Partnerin fangen an, sich gegenseitig anzublaffen und sich zu streiten, und das haben Sie bisher nie vor dem Baby getan. Sie sind furchtbar unglücklich.

In dieser Situation ist es vollkommen normal, natürlich und verständlich, innerlich etwas mit sich zu ringen, etwas Traurigkeit, Wut und ein bisschen negatives Denken zu erleben. Das Gefühl, furchtbar unglücklich zu sein, ist jedoch eine Folge Ihrer Reaktion darauf, wie Ihr Geist jedes Ereignis bewertet. Glucksen, Stillen, Spazierengehen, Kuscheln … das ist alles gut. Nicht duschen, nicht mit Freunden sprechen, das Gefühl der Isolation … das ist alles schlecht. Die mangelnde Mitarbeit Ihrer Partnerin … schlecht. Ihre eigene Enttäuschung und Ihr Wunsch, Ihr altes Leben zurückzuhaben … schlecht. Das Streiten mit Ihrer Partnerin … schlecht.

Haben Sie beim Lesen dieser Geschichte Urteile darüber getroffen, ob die Elemente der Situation tatsächlich gut oder schlecht sind oder wie gut oder schlecht jedes davon ist? (Ist es nicht erstaunlich, wie automatisch das passiert?) Unterdrücken Sie für einen Moment den Drang, zu entscheiden, ob die Elemente dieser Situation gut oder schlecht sind, und betrachten Sie einfach jedes, wie es ist. Glucksen. Entspannt stillen. Mit der Familie spazieren gehen. Schwierigkeiten, mit Freunden in Kontakt zu bleiben. Eine müde Partnerin, die keine Windeln wechselt und das Baby nicht auf den Arm nimmt. Zanken mit der Partnerin. All diese Dinge geschehen. Sie sind genau das, was geschieht, und nichts weiter. Wenn man es betrachtet, ohne zu urteilen, wird jedes dieser Geschehnisse zu etwas, mit dem man auf vielerlei Weise umgehen kann.

Wenn Sie in dieser Situation wären, würde Ihr urteilender Geist vielleicht sagen: „Warum zum Teufel kann meine Partnerin mir nicht mehr helfen? Ich weiß, was das heißt – es heißt, dass ihr nichts an mir oder dem Baby liegt. Sie hat ihr Versprechen gebrochen und ich wusste, dass das passieren würde." Mit achtsamem Gewahrsein kann aus derselben Situation dagegen werden: „Ich bin müde. Ich hätte gerne Hilfe. Ich wünschte, meine Partnerin würde mehr mithelfen." Nicht schlecht. Nicht gut. Einfach so, wie es ist. Niemand hat recht. Niemand hat unrecht.

Auf die Situation mit achtsamem Gewahrsein zu reagieren ist viel einfacher und wirksamer als der Versuch, auf die erste, wertende Beurteilung der Situation zu reagieren. Außerdem ist es angemessener, erfordert weniger Zeit und setzt viel Energie frei, um mit Ihrem Baby zusammen zu sein und Dinge wahrzunehmen, die gut laufen – neben denen, die nicht so gut laufen.

Glauben Sie nicht alles, was Sie denken

Es wird Ihnen nicht gelingen, den wertenden, planenden, reflektierenden, Strategien ersinnenden und kategorisierenden Geist zu besiegen. Auch werden Sie Ihren eigenen, persönlichen Reporter nicht davon abbringen können, ständig Ihre Erlebnisse zu kommentieren, über alle schrecklichen Aspekte Ihrer Geschichte zu berichten oder das, was noch kommen mag, zu dramatisieren. Doch wenn Sie Ihren denkenden Geist mit achtsamem Gewahrsein erfüllen, *können* Sie erreichen, dass dieser Reporter seine Nachrichten eher als Untertitel auf dem Bildschirm laufen lässt – Untertitel, die alle möglichen Informationen enthalten, von denen manche relevant und interessant sind und manche nicht.

Es ist, als stuften Sie den Gedankensprecher mit dem Megaphon zu einem Radiosprecher zurück, der leise im Hintergrund im Radio zu hören ist. Wenn Sie sich für den Wetter- oder Verkehrsbericht interessieren, können Sie aufmerksam zuhören. Darüber hinaus besteht ein großer Teil der Informationen bloß aus Kommentaren – nützlichen wie weniger nützlichen.

Sie brauchen nicht alles zu glauben, was Sie denken. Wie in Kapitel 5 erläutert, liefern Ihnen Ihre Emotionen und mindestens fünf weitere Sinne Informationen. Doch darüber hinaus haben Sie Ihr Gewahrsein. Sie können die Fähigkeit kultivieren, jeder Situation so zu begegnen, wie sie ist, statt auf die Geschichte, die Sie sich selbst darüber erzählen, zu reagieren. Diese Fähigkeit führt stets zu Entscheidungen, die weiser sind, bessere Ergebnisse nach sich ziehen und treffender widerspiegeln, wer Sie sind und woran Sie glauben.

Sylvia Boorstein, Meditationslehrerin und Autorin von *Was geschieht, das geschieht: Wie Sie durch Gelassenheit und Mitgefühl sich selbst und die Welt retten* (2007) sagt, Achtsamkeit sei die Gewohnheit, Dinge auf unkomplizierte Weise zu sehen. Achtsames Gewahrsein ist vor allem die Fähigkeit, präsent und wach zu sein für jedes Erlebnis, wie es geschieht, und ihm mit Freundlichkeit gegenüber dem Erlebnis und gegenüber sich selbst zu begegnen. Dies gilt auch für Ihren Umgang mit Ihrem eigenen Denken.

Denn Denken ist auch Teil Ihres Erlebens. Sie können Grübeln oder sehr lautes, selbstkritisches, wertendes und eifriges Reden in Ihrem Geist wahrnehmen. In dem Augenblick sind Sie achtsam. Warum?

Weil Sie dieses Grübelns gewahr sind. Das bedeutet, dass neben dem Grübeln noch etwas anderes geschieht: *Sie* beobachten es. Vielleicht beobachten Sie die Art und Weise, wie Ihr denkender Geist versucht, eine unangenehme Situation zu verdrängen oder ihr zu entkommen. Ihre Beobachtung dieses Prozesses *ist* Achtsamkeit.

„Danke, Geist"

Falls Sie wie ich und wie viele der Mütter, mit denen ich gearbeitet habe, sind, wartet Ihr Geist, wenn Sie aufwachen, schon mit einer ganzen Liste von Dingen, um die Sie sich kümmern sollen – bitteschön sofort. Deshalb ist das Aufwachen ein idealer Zeitpunkt, um ein paar Minuten mit Achtsamkeitspraxis zu verbringen – und zu Ihrem Geist zu sagen: „Danke für deine Hilfe, ich werde dich sicher im Laufe des Tages um Rat fragen. Aber du bist für mich nur *eine* Informationsquelle. *Ich* bin diejenige, die *deiner* gewahr ist." Dies kann den Ton für den Tag festlegen, sozusagen die Rangordnung klären.

Verbringen Sie ein paar Augenblicke mit Gewahrsein für Ihren Atem und Ihre Körperempfindungen (siehe Kapitel 2 oder 3). Nehmen Sie Ihren Atem wahr. Versuchen Sie, das Zentrum Ihres Seins ausfindig zu machen – das, was des Atmens gewahr ist, derjenige, der atmet. Konzentrieren Sie sich ein paar Augenblicke darauf, derjenige zu sein, der Ihres Körpers und dessen Empfindungen gewahr ist; lassen Sie das Zentrum Ihres Gewahrseins in Ihrem Bauch sein und von dort ausstrahlen. Und statt das Gefühl zu haben, Sie seien Ihre Gedanken, seien Sie als Nächstes derjenige, der Ihres Gedankenzugs gewahr ist. Sehen Sie zu, wie die Waggons vorbeifahren, einer nach dem anderen, und steigen Sie jetzt in keinen von ihnen ein. (Sie können immer noch später zu einem zurückkehren, wenn Sie möchten.)

Wenn Ihr Geist unbedingt die Herrschaft erringen will, richten Sie ganz sanfte, mitfühlende, liebevolle Aufmerksamkeit auf Ihr Denken. Senden Sie ihm aufrichtigen Dank und Anerkennung dafür, dass er so hart arbeitet. Spüren Sie, wenn Sie können, welche Ehrfurcht, welches Staunen und welchen Respekt der Geist für all das verdient, was er zu leisten imstande ist. Es ist wirklich beeindruckend.

Haben Sie Mitgefühl dafür, wie sich Ihr Geist verwickelt und verwirrt und wie er ganz von alleine ziemlich unglücklich werden kann. Haben Sie Mitleid damit, wie streng er zu sich selbst ist, wie ungeduldig er angesichts von Ungewissheit oder Nicht-Wissen (im Grunde sehr kreativen Aufenthaltsorten) wird. Haben Sie Mitgefühl damit, wie sich der Geist aufregt, wenn er glaubt, etwas verpasst oder die falsche Entscheidung getroffen zu haben. Versuchen Sie, mitfühlend zu sein, wenn Ihr Geist glaubt, es gäbe nur eine richtige Entscheidung, und wenn er nur angestrengt genug nachdächte, könnte er die Antwort finden.

Geben Sie Ihrem Geist die Erlaubnis, nicht so hart zu arbeiten. Entlasten Sie ihn davon, alles ständig unter Kontrolle haben zu müssen. Sagen Sie Ihrem Geist, dass nicht mehr von ihm verlangt wird, Dinge herauszufinden, die sich nicht herausfinden lassen. Sie werden die Lebensaufgaben nun gleichmäßiger zwischen allen Bereichen Ihres Seins aufteilen. Lassen Sie Ihren Geist freundlich und sanft wissen, dass er sich von Zeit zu Zeit eine Pause gönnen und ausruhen darf. Setzen Sie realistischere Erwartungen in Ihren Geist, etwa: „Geist, ich erwarte von dir, dass du mir als eine der vielen Quellen, die ich habe, Informationen bietest. Entspann dich, Geist."

Sitzen Sie und atmen Sie mehrere Minuten lang.

Lassen Sie den Geist tun, was er tut – egal, ob er im Moment relativ still ist oder ständig drauflos plappert.

Lassen Sie Ihren Körper und seine Empfindungen so sein, wie sie sind. Lassen Sie Ihre Gefühle und Emotionen so sein, wie sie sind.

Seien Sie still.

Seien Sie.

II

Das Wesen achtsamen Mutterseins

9 Inwiefern ist Achtsamkeit anders?

n einem Kurs zum achtsamen Muttersein sagte eine Frau, die ich Rachel nennen werde, während sie ihr Baby auf dem Knie schaukeln ließ: „Okay, ich will ja nicht stören, aber ich beobachte mich die ganze Zeit. Das ist mein Problem! Ich beobachte mich ständig. Ich nehme alles wahr, was passiert, ich denke ständig darüber nach, was geschieht, reflektiere, beobachte, nehme wahr ... zu viel! Ich mache mich dauernd fertig und kritisiere immer an mir rum. Das hilft mir überhaupt nicht – es ist neurotisch! Inwiefern ist das anders?" Was für eine großartige Frage!

Im Allgemeinen bedeutet Achtsamkeit, gewahr und präsent für all unsere Erlebnisse zu sein, wie sie sich im Lauf unserer Tage ereignen. Um auf Rachels Frage zu antworten: Es geht nicht darum, über das, was geschieht, *nachzudenken* – sondern dessen, was im gegenwärtigen Augenblick geschieht, *gewahr zu sein*. Das sind zwei grundverschiedene Dinge. Inwiefern sind sie verschieden?

Achtsamkeit heißt nicht Selbstkontrolle

Mit anderen Methoden können Sie Bewältigungsstrategien lernen, die darauf abzielen, Ihre Denkweise über Situationen zu ändern, Gedanken zu stoppen, die nicht gesund für Sie sind, oder sich selbst von belastenden Gefühlen oder Körperempfindungen abzulenken. Dies ist alles möglich und in manchen Situationen sicher hilfreich. Jedoch haben diese Methoden meiner Ansicht ihre Grenzen, vor allem in der Schwangerschaft und der ersten Zeit des Mutterseins.
Der Unterschied ist wesentlich.

Achtsamkeit ist keine Methode zur Unterdrückung oder Kontrolle von Gedanken, Emotionen oder Körperempfindungen.

Warum bin ich der Ansicht, dass Achtsamkeit in der Schwangerschaft und ersten Zeit des Mutterseins hilfreicher sein kann als Methoden der kognitiven Kontrolle? Weil manche Denkmuster, Emotionen und Körperempfindungen in dieser Zeit wie Güterzüge sein können, die sich nicht bremsen lassen. Der Versuch, sie zu ändern, anzuhalten oder in den Untergrund zu schieben, indem man sie unterdrückt, kann sich nicht nur als erfolglos, sondern auch als kontraproduktiv erweisen.
Ein Beispiel: Als Janice starke Wehen hatte, war sie davon vollkommen überwältigt. Sie wollte nicht, dass ihr Mann sie anfasste oder dass ihre Mutter im Raum war. Bei jeder Wehe verkrampfte sie ihren ganzen Körper und biss die Zähne zusammen, egal, was die Hebamme vorschlug. Janice wollte keine der Techniken probieren, die sie im Geburtsvorbereitungskurs gelernt hatte. Sie hatte Angst und fixierte

sich darauf, ihre nächste Dosis Schmerzmittel über den Periduralkatheter zu bekommen. Die Übergangsphase war ein Alptraum. Sie versteckte sich im Badezimmer, weigerte sich, das Baby zu bekommen, und jammerte: „Macht, dass es aufhört, macht, dass es aufhört!" Als sie pressen sollte, sagte sie, sie könne es einfach nicht. Nichts, was ihr Mann oder ihre Mutter sagten, half. Schließlich musste die Hebamme Janices Gesicht in die Hände nehmen und ihr sagen, wenn sie die Schmerzen loswerden und das Baby bekommen wolle, müsste sie sich überwinden und pressen. Jetzt.

Ich sage nicht, Janice hätte irgendetwas „falsch" gemacht. Zwar glaube ich, dass achtsames Gewahrsein bei der Geburt eine enorme Hilfe sein kann, jedoch bin ich auch der Überzeugung, dass die Geburt eines Kindes eine einzigartige Situation ist. In gewisser Hinsicht gibt es keine Garantien – bei einer Geburt ist fast alles möglich. Beim Lesen der obigen Schilderung empfinden sicher viele von uns viel Mitgefühl mit Janice. Von diesem Ort des Mitgefühls, von außen betrachtet, ist es klar, wie Janices geistiger Zustand ihr die Wehen noch schwerer machte.

Janices Widerstand gegen das, was geschah, ihr Ringen darum, die Schmerzen zum Aufhören zu bringen oder ihnen zu entgehen, verschlimmerte alles. Sie war gefangen in ihrem Widerstand und sträubte sich gegen alles. Weil ihre Schmerzen, ihre Angst, ihre Gedanken – „Ich schaffe das nicht" und „Ich will, dass es aufhört" – jeden Zentimeter ihres Bewusstseins ausfüllten, erlebte sie nichts als Wut, Angst, Schmerzen und Widerstand.

Zwar ist dies ein extremes Beispiel, aber es lässt sich auch auf andere Erlebnisse mit Miniatur-Güterzügen, die Ihnen in der Schwangerschaft und ersten Zeit des Mutterseins (und darüber hinaus!) begegnen werden, übertragen. Dies ist eine ganz besondere Zeit, wie Sie wissen, doch sie stellt Sie vor einige einzigartige Herausforderungen (was Sie ganz sicher auch bemerken). Es kann etliche Momente der Verärgerung oder auch depressive Augenblicke infolge des Schlafmangels in den ersten Lebenswochen des Babys geben. Sie können unter körperlichen Schmerzen und Unbehagen vielerlei Art leiden. Viele Paare erleben in ihrer Beziehung zueinander und zu ihren älteren Kindern Höhen und Tiefen bei dem Versuch, sich in diesem völlig neuen Leben zurechtzufinden. Starke Gefühle, Empfindungen und Gedanken gehören zur Schwangerschaft, Geburt und ersten Zeit des Mutterseins dazu, und der Versuch, sie zu steuern oder zu vermeiden, verstärkt nur die Mühen und Leiden dieser Momente.

In gewisser Weise sind Gedanken, Gefühle und Empfindungen wie die Wellen des Ozeans. Der Versuch, sie zu ändern oder aufzuhalten, ist wie der Versuch, die Wellen daran zu hindern, endlos aufs Land zuzurollen. Manchmal können Sie versuchen, Ihre Gedanken oder Gefühle zu kontrollieren oder dagegen anzugehen, um in Übereinstimmung mit Ihren Werten und Zielen zu handeln. Das ist bisweilen möglich, jedoch nicht immer und meist nicht für längere Zeit. Der Versuch, Gefühle, Gedanken und Empfindungen zu kontrollieren, zu ändern oder zu unterdrücken, kann so ähnlich sein wie Wassertreten – zeitlich begrenzt. Man kann es tun, aber nur für eine bestimmte Zeit. Wenn man müde, hungrig, überfordert oder von Hormonen überschwemmt ist, wird man leicht vom Strudel in die Tiefe gezogen und muss sich wieder nach oben kämpfen.

Damit will ich nicht sagen, man sollte nie versuchen, eine Situation positiver umzudeuten oder sich bei einem Gefühl der Panik zu beruhigen, indem man bis zehn zählt und atmet. Wenn Sie eine emotionale Abwärtsspirale dadurch verhindern können, dass Sie den Blick auf das Positive, statt auf das Negative in einer Situation richten, sich energisch davon abhalten, eine selbstkritische Tirade loszulassen, oder sich aus einer unglücklichen Situation zurückziehen, sollten Sie das unbedingt tun. Solche Fähigkeiten gehören zu den Grundpfeilern emotionaler Gesundheit.

Jedoch ist Achtsamkeit eine ganz andere Art, mit Ihrem Erleben umzugehen, und sie ist ein wichtiges Werkzeug, das Sie für Zeiten, wenn Gedanken, Gefühle, Empfindungen oder Situationen sich nicht ändern oder vermeiden lassen, zur Verfügung haben sollten.

Denken Sie an das Beispiel mit dem weinenden Baby im Flugzeug aus Kapitel 5. Das ist eine Situation, aus der Sie nicht herauskommen können, in der es schwierig ist, Ihre Gedanken oder Gefühle zu unterdrücken oder zu ändern, und in der sich die damit zusammenhängenden Empfindungen (etwa das Weinen des Babys, die Hitze und Enge im Flugzeug, die Blicke und Seufzer der anderen Passagiere) Ihrer Kontrolle entziehen. In dieser Situation ist es eine große Hilfe, mit dem Erlebnis auf eine Weise umgehen zu können, die das Erlebnis so sein lässt, wie es ist, *und* dazu beiträgt, dass Sie sich weniger verzweifelt fühlen und eine bewusste Entscheidung darüber treffen, wie Sie reagieren.

Die Freiheit, sich zu entscheiden

Achtsamkeit ist sehr hilfreich in Situationen, in denen man an dem, was geschieht, nichts ändern will, es aber dennoch als unangenehm empfindet und gerne in der Lage wäre, präsent und funktionsfähig angesichts des unangenehmen Geschehens zu bleiben. Beispielsweise müssen Sie zu einem Vorstellungsgespräch für eine Stelle, die Sie unbedingt haben wollen, und Sie fühlen sich verschüchtert und nervös. Vielleicht werden Sie auch aufgefordert, öffentlich über etwas zu sprechen, das Ihnen sehr am Herzen liegt, und Sie wollen es gerne tun, doch gleichzeitig haben Sie Lampenfieber. Vielleicht haben Sie Flugangst, wollen aber unbedingt Ihre Großmutter besuchen, die Tausende Kilometer entfernt wohnt. Oder vielleicht haben Sie ein Baby, das weint, weil es Bauchschmerzen oder Koliken hat, und Sie können zwar nichts an der Situation ändern, wollen jedoch in diesen Augenblicken gerne präsent, gewahr und fürsorglich bleiben.

Wir haben alle unsere Strategien, wie wir mit solchen Situationen gerne umgehen – manche davon sind gesund, andere weniger. Sie können darin bestehen, dass wir eine Freundin anrufen, spazieren gehen, uns etwas Zeit für uns selbst nehmen, uns ablenken, versuchen, das Erlebnis zu ignorieren oder es in unserem Bewusstsein nach unten zu schieben, Alkohol trinken, an unserem Partner herumnörgeln, im Computer Solitaire spielen, lesen oder arbeiten. In Maßen ist nichts davon ein großes Problem. Es ist in Ordnung, sich mit einem lustigen Film abzulenken, ins Fitnessstudio zu gehen, um seine Wut loszuwerden, sich mit Solitaire zu entspannen oder ein großes Projekt in Angriff zu nehmen.

Zum Problem wird es dann, wenn man sich *nicht in der Lage* fühlt, mit seinen Erlebnissen umzugehen, und sich *gezwungen* fühlt, sich mit etwas zu beschäftigen, was einen davon ablenkt. Oder wenn man jedes Mal ganz aus der Fassung gerät, wenn Dinge nicht so laufen wie geplant oder wenn ein unerwartetes Hindernis auftaucht (mit anderen Worten, wenn der Versuch, die Situation unter Kontrolle zu haben, gescheitert ist). Man kann sogar Schwierigkeiten im Umgang mit besonders angenehmen Erlebnissen haben, etwa, wenn man von anderen eine positive Rückmeldung über die eigene Arbeit oder das eigene Aussehen bekommt und wenn man sich an solchen Erlebnissen krampfhaft festhält, damit sie dableiben, oder wenn sie notwendig für das eigene Glück werden.

Noch mehr Leid entsteht, wenn die Schwierigkeiten, Ihre Erlebnisse so anzunehmen, wie sie sind, Sie dazu bringen, sich auf eine Weise zu verhalten, die nicht im Einklang mit Ihren Werten und Zielen ist. Mit anderen Worten, die Schwierigkeiten, mit den Erlebnissen des gegenwärtigen Augenblicks umzugehen, können Sie daran hindern, sich zu verhalten wie die Mutter, die Sie gerne wären. So kann es geschehen, dass sie den Kontakt zu Ihrem Baby verweigern, weil es Ihnen schwerfällt, sein Geschrei zu ertragen, oder dass Sie angespannt und gereizt werden oder dass Sie in der Schwangerschaft so gestresst werden, dass Sie sich nicht mehr gut ernähren oder nicht genügend ausruhen. Es kann sogar bis hin zu extremen Reaktionen gehen, etwa Suchtmittelmissbrauch, Anschreien oder körperlich grobem Umgang mit Ihrem Kind.

Beim achtsamen Gewahrsein geht es nicht zwangsläufig darum, sich zu beruhigen, die grundlegenden Gefühle zu ändern oder Ablenkungen zu bieten. Achtsames Gewahrsein zielt nicht auf eine Änderung Ihrer Erlebnisse ab (die sich sowieso ständig von alleine ändern!). Es kann jedoch dabei helfen, *Verhalten* oder *Handeln* zu ändern, das nicht im Einklang mit der Art von Mutter, die Sie sein möchten, ist.

Das Ziel achtsamen Gewahrseins besteht nicht darin, neue und bessere Methoden zu finden, wie man das, was man erlebt, ändern kann, sondern die Fähigkeit zu fördern, präsent, gewahr und mit Ihrem Baby verbunden zu bleiben, *während Sie etwas erleben,* ganz gleich, was es ist. Darum geht es beim achtsamen Muttersein: dass Sie Ihre Gefühle haben können und sich gleichzeitig auf eine Weise verhalten, die im Einklang mit Ihren Werten und Zielen – damit, wer Sie sind und wer Sie sein wollen – ist.

Achtsamkeit: Den Umgang mit Ihrem Erleben ändern

Dies ist eine sehr wichtige Unterscheidung. Achtsamkeit unterscheidet sich von anderen Bewältigungsstrategien insofern, als das Ziel nicht darin besteht, „falsches Denken", die eigenen Gefühle oder die Situation, in der man sich befindet, zu ändern. Bei Achtsamkeit geht es nicht darum, den Inhalt des eigenen Erlebens (Gedanken, Gefühle, Empfindungen) zu ändern, auch wenn dies geschehen kann und auch oft geschieht.

> Achtsamkeit bedeutet, den Umgang mit den eigenen Gedanken, Gefühlen und Empfindungen zu ändern.

Es geht darum, mit Ihren Gedanken, Gefühlen, Empfindungen und dem Inhalt Ihrer Umgebung (Ihrem Baby, Ihrem Haus, Ihrem Partner, Ihrer Arbeit, allem) umzugehen, indem Sie:

- Ihre Aufmerksamkeit darauf richten,
- im gegenwärtigen Augenblick,
- ohne sie als gut oder als schlecht zu bewerten,
- sondern sie einfach so sein lassen, wie sie sind,
- und ihnen, wenn möglich, mit Neugier und Mitgefühl begegnen,
- sie einfach vorbeiziehen lassen,
- dabei die ganze Zeit atmen,
- ohne dass Sie an diesen Dingen etwas ändern müssen,
- jedoch geschickt und bewusst handeln, wenn es nötig ist.

Diese Art, mit Ihren Gedanken, Gefühlen und Empfindungen umzuge-hen, erweist sich nicht nur als gute Art des Umgangs mit Ihrem Erleben, sondern auch mit Ihrem Kind – egal, ob es noch im Bauch heranwächst, ob es ein Baby, Kleinkind, größeres Kind oder Teenager ist.

Wenn ich einen Kurs über achtsames Muttersein gebe, kom-men manchmal Kursteilnehmerinnen zu mir und sagen: „Ich habe Achtsamkeit ausprobiert, aber es hat nicht funktioniert."

„Was heißt ‚nicht funktioniert'?", frage ich.

„Na ja, ich hab mich überhaupt nicht besser gefühlt. Ja, ich hab mich sogar schlechter gefühlt!"

„Hast du deine Gedanken und Gefühle wahrgenommen?"

„Ja."

„Hast du geatmet? War dein Verhalten im Einklang damit, wie du als Mutter sein willst? Bist du mit deinem Baby in Verbindung ge-blieben?"

„Hm ... Ja, ziemlich."

„Das ist achtsames Muttersein! Du hast es geschafft!"

Ähnliches berichtet einer meiner Kollegen, Zindel Segal, über einen Teilnehmer an einer Gruppe für achtsamkeitsbasierte kognitive Thera-pie, die er und seine Kollegen für Menschen, die Depressionen hinter sich haben, entwickelt haben (Segal, Williams und Teasdale 2002). Die-ser Teilnehmer sagte: „Manchmal bin ich immer noch depressiv, aber ich lasse mich dadurch einfach nicht mehr unglücklich machen!"

Die gute Nachricht lautet: Obwohl achtsames Muttersein nicht darauf abzielt, den Inhalt Ihrer Erlebnisse zu ändern, sie alle angenehm zu machen oder unangenehme Inhalte zu beseitigen (wenn ich das Geheimnis dahinter entdeckt hätte, wäre ich Millionärin), hat es dennoch oft den Effekt, dass es einen sehr viel stabileren inneren Frieden fördert, der nicht von den Umständen abhängig ist.

Durch Achtsamkeit haben Sie, selbst wenn Sie Traurigkeit, Angst, Wut oder Schuld empfinden, zunehmend die Fähigkeit, präsent und mit Ihrem Baby in Verbindung zu bleiben, liebevolle Grenzen zu setzen (sowohl für sich selbst als auch für Ihr Baby) und auf das, was tatsächlich geschieht, einzugehen, statt auf Ihre Geschichte über das Geschehen zu reagieren. Sie neigen dann weniger dazu, aus diesen reinen, normalen und natürlichen Gefühlen chronische Zustände der Depression, Sorge, Wut oder Scham entstehen zu lassen. Sie sind immer mehr in der Lage, im Einklang mit Ihren Werten und Zielen zu handeln und die Mutter zu sein, die Sie sein wollen.

Wie ein Segel im Wind

Wie Sie vielleicht allmählich merken, wenn Sie die Übungen am Ende der vorigen Kapitel gemacht haben, hat achtsames Gewahrsein einige Eigenschaften, die sich von Ihrer üblichen Art zu sein deutlich unterscheiden. Achtsames Gewahrsein ist nicht nur Gewahrsein und Präsenz; es ist eine *bestimmte Art* von Gewahrsein und Präsenz. Achtsames Gewahrsein bedeutet nicht nur, unseren Erlebnissen so, wie sie geschehen, Beachtung zu schenken, ihrer gewahr zu sein, sie wahrzunehmen und zu beobachten. Achtsames Gewahrsein bedeutet, unserer Gedanken, Gefühle und Empfindungen auf eine bestimmte Weise gewahr zu sein – von einem bestimmen Bezugsrahmen aus und mit einer bestimmten Haltung.

Mit „Haltung" meine ich nicht, stets das Positive zu sehen oder optimistisch zu sein. Vielmehr meine ich den Umgang mit all unseren Erlebnissen als Mütter, egal, ob sie angenehm oder unangenehm, einfach oder schwierig, groß oder klein sind, indem wir sie so annehmen, wie sie sind, ohne uns dagegen zu sträuben oder gegen sie anzukämpfen, ohne sie verändern zu wollen, und ihnen mit Neugier und Mitgefühl zu begegnen. Es geht darum, mit unseren Erlebnissen umzugehen, ohne sie zu bewerten. Sie anzunehmen. Wie ein Segel den Wind annimmt.

Am Anfang dieses Buches habe ich Achtsamkeitspraxis damit verglichen, ein unbekanntes Gebiet zu erforschen oder mehr Zeit darin zu verbringen. Wenn Sie Forscher wären und ein Gebiet suchten, in dem Sie noch nicht oder nur kurz gewesen wären, müssten Sie es erst finden, bevor Sie es erforschen könnten. Wenn ich Ihnen erklärte: „Sie werden es erkennen, wenn Sie dorthin kommen, weil Sie einige Sanddünen, Palmen, einen großen Fluss und im Westen eine Reihe von Pyramiden sehen werden", würden Sie es leichter finden.

In den nächsten Kapiteln werde ich über einige der Haltungen sprechen, die achtsames Gewahrsein kennzeichnen. Wie achtsames Gewahrsein selbst können Sie auch diese Haltungen fördern. Sie können sich darin *üben,* Dinge zu akzeptieren, weniger danach zu streben, dass sie anders wären, als sie sind, den Blick mehr auf den gegenwärtigen Augenblick zu richten, weniger urteilend, sondern vielmehr neugieriger oder mitfühlender zu sein. Das Wesen achtsamen Gewahrseins besteht aus diesen Dingen. Wenn Sie also diesen Haltungen gegenüber Ihrem Erleben begegnen, wissen Sie, dass Sie sich im Gebiet achtsamen Gewahrseins befinden.

10 Akzeptanz: Das Muttersein so annehmen, wie es ist

Oft wirkt Ihr denkender Geist sehr zufrieden: „Oh, ich fühle mich großartig! Ich freue mich auf den Tag heute! Mein Baby ist glücklich, ich bin froh, dass ich heute Nachmittag eine gute Freundin treffe, und es könnte einfach nicht besser sein." Ihr Geist bewertet die aktuellen Umstände als „gut"; er hat die Umgebung geprüft und keine Probleme, die er lösen müsste, gefunden, und er ist im Moment mit der Vergangenheit recht zufrieden und freut sich auf die Zukunft. Diese Zeiten, in denen alles wunderbar läuft, sind ein großes Geschenk. Es ist relativ leicht, in solchen Momenten Akzeptanz zu praktizieren.

Das Problem besteht nur darin, dass man viel Zeit und Energie für das Bemühen, dass alles gut läuft, aufwenden kann, um diese Freude und diesen Seelenfrieden zu erleben. Es ist ein Vollzeitjob. Ja, man kann den Großteil seiner Zeit und Energie dafür aufwenden, alles in den Griff zu bekommen, damit man sich *dann* entspannen und glücklich sein kann. Tatsächlich verbringen die meisten von uns viel Zeit mit dem Bemühen, dass alles glatt läuft. Doch wenn man wirklich darüber nachdenkt, kann dieses Streben zur Tretmühle werden. Es kann einem ein bisschen wie ein Hamsterrad vorkommen – man rennt und rennt, kommt aber nie an.

Es kann geschehen, dass Ihr Glück und Ihr Seelenfrieden vollkommen abhängig von den Umständen werden – mit anderen Worten: Ob Sie Seelenfrieden finden oder nicht, hängt davon ab, wie die Dinge in Ihrem Leben laufen. Und daher wenden Sie verständlicherweise viel Zeit für das Bemühen auf, die Umstände zu steuern oder zu ändern. Und wenn etwas nicht funktioniert, verdrängen Sie es vielleicht oder versuchen es nicht wahrzunehmen. Achtsamkeit ist eine völlig andere Art, mit dem Leben umzugehen, und strebt die Entwicklung eines gewissen Gefühls der Stabilität und des Friedens *unabhängig von den Umständen* an.

Das sollte nicht da sein

Unser unnötiges Leid beruht zu einem Großteil darauf, dass wir uns wünschen, die Dinge wären anders, als sie sind. Moment einmal, sagen Sie. Das kann nicht stimmen. Mein Wunsch, die Dinge wären anders, als sie sind, motiviert mich, sie zu verbessern! Wenn es mich nicht störte, dass mein Haus schmutzig ist, würde ich es nie putzen!

Daran mag etwas Wahres sein. Aus der Perspektive achtsamen Gewahrseins betrachtet, ist jedoch zu bedenken: Wenn Ihr Seelenfrieden *davon abhängt*, dass Ihr Haus sauber ist, und Sie ein paar Tage einfach keine Zeit oder Energie haben, es zu putzen, dann ist Ihr Seelenfrieden dahin! Die eigene Zufriedenheit von den sich stets ändernden Umständen abhängig zu machen ist ein zum Scheitern verurteilter Ansatz.

Aber, könnten Sie einwenden, was ist mit einer Frau, die geschlagen wird? Sollte sie sich nicht wünschen, die Dinge wären anders, als sie sind? Wenn Ihr Kind krank ist, ist es dann nicht vollkommen normal, dass Sie sich wünschen, die Dinge wären anders, als sie sind? In der Tat gibt es Umstände, die viel Schmerz und Leid hervorrufen können, und es ist völlig verständlich, dass sie einem nicht gefallen und dass man sich wünscht, sie wären anders. Die Art von Schmerz und Leid, die daher kommt, dass das eigene Kind krank ist, dass man etwas oder jemanden verloren hat, das oder der einem wichtig war, oder dass man von jemand anderem schlecht behandelt wird, ist nicht das, was ich meine, wenn ich von „unnötigem Leid" spreche.

Es gibt einen Schmerz, der einfach zum Leben dazugehört, und ihn zu akzeptieren, statt sich dagegen zu sträuben, ist ein Ziel achtsamen Mutterseins. Wir begegnen jeden Tag Schwierigkeiten, kleinen wie großen, und erleben als Reaktion darauf verständlicherweise schmerzliche Gefühle. Ihr Baby wird ab und zu krank werden, Sie erleben vielleicht den Verlust geliebter Menschen oder Konflikte mit ihnen, geraten bei der Arbeit in unangenehme Situationen oder erleben schwierige Entwicklungen in der Familie. Etwas zu unternehmen, um Leid zu lindern oder zu verhüten, ist sicher angebracht, wenn man es bewusst und geschickt tut.

Doch wenn ich von unnötigem Leid spreche, meine ich die unnötigen Schichten aus Sorgen, Grübeleien, Kämpfen und Schwierigkeiten, die wir auf das ursprüngliche Problem aufhäufen. Die von mir sehr geschätzte Meditationslehrerin, Mutter und Großmutter Sylvia Boorstein, die das Vorwort zu diesem Buch geschrieben hat, sagt, Leid sei „die zusätzliche Anspannung, die der Geist erzeugt, wenn er kämpft" (2005, 1).

Wenn Sie also als Reaktion auf irgendein Erlebnis, dem Sie begegnen,

- sich dagegen sträuben,
- es hassen,
- versuchen, davor zu fliehen,
- anderen die Schuld daran geben,

- versuchen, Gründe dafür zu finden,
- sich selbst lange Geschichten darüber erzählen,
- es festhalten wollen,
- es notwendig für Ihr Glück machen,
- versuchen, mehr davon zu bekommen,
- sich selbst die Schuld daran geben,
- es verallgemeinern und hoffnungslos werden,
- es unterdrücken, vermeiden oder sich davor zurückziehen,

was die meisten von uns recht häufig und naturgemäß tun, fügen Sie möglicherweise Schichten unnötigen Leids hinzu, wodurch schwierige Erlebnisse noch härter und sogar angenehme Erlebnisse weniger erfreulich werden. Etwa, wenn Ihr Baby nach langem Kampf endlich einschläft und Sie sich sagen: „O je, ich hoffe, das hält nicht nur für eine halbe Stunde an", statt zuzulassen, dass die süße Erleichterung jeden Zentimeter Ihres Körpers durchdringt.

Pema Chödrön, eine weitere wunderbar klare und mitfühlende Meditationslehrerin und Autorin des Buches *Comfortable with Uncertainty* (2008) (dt. Titel Die Weisheit der Ausweglosigkeit), bezeichnet dies als „Tendenz, die Dinge schlimmer zu machen". Selbst wenn Sie einen wirklich großen Verlust erlitten haben, sagt sie, sei „die Ursache, dass es zu einem lähmenden Leiden führt, das, was Sie damit tun, welche Geschichten Sie daraus entstehen lassen und wie Sie von da aus weitermachen" (2007a, 1).

Nehmen wir ein Beispiel. Neulich wurde einer meiner Schülerinnen das Auto gestohlen. Sie rief mich an, um einen Termin abzusagen, und war verständlicherweise ziemlich erschüttert und aus der Fassung. Sie war auf dem Weg zur Polizei, um Anzeige zu erstatten, und sagte, wir würden uns in der nächsten Woche sehen. Als ich sie dann traf, erzählte sie mir, was es für ein Gefühl gewesen war, die Glasscherben auf der Straße zu finden, sich darüber klar zu werden, dass das Auto gestohlen worden war, und zu überlegen, was sie als Nächstes tun sollte. Ich fragte sie, wie sie sich jetzt fühlte. Sie sagte: „Ach, es ist echt blöd, aber es geht schon. Ich muss jetzt mit öffentlichen Verkehrsmitteln fahren und kann mir ab und zu ein Auto von jemandem aus der Familie leihen, bis ich mir ein neues leisten kann, was ärgerlich ist. Aber ich komm schon zurecht. Ich hatte keine Diebstahlversicherung für das Auto und muss es noch abbezahlen, bevor ich mir ein neues kaufen kann, aber was soll ich machen? Jetzt geht es mir darum, dass ich wieder zu meinen Patienten komme." Soweit ich mich erinnere, erwähnte sie es in unseren Supervisionssitzungen – danach kein einziges Mal mehr.

Dagegen fiel eine Kollegin von mir vor einiger Zeit eine Treppe hinunter und knickte sich den Fuß um. Wie sich herausstellte, war es eine ziemlich üble Verstauchung, und sie konnte nur mit Mühe gehen. Zwar konnte sie noch Auto fahren, aber sie musste immer einen Parkplatz ganz in der Nähe finden und hatte Schwierigkeiten, von A nach B zu kommen. Es war sehr lästig und körperlich unangenehm. Doch anders als meine Schülerin in der vorherigen Geschichte machte diese Frau den verstauchten Fuß für die Wochen, die er ihr Probleme bereitete, und danach noch für etliche weitere Wochen zu einem zentralen Aspekt ihres Lebens.

Sie ärgerte sich über sich selbst, dass sie gefallen war, und beschimpfte sich lautstark deswegen. Sie war enttäuscht von ihren behandelnden Ärzten, die keine bessere Lösung für ihre Probleme fanden und in deren Wartezimmern sie bei ihren Terminen zu lange sitzen musste. Dadurch, dass sie langsamer von A nach B kam, wurde ihr Leben weniger produktiv, und das war für sie unerträglich. Sie konnte nicht wie gewöhnlich joggen gehen und machte sich Sorgen um ihre Figur. Sie wehrte sich gegen die Unannehmlichkeiten als solche und hob das Bein unter lautem Stöhnen und angewidertem Kopfschütteln an, wenn sie sich setzte. Oft sagte sie Dinge wie: „Ich muss darüber humpeln, um es zu tun", oder: „Schwerfällig und langsam, das bin ich." Noch Wochen später erwähnte sie das Geschehen, als sei es ein wichtiger Einschnitt in ihrem Leben gewesen. Beispielsweise tauschte sie mit Kollegen Erinnerungen an etwas aus, was vorher geschehen war, und sagte: „O ja – das war vor der Verstauchung."

Was ist der Unterschied zwischen diesen beiden Situationen? Man könnte sich darüber streiten, welche schlimmer war – der verstauchte Fuß oder das gestohlene Auto – und daher zu mehr Leid führte. Jedoch glaube ich, dass der Unterschied darin, inwieweit die beiden Frauen litten, vor allem auf eines zurückzuführen war: auf die Fähigkeit, die Situation so anzunehmen, wie sie war, statt viel Energie dafür aufzuwenden, sich gegen sie zu sträuben oder dagegen anzukämpfen.

Ein Großteil unseres unnötigen Leids beruht auf folgender Ansicht:

Das sollte nicht da sein.

Die Vorstellung, die Dinge *seien* nicht so, wie sie *sein sollten,* führt zu viel unnötigem Leid, ganz besonders bei Müttern. Eine andere Vorstellung, die mit deutlichem Abstand folgt und für das meiste übrige unnötige Leid verantwortlich ist, ist die Aussage:

Etwas sollte da sein,
und solange es nicht da ist, kann ich nicht glücklich sein.

Die Ursachen der meisten unserer psychischen, emotionalen und zwischenmenschlichen Probleme sind nicht die Umstände selbst (obwohl das natürlich auch vorkommt). Vielmehr beruhen diese Schwierigkeiten darauf, dass wir uns dagegen sträuben, wie die Dinge sind. Durch Suchtmittelmissbrauch versuchen wir die Art, wie wir fühlen, zu ändern. Ein Streit mit einem geliebten Menschen oder Partner beruht oft auf dem Wunsch, der andere Mensch sollte sich anders verhalten oder anders *sein.* Stress entsteht am häufigsten dadurch, dass wir uns dagegen sträuben, wie die Dinge sind.

Es ist, wie es ist

Achtsamkeit wurzelt in dem Bewusstsein, dass *die Dinge immer genau so sind, wie sie sind*. Das mag banal oder auch philosophisch klingen. Doch wenn man sich Zeit nimmt, um sich mit diesem Gedanken zu beschäftigen, wird klar, dass ein Großteil der Mühsal und des Kämpfens im Leben darauf beruht, dass man diese Tatsache nicht akzeptiert. Die Dinge sind, wie sie sind.

Akzeptanz, wie ich den Begriff hier verwende, heißt nicht Billigung. Es bedeutet nicht, dass Sie beschließen, die Situation zu *mögen* oder in dem Sinne zu akzeptieren, dass Sie sie für gut, richtig oder in Ordnung befinden. Vielmehr bedeutet es, zur Kenntnis zu nehmen, dass die Dinge so sind, wie sie sind, und dass Sie das nicht ändern können, so sehr Sie sich auch dagegen sträuben, dagegen ankämpfen, darüber nachdenken oder sich wünschen, es wäre anders.

Es bedeutet, jedem Augenblick mit der Haltung „Es ist, wie es ist" zu begegnen. Nur aus dieser Position heraus können Sie eine echte Entscheidung treffen, wie Sie reagieren. Weiter hinten in diesem Buch werde ich erläutern, wie achtsames Gewahrsein und das Akzeptieren der Dinge so, wie sie sind, die ideale Grundlage bilden, von der aus man bewusst Maßnahmen ergreifen kann, um nicht zufriedenstellende Situationen zu ändern.

Denken Sie an eine Situation, die Sie in der letzten Zeit aus der Fassung gebracht hat. Wenn Sie es genau betrachten, war es die Situation selbst, die Ihnen den meisten Kummer bereitet hat? Oder war es die Vorstellung, dies sollte nicht so geschehen?

Ich erinnere mich zum Beispiel daran, wie ich meine Tochter neulich zur Geburtstagsparty ihrer besten Freundin bringen wollte (siehe die Übung in Kapitel 5). Wir waren sehr zeitig von zu Hause losgefahren und weil sie noch nichts zu Mittag gegessen hatte, beschloss ich, zu einem Drive-in-Restaurant zu fahren, um etwas zu besorgen. Vor uns warteten schon mehrere Autos, aber ich nahm an, es würde schnell weitergehen. Das tat es jedoch nicht. Es dauerte fast zwanzig

Minuten, bis wir drankamen, und als vor uns und hinter uns Autos standen, hatten wir keine Chance, wieder aus der Schlange heraus-zufahren. Ich akzeptierte das, wie es war, und nahm mein Gefühl des Ärgers, meine aufkommende Sorge, dass wir zu spät kommen wür-den, und die Anspannung, die sich in meinem Bauch bemerkbar zu machen begann, zur Kenntnis. Keine große Sache.

Als wir endlich das Drive-in-Restaurant hinter uns gelassen hatten, kamen wir zu einer Brücke, die wir überqueren mussten, um zu der Party zu gelangen. Die Brücke war ein einziger Parkplatz. Offenbar hatte es einen Unfall gegeben und einige Fahrspuren waren gesperrt, aber vorne schien es allmählich wieder weiterzugehen. Ich nahm die Situation mit Humor: „Na, irgendwie läuft es im Moment nicht so gut." Ich wurde noch etwas angespannter und machte mir etwas mehr Sorgen, dass wir zu spät kommen würden, aber im Prinzip akzeptierte ich, dass so etwas passieren kann. Ungefähr eine Viertelstunde später hatten wir die Brü-cke überquert – jetzt würden wir auf jeden Fall zu spät kommen – und fuhren dorthin, wo die Party stattfinden sollte. Ich war vorher noch nie dort gewesen. Wir betraten das Gebäude und ich konnte den Raum, in dem die Party stattfinden sollte, beim besten Willen nicht finden.

Nun verlor ich die Fassung. Wir waren ungefähr vierzig Minuten zu spät, meine Tochter wollte unbedingt zu der Party und wir kamen unserem Ziel einfach nicht näher. Die Mutter ging nicht ans Han-dy und jetzt regte ich mich wirklich auf – ich wollte es einfach nicht akzeptieren, fluchte halblaut vor mich hin, atmete schwer, war total angespannt, rannte von Raum zu Raum und fragte verzweifelt, ob ir-gendwer wüsste, wo die Party stattfand.

Und zu allem Überfluss machte ich mir noch Vorwürfe darüber, dass ich mich so aufregte. „Du schreibst ein Buch über achtsames Mut-tersein, verdammt noch mal! Wie kann es sein, dass du die Situation jetzt so gar nicht akzeptierst? Was bist du für ein Vorbild für deine Tochter? Das ist ja furchtbar!"

Was beinhaltete diese Situation für mich? Verständliche Frustra-tion als Reaktion auf äußere Umstände: eine lange Schlange beim

Drive-in-Restaurant, einen Verkehrsstau, meine fehlende Orientierung in dem Gebäude, wo die Party stattfinden sollte, die Enttäuschung meiner Tochter. Lauter Erlebnisse, die für die meisten Menschen unangenehm sind. Jedoch beruhte der Großteil meines Leids, meiner Nervosität, meiner Anspannung, meiner Sorgen, meiner Aufregung, meiner Selbstvorwürfe, meines mentalen und emotionalen Um-mich-Schlagens darauf, dass ich mir wünschte, die Situation wäre anders, und mich dagegen sträubte, wie sie war.

Schließlich kamen wir eine Stunde zu spät zur Geburtstagsparty, hatten aber noch viel Spaß. Ich blickte mitfühlend auf die Fahrt zurück und erkannte, dass ich daraus ein besseres Erlebnis hätte machen können. Sicher war es eine ärgerliche Situation gewesen. Doch wenn ich die Umstände akzeptiert und den Vorsatz gefasst hätte, nach vorne zu schauen, hätte dies eine wunderbare Zeit allein mit meiner wunderbaren Tochter werden können – eine Zeit, um Witze zu erzählen, Musik zu hören, Fragespiele zu spielen, mehr darüber zu erfahren, wer sie ist, oder einfach um still zusammen zu sein.

Wenn so etwas geschieht, sehe ich das nicht als Versagen an. Es ist eine praktische Erfahrung, die mich klarer sehen lässt. Durch solche praktischen Erfahrungen, inmitten schwieriger Augenblicke ein kleines bisschen Freiheit zu finden, gelingt es mir immer besser, achtsames Muttersein zu kultivieren. Wenn Sie also versucht sind zu glauben, Sie hätten darin „versagt", achtsam zu sein, sehen Sie es als Gedanken an und nehmen Sie wahr, wie Erlebnisse, bei denen achtsames Gewahrsein fehlte, für die Pflege von Achtsamkeit bisweilen ebenso nützlich sind wie die, bei denen Sie in der Lage zu achtsamem Gewahrsein waren.

Übung: Es ist, wie es ist

Probieren Sie Folgendes aus, wenn Sie das nächste Mal im Stau stehen, wenn Ihr Flugzeug verspätet ist oder wenn Sie lange Schlange stehen müssen. Statt zu denken, dass dies nicht hätte passieren sollen, betrachten Sie einfach den Stau, die Verspätung oder die Schlange und sagen Sie zu sich selbst: „Dies geschieht so, wie es eben geschieht. Es kann im Moment nicht anders sein. Vielleicht könnte es durch geschickte und gezielte Maßnahmen eines Tages anders sein. Jetzt jedoch kann es nicht anders sein als so, wie es ist. Es ist einfach da. Ich stehe im Stau. Ich stehe in einer langen Schlange. Ich sitze auf dem Flughafen fest." Atmen Sie bewusst. Nehmen Sie die Empfindungen in Ihrem Körper wahr. Betrachten Sie die Situation ohne Widerstand, ohne Kampf und sehen Sie, was geschieht.

Macht es Ihnen jetzt Spaß? Wahrscheinlich nicht. Hoffen Sie, dass es bald noch einmal passiert? Wohl kaum. Stellen Sie fest, dass Sie es tief in Ihrem Inneren lieben, im Stau zu stehen? Ich bezweifele es. Was jedoch geschehen *kann,* ist eine subtile Lockerung, die einen großen Unterschied bewirken kann. Wenn Sie aufhören, gegen die Situation so, wie sie ist, anzukämpfen, spüren Sie vielleicht, wie sich Ihr Körper entspannt, wie sich Ihr Herz weitet und Ihr Geist sich aus der Starre löst – als wäre er geölt worden. Vielleicht finden Sie eine kreative Möglichkeit, die Zeit zu nutzen. Vielleicht üben Sie sich einfach darin, präsent zu sein und nichts zu tun. Vielleicht sind Sie auch weiterhin nervös, jedoch dieser Nervosität gewahr, und durch dieses Gewahrsein sind Sie ein bisschen weniger gefangen darin.

Das Gasthaus

Das menschliche Dasein ist ein Gasthaus.
Jeden Morgen ein neuer Gast.

Freude, Depression und Niedertracht –
auch ein kurzer Moment von Achtsamkeit
kommt als unverhoffter Besucher.

Begrüsse und bewirte sie alle!
Selbst wenn es eine Schar von Sorgen ist,
die gewaltsam Dein Haus
seiner Möbel entledigt,

selbst dann behandle jeden Gast ehrenvoll.
Vielleicht reinigt er Dich ja
für neue Wonnen.

Dem dunklen Gedanken, der Scham, der Bosheit –
begegne ihnen lachend an der Tür
und lade sie zu Dir ein.

Sei dankbar für jeden, der kommt,
denn alle sind zu Deiner Führung
geschickt worden aus einer anderen Welt.

Rumi

11 Der Ozean achtsamen Gewahrseins

Gehen wir dieser Sache mit der Akzeptanz noch etwas mehr auf den Grund. Den meisten Menschen fällt es schwer, unter dem Begriff „Akzeptanz" etwas anderes als Einverständnis, Resignation, Zustimmung oder Duldung zu verstehen. Wie kann ich *akzeptieren,* dass mein Baby krank ist? Wie kann ich *akzeptieren,* dass mir Bettruhe verordnet wurde und mir meine Karriere aus den Händen gleitet? Warum sollte ich die Kritik, die ich von meiner Schwiegermutter bekomme, *akzeptieren?*

Akzeptanz bedeutet nicht, dass man etwas gutheißt oder sich dazu bringt, irgendwie Gefallen an unangenehmen Erlebnissen zu finden. Akzeptanz heißt nicht Resignation oder Niederlage, Duldung oder Billigung. Es bedeutet nur, auf einer ganz grundlegenden Ebene zu erkennen und zuzugeben, dass das, was im Augenblick geschieht, tatsächlich das ist, was im Augenblick geschieht. Es geht nicht darum, was geschehen oder nicht geschehen sollte, sondern dem zu begegnen, was tatsächlich geschieht. Akzeptanz ist die Bereitschaft, jedem Erlebnis so zu begegnen, wie es ist. Es bedeutet, auch in schwierigen Situationen präsent und gewahr zu bleiben.

Eine wunderbar humorvolle und klare Meditationslehrerin aus der Tradition des Zen, Cheri Huber, drückt es so aus:

> Wenn ich empfehle, dass wir uns so akzeptieren sollen, wie wir sind, sind die Leute oft bestürzt. Sie glauben, wenn wir nur akzeptierten und nicht dafür kämpften, etwas zu verändern, würden wir nie anders werden und das Böse würde über das Gute siegen. Ich erwidere darauf, dass durch das Kämpfen das „Problem" nur aufrechterhalten wird und dass es im Grunde ziemlich arrogant von uns ist, anzunehmen, wir könnten etwas in den Griff bekommen, indem wir es nicht akzeptieren. Sagen wir, ich habe meinen Schlüssel im Auto eingeschlossen. Nun kann ich wütend aufstampfen und fluchen, gegen die Tür treten und mich selbst beschimpfen. Ich kann alles Mögliche tun, aber wenn ich nicht akzeptiere, dass mein Schlüssel im Auto eingeschlossen ist, werde ich keinen Schritt weiterkommen. Akzeptanz bedeutet nicht, dass es mir gefallen oder ich es gutheißen muss oder sonst etwas. Ja, ich muss überhaupt keine Beziehung dazu haben. Ich muss einfach nur akzeptieren, dass mein Schlüssel im Auto eingeschlossen ist. Das ist die Realität, und wie mache ich von hier aus weiter? Von diesem Ort der Akzeptanz aus eröffnen sich mir viele Möglichkeiten, die sich mir vielleicht nie geboten hätten, wenn ich auf meinen konditionierten Reaktionen bestanden hätte. (Huber 2007, 2)

Akzeptanz beendet Ihren Streit mit der Realität

Wenn Sie sich mit der Realität streiten, wer gewinnt gewöhnlich? Richtig, die Realität. Die Realität gewinnt immer. Was ist, ist einfach so, wie es ist, so sehr wir uns auch wünschen mögen, es wäre nicht so oder mehr oder weniger so oder ein bisschen anders.

Einen Großteil unserer Zeit und Energie wenden wir für das Bemühen auf, Dinge so hinzubekommen, wie wir sie gern hätten. Dies tun wir in bewusstem Gewahrsein, doch wir tun es auch unbewusst. Wir nehmen ein Problem in unserem Geist in Angriff wie ein Hund, der mit einem Seil kämpft und es hierhin und dorthin zieht. Und unser Verhalten, besonders in Beziehungen, kann von dem Versuch dominiert werden, den anderen Menschen oder die Situation zu kontrollieren oder zu ändern, statt jeder Situation so zu begegnen, wie sie ist, und aus dieser Position heraus zu handeln.

Vielleicht sagen Sie jetzt: „Moment mal. Ich kenne jemanden, der sich nie bemüht, Dinge zu ändern – und ich wünschte, er *würde* sich etwas mehr darum bemühen! Ist das der Gipfel der Akzeptanz?" Nein. Akzeptanz bedeutet nicht, passiv zu sein. Wenn Sie die Haltungen, Denkmuster und Verhaltensweisen dieser Person näher betrachten, werden Sie vermutlich feststellen, dass ihre Passivität ein Versuch ist, den Dingen *so, wie sie sind,* nicht ins Gesicht zu sehen. Es ist ihre Art, sich gegen die Realität zu sträuben – sie zu ignorieren oder herunterzuspielen.

Akzeptanz bedeutet nicht, roboterhaft oder gleichgültig zu werden. Vielmehr bedeutet es, das zu sehen, was real vor einem ist, und sich nicht dagegen zu wehren, es zu verleugnen oder dagegen anzukämpfen. Akzeptanz heißt, Raum zu schaffen für das, was geschieht, was auch immer es ist, und dabei in seinem Körper zu bleiben. Akzeptanz ist keineswegs eine passive Haltung, sondern hat eher etwas Kriegerisches an sich.

Beim achtsamen Muttersein geht es darum, genügend Raum und geistige Stabilität zu schaffen, um das, was zwischen Ihnen und Ihrem Kind geschieht, ob angenehm oder unangenehm, mit Neugier und Mitgefühl zu erleben, in sich aufzunehmen und auf das Erleben zuzugehen. Und interessanterweise legt die Bereitschaft, Dingen so zu begegnen, wie sie sind, den Grundstein, um informierte und angemessene Maßnahmen im Hinblick auf Dinge, die geändert werden *sollten,* zu ergreifen.

Oft verwende ich das Wort „begegnen" statt „akzeptieren", weil „Akzeptanz" manchmal im Sinne von Duldung oder sogar Resignation verwendet wird. In diesem Kontext bedeutet Akzeptanz, Ihrem Erleben und der Situation so zu begegnen, wie sie sind. Ihnen zu begegnen, wie Sie einem anderen Menschen begegnen. Offene Augen und im Idealfall ein offenes Herz für alles zu haben, was geschieht.

Aufgeben ist ein weiterer Begriff, der manchmal im Zusammenhang mit achtsamem Gewahrsein verwendet wird und der einen ebenso problematischen Bedeutungsumfang hat. Es kann klingen, als wäre man ein Verlierer. In diesem Zusammenhang jedoch ist Aufgeben der noble Akt, die Niederlage im Kampf gegen das, was ist, einzugestehen. Diese Art von Aufgeben sehe ich als einen mutigen Akt an. Stellen Sie es sich vor wie die Kapitulation durch einen gewissenhaften und gütigen Herrscher, der die weiße Flagge schwenkt, um unnötiges Blutvergießen zu vermeiden, wenn er einer unbesiegbaren Armee gegenüber steht. Aufgeben ist etwas anderes als Niederlage. Aufgeben bedeutet, das, was ist, klar zu sehen und damit zu arbeiten.

Der Ozean achtsamen Gewahrseins

Achtsames Gewahrsein ist wie der Ozean. Es gibt alle möglichen – wilde und wunderschöne – Dinge im Ozean, eine nahezu endlose Vielzahl von Größen, Formen, Farben, von Meeresgeschöpfen, Pflanzen, Schiffswracks und so weiter. Es gibt großartige Dinge – Delfine spielen, Meeresschildkröten schwimmen nach oben, Wale tauchen auf. Vielleicht sehen Sie leuchtende Medusen oder majestätische Korallenriffe.

Thunfischschwärme ziehen vorbei, Tausende und Abertausende von Sardinen, scheinbar endlos. Es gibt gewaltige Flächen mit nichts darin bis auf mikroskopisch kleine Wesen, die für das menschliche Auge unsichtbar sind. Und in diesem Wasser gibt es auch ausgesprochen hässliche Dinge – Haie, Feuerquallen und Froschfische. Manche Gebiete sind verschmutzt und voller Müll. Der Ozean beherbergt all diese Dinge und „akzeptiert" sie alle, ohne irgendwelche davon zurückzuweisen. Es gibt gar nicht die Möglichkeit, das, was ihm nicht gefällt, zurückzuweisen, zu vermeiden oder davor zu flüchten. Der Ozean stellt einfach ein Behältnis für all diese Inhalte dar.

Ähnlich wie der Ozean kann Ihr Gewahrsein alle möglichen Inhalte beherbergen: Ihre Gedanken, Gefühle und Empfindungen – manche schön, manche langweilig und monoton, manche ausgesprochen hässlich. Und Sie können Ihre Gedanken, Gefühle und Empfindungen ebenso wenig loswerden, wie der Ozean seinen Inhalt ausspucken kann. Wenn Sie sich den Fuß verstaucht haben oder Ihnen das Auto gestohlen wurde, ist das gewiss nicht lustig. Aber es ist noch weniger lustig, sich davon mehrere Wochen verderben zu lassen, weil Sie an nichts anderes mehr denken als daran, wie sehr Sie sich darüber ärgern, dass es passiert ist. Auch wenn Sie deswegen geknickt sind, kann Ihr Gewahrsein Ihre Erlebnisse einfach da sein lassen, so wie der Ozean seinen vielfältigen Inhalt beherbergt. Ja, Ihr Gewahrsein hat das, was geschieht, *bereits akzeptiert*. Sonst könnten Sie dessen nicht gewahr sein. Gewöhnlich ist es nur Ihr denkender Geist, der sich gegen das, was ist, sträubt.

Das bedeutet nicht, dass Sie einfach passiv und antriebslos werden und keine kreativen und gezielten Maßnahmen ergreifen sollten. Sie können beschließen, bewusst mehr Zeit mit den schönen Inhalten in Ihrem persönlichen Ozean zu verbringen. Sie können die Ihnen fremden Inhalte neugierig erforschen und besser kennenlernen. Den Inhalt Ihres Ozeans da sein zu lassen heißt nicht, dass sie in einen Schwarm Feuerquallen hineinschwimmen oder sich freiwillig in das Maul eines Hais stürzen sollten. Vielmehr bedeutet es, dass Sie den Hai wahrnehmen, zur Kenntnis nehmen, dass er da ist, und eine

Entscheidung darüber treffen, wie Sie auf die Situation so, wie sie ist, reagieren, statt Ihre Zeit damit zu verbringen, den Hai vermeiden oder zum Verschwinden bringen zu wollen oder zu wünschen, er wäre nicht da.

Übung: Akzeptieren, was ist

Wenn Sie das nächste Mal mehr oder weniger stark aus der Fassung geraten, hören Sie in sich hinein und fragen Sie sich, ob Sie spüren können, wie sich die Spirale unnötigen Leids oder die Tendenz, die Dinge schlimmer zu machen, bei Ihnen einschleicht. Sie können diese Zustände erkennen, indem Sie prüfen, ob Sie das Thema immer wieder durchkauen, ob das Denken daran Sie streng und allzu kritisch gegenüber sich selbst oder anderen macht oder Sie das Thema einfach nicht loslassen können.

Wenn Sie merken, dass bei Ihnen eine solche Spirale einsetzt, bringen Sie sich für ein paar Augenblicke in direkten Kontakt mit Ihrer Atmung und konzentrieren Sie sich auf den Atem, der herein- und hinausgeht. Richten Sie Ihre Aufmerksamkeit auf den Raum zwischen dem Einatmen und dem Ausatmen und dann auf den Raum zwischen dem Ausatmen und dem Einatmen. Achten Sie auf die Empfindungen Ihres Körpers, wie Sie es gelernt haben, und nehmen Sie jede für sich mit nur ein oder zwei Worten zur Kenntnis. Kommen Sie in den gegenwärtigen Augenblick. Und dann betrachten Sie die Situation, der Sie gegenüberstehen, Stück für Stück. Benennen Sie jedes Element, aus dem sie zusammengesetzt ist. Ich muss zu einer Veranstaltung fahren, die mir wichtig ist. Die Babysitterin ist noch nicht da. Ich denke, ich hätte sie heute anrufen sollen, um den Termin zu bestätigen. Ich ärgere mich über sie und über mich selbst. Mein Herz schlägt schneller. Ich mache mir Sorgen. Benennen Sie alle Bestandteile Ihres Erlebens.

Und nun begegnen Sie jedem Element, so wie es ist, bewusst und mit offenem Herzen. Ich bin spät dran. Die Babysitterin ist noch nicht da. Ich kritisiere mich selbst. Ich ärgere mich. Mein Körper fühlt sich angespannt an. Sehen Sie jedem Element ins Auge und nehmen Sie zur Kenntnis, dass es geschieht, egal, ob es geschehen **sollte** oder nicht. Nehmen Sie das, was tatsächlich geschieht, gelassen an. Wenn Sie können, bringen Sie etwas Mitgefühl mit sich selbst auf, wie Sie es für einen guten Freund in einer ähnlichen Situation tun würden. Vielleicht drücken Sie es anders aus, aber vom Ton her ist es ungefähr so: „Oh, Süße. Es muss total stressig sein, so spät dran zu sein." Seien Sie herzlich zu sich selbst. Wenn Sie können, seien Sie auch gegenüber der Babysitterin herzlich. Vielleicht hat sie selbst Probleme gehabt oder sich einfach geirrt. Oder vielleicht war die Babysitterin tatsächlich verantwortungslos. Wünschen Sie ihr unabhängig von Ihrem Urteil alles Gute für ihre Gesundheit und ihr Wohlbefinden.

Sehen Sie, was geschieht, wenn Sie mit einer Situation so umgehen. Es geht hier nicht darum, dass Sie damit zufrieden oder auch nur einverstanden sein müssten. Vielmehr geht es darum, sich der Situation genau so, wie sie ist, zuzuwenden, und von dort aus Entscheidungen zu treffen.

12 Absichtslosigkeit

Achtsames Gewahrsein zeichnet sich durch Absichtslosigkeit aus. Dadurch, dass man nicht versucht, die Dinge zu ändern. Nicht versucht, irgendetwas zu erreichen. Nicht kämpft oder sich sträubt. Dass man die Dinge gelassen annimmt. Sie eine Weile so aushält, wie sie sind. Nicht danach strebt, ein Ziel zu erreichen. Nicht *versucht,* etwas zu *tun.*

Dies kann in mancherlei Hinsicht verwirrend sein. Vielleicht denken Sie: „Hey, *versuche* ich nicht, achtsamer zu sein? Mehr gewahr und präsent?" Es ist eine Art Paradox. Alle Übungen, die ich Ihnen empfehle – sogar die Lektüre dieses Buches –, spiegeln Ihre feste Absicht wider, eine achtsame Mutter zu sein.

Jedoch geht es beim achtsamen Gewahrsein ganz wesentlich darum, sich nicht so abzumühen, sondern Frieden zu finden in dem, was im gegenwärtigen Augenblick geschieht. Durch achtsames Muttersein als Seinsart werden Sie ermutigt, sich mehr dem zuzuwenden, was schon gegenwärtig ist, dem Menschen, der Sie schon sind, und dem, was direkt vor Ihnen ist, statt danach zu streben, die Dinge zu ändern.

Ein ganz einfaches Beispiel: In den ersten drei Lebensmonaten meiner Tochter habe ich Stoffwindeln benutzt, weil ich die Umwelt nicht durch den Windelmüll belasten wollte. (Später erfuhr ich, dass das Waschen der Stoffwindeln dies im Hinblick auf die Umweltbelastung wieder ausgleicht. Na ja!) Während der ersten paar Tage befestigte ich die Windeln mit Sicherheitsnadeln und kämpfte jedes Mal damit. Aus irgendeinem Grund schafften es meine Finger nicht, die Sicherheitsnadel durch die vielen Baumwollschichten zu stopfen, und ich musste die Windel neu falten, es wieder versuchen, noch einmal falten, und wurde dabei jedes Mal nervöser.

Schließlich probierte ich eines Tages „achtsames Windelwechseln" (siehe Kapitel 18) aus, und das änderte alles. Ich machte alles langsamer, achtete auf meine Bewegungen und faltete den Stoff langsam in nur zwei statt vier Lagen. Als ich die Sicherheitsnadel durch den Stoff steckte, glitt er mühelos hindurch. Was war diesmal anders? Ich *bemühte* mich nicht, die Windel zu wechseln, sondern tat es einfach mit achtsamem Gewahrsein. Da meine Achtsamkeit ganz im gegenwärtigen Augenblick war, erkannte ich klar: „Oh, man kann eine Nadel nicht durch vier Lagen Stoff stecken. Der Stoff muss dünner sein, also versuche ich es mal mit zwei Lagen." Das klingt so einfach, doch es war nicht nur die neue Strategie – das Falten der Windel zu nur zwei Lagen –, die mir half. Es war der Frieden des Seins, den die absichtslose Haltung mit sich brachte. Und wenn ich daran denke, wie oft ich in diesen ersten Lebensmonaten Windeln wechselte und wie viel sanfter und liebevoller jedes Wickeln war, bin ich sicher, dass meine Verbindung zu meinem Baby durch das achtsame Gewahrsein beim Windelwechseln gestärkt wurde. Es scheint nur eine kleine Änderung zu sein, doch im Laufe der Zeit hatte es ziemlich große Auswirkungen!

Bedeutet Absichtslosigkeit, keinerlei Maßnahmen zu ergreifen, um Situationen zu ändern? Ganz und gar nicht. Es bedeutet, Maßnahmen zu ergreifen, die fundiert sind und auf unserem ehrlichen und offenen Umgang mit der Situation, so wie sie ist, beruhen. Und weil wir mit offenen Augen vorgehen, ist unser Handeln im Einklang mit unseren Werten und Zielen. Wenn dies geschieht, *bemühen* wir uns nicht, ringen nicht darum, etwas zu tun – sondern tun es einfach. Erinnern Sie sich an Yoda? „Nicht versuchen! Tu es oder tu es nicht. Es gibt kein Versuchen."

Ich will nicht, dass Sie einen neuen Kampf in Ihrem Inneren beginnen – dass Sie *versuchen,* achtsam und gewahr zu sein und nicht auf Autopilot zu schalten, dass Sie danach *streben,* präsent zu sein und nicht ständig an die Vergangenheit oder Zukunft zu denken, dass Sie sich große Mühe geben, nicht zu urteilen und Ihre Erlebnisse nicht zu bewerten – und sich dann fertigmachen, wenn Sie scheitern.

> Bei der Pflege von Achtsamkeit geht es nicht darum, zu sagen, es gebe eine gute und eine schlechte Art zu sein, und man müsse nun danach streben, die gute und nicht die schlechte Art zu erreichen.

Wenn Sie bis hierher gelesen haben, wissen Sie, dass diese Vorstellung völlig im Widerspruch zu achtsamem Gewahrsein steht. Der Versuch, Regeln und Formeln aufzustellen, um festzulegen, was in welcher Situation gut oder schlecht oder richtig oder falsch ist, entspricht jedoch der natürlichen Funktionsweise des denkenden Geistes. Wenn der denkende Geist das Konzept der Achtsamkeit zu verstehen versucht, ist daher damit zu rechnen, dass er Formeln und Verhaltensregeln aufstellt, Dinge als richtig oder falsch und gut oder schlecht kategorisiert und versucht, Probleme zu lösen.

Vielmehr geht es hier darum, dass Sie *aufhören,* sich so abzumühen – um Dinge zu ändern, gegen Ihre Gefühle anzukämpfen, damit sie handhabbarer werden, um Dinge zu verstehen, um die Umstände so zu organisieren, wie sie Ihrer Meinung nach sein müssen, damit Sie glücklich sein können. Für Achtsamkeit ist es wesentlich, sich nicht mehr so abzumühen. Zwar kann Achtsamkeit schwierig sein, aber es geht nicht darum, sich abzumühen. Vielmehr geht es darum, eine entspannte Haltung zu fördern. Paradoxerweise kann dies anfangs unangenehm und schwierig sein, weil es für Sie noch fremd ist. Wie jeder weiß, der einmal versucht hat, im Erwachsenenalter eine Sprache zu lernen, gibt es eine Phase, in der es nicht leicht ist, in der man sich nicht wohlfühlt und das Gefühl hat, überhaupt nichts zu können.

Ich erinnere mich daran, wie ich einmal über spirituelle Praktiken und darüber, wie sich das Leben von Menschen durch sie verändert, forschte. In dem Zusammenhang interviewte ich Gangaji, eine spirituelle Lehrerin in der Nachfolge von Ramana Maharshi, einem bekannten modernen hinduistischen Weisen, der in vielen spirituellen Traditionen wegen seiner Einsicht und seines klaren Blicks geschätzt wird. Ich fragte sie: „Welche Praktik empfehlen Sie für Menschen, die wirklich wachsen und sich ändern wollen?"

Sie hielt einen Moment inne und antwortete dann: „Nun, ich würde sagen: ‚innehalten'", wobei sie das Wort mit der durchdringenden Autorität, für die sie bekannt ist, betonte. „Halten Sie inne und sehen Sie, dass das, was Sie suchen, schon immer gegenwärtig, schon immer hier gewesen ist."

Augenzwinkernd fuhr sie fort: „Ich würde also sagen ‚innehalten'. Aber wahrscheinlich kommen Sie in einem Jahr wieder – mit einem Buch mit dem Titel *Innehalten,* einem neuen Programm über das Innehalten und einem Workshop über ‚Die sieben Schritte zum Innehalten'", sagte sie lachend (Gangaji 2002).

Denn so funktioniert unser Geist, vor allem die linke Gehirnhälfte und der Frontallappen. Wir planen, entwickeln Strategien, urteilen und vergleichen, wir kategorisieren und stellen Regeln auf, und all diese Fähigkeiten sind sehr nützlich, um uns in der materiellen Welt zurechtzufinden. Etwas zu essen finden, sich einen Unterschlupf schaffen, Werkzeuge herstellen, Dinge erledigen – all dies fordert unseren planenden, Strategien entwickelnden, Regeln aufstellenden Geist.

Jedoch sind diese Fähigkeiten fast nutzlos, wenn es darum geht, präsent und in Verbindung zu bleiben, zu lieben, uns auf unser Baby einzustellen, gut zuzuhören und viele andere Dinge zu tun, die eine gute Mutter ausmachen. Das Pflegen gesunder Beziehungen in der Familie, das Genießen der schönen Momente und das Führen eines sinnerfüllten Lebens hängen ebenso sehr davon ab, dass man *nicht* danach strebt, irgendetwas zu ändern, wie davon, dass man gezielte, bewusste Maßnahmen ergreift, wenn es nötig ist.

Übungen im Loslassen

Ein paar Möglichkeiten, um den absichtslosen Aspekt Ihres Seins zu erkunden:

- Gehen Sie spazieren und lassen Sie sich einfach treiben, ohne feste Zeit und ohne irgendein Ziel. Schlagen Sie den Weg ein, der Ihnen gerade am interessantesten erscheint. Sehen Sie, was sich ergibt. Wenn möglich, nehmen Sie sich dafür einen ganzen Morgen oder Tag Zeit. Sie werden vielleicht überrascht sein, was Sie entdecken, wenn Sie kein bestimmtes Ziel haben.
- Schreiben Sie fünf Minuten lang einfach auf, was sich in Ihrem Bewusstsein befindet. Schreiben Sie einfach die Dinge auf, derer Sie gewahr sind. Oder zeichnen Sie ein Bild von allen Aspekten Ihres Erlebens. Werfen Sie das Blatt weg, wenn Sie fertig sind. Es kann interessant sein, was herauskommt, wenn Sie mit dem, was Sie geschaffen haben, gar nichts vorhaben.
- Wenn Sie das nächste Mal das Haus putzen, das Geschirr spülen oder das Baby baden, konzentrieren Sie sich auf den Prozess

statt auf das Ergebnis. Spülen Sie, um zu spülen, und nicht, damit das Geschirr sauber wird. Richten Sie Ihre Aufmerksamkeit auf den Weg statt auf das Ziel.

- Wenn Sie das nächste Mal Schwierigkeiten haben, einzuschlafen oder das Baby zum Schlafen zu bewegen, wenden Sie den Blick vom Ergebnis ab. Mit anderen Worten, hören Sie auf, sich darauf zu konzentrieren, dass Sie oder das Baby einschlafen sollen. Sitzen Sie ganz wach da. Versenken Sie sich in Ihre Wachheit. Lassen Sie sich hineinsinken wie in einen bequemen Sessel. Versuchen Sie nicht länger, irgendetwas zu erreichen. Erforschen Sie, was geschieht, wenn Sie kein bestimmtes Ergebnis anstreben.

13 Die neugierige Mutter

Eine weitere Eigenschaft achtsamen Gewahrseins, die in der Schwangerschaft und der ersten Zeit des Mutterseins sehr nützlich ist, ist das, was viele Achtsamkeitslehrer als „Anfängergeist" bezeichnen. Es bedeutet, Erlebnissen mit Interesse und Neugier zu begegnen, fast so, als geschähen sie zum ersten Mal.

Genauer betrachtet, geschieht jedes Erlebnis, dem wir begegnen, *tatsächlich* zum ersten Mal! Selbst wenn Sie schon tausendmal Windeln gewechselt haben, ist dieses Mal das erste Mal, dass Sie *diesen* Windelwechsel durchführen. Wir neigen dazu, auf Autopilot zu schalten, wenn wir Situationen einschätzen, und wir sagen uns: „Oh, das kenne ich. Das hab ich schon tausendmal gemacht." Wenn wir eine Strecke zur Arbeit fahren, die wir seit Jahren kennen, nutzen wir die Gelegenheit, auf Autopilot zu schalten, damit wir – Sie haben es erraten – nachdenken, planen, grübeln, Strategien entwickeln können und so weiter.

Neugier ist interessiertes Erforschen. Was ist das für ein Gedankenmuster? Warum geschieht das jetzt? Schau mal, wie sich mein Denken immer wieder um diese Person dreht! Huh, guck dir mal diesen Wadenkrampf an! Oooh, wenn ich ein schlechtes Gewissen habe, bekomme ich Magenschmerzen. Sie dir diese unglaublich lange Schlange an. Neugier führt dazu, dass Sie allen Erlebnissen begegnen, als geschähen sie zum ersten Mal, selbst wenn es längst ausgetretene Spuren in Ihrer Psyche sind.

Sich mit dem Unbekannten wohlfühlen

Achtsames Gewahrsein fühlt sich auch mit dem Unbekannten – mit Ungewissheit – wohl. Die meisten von uns glauben, wir sollten auf alles eine Antwort wissen, und wenn wir keine wüssten, sollten wir uns bemühen, so schnell wie möglich eine zu finden. Jedoch sind viele unserer „Antworten" in Wirklichkeit nur Meinungen, Geschichten oder Ansichten, wie etwas sein „sollte", die wir uns im Lauf unserer Erziehung in unserer Familie und unserer Gesellschaft zu eigen gemacht haben, weil wir darauf konditioniert oder programmiert worden sind. Wir glauben, es sei ein Garant für Sicherheit und Wohlbefinden, die Antworten zu wissen – während vieles von dem, was wir glauben, in Wirklichkeit zu unnötigem Leid führt.

Wie Sie erfahren haben, sind Gedanken und Meinungen keine Tatsachen. Es sind einfach Gedanken und Meinungen – Geschichten, die der Geist uns erzählt, um uns zu helfen, die Welt besser zu verstehen. Und manchmal sind diese Gedanken, Geschichten oder Meinungen nicht zutreffend oder für die aktuelle Situation nicht von Bedeutung.

Ich erinnere mich an eine alte Geschichte: Eine Familie aus vier Generationen kam zum Thanksgiving Dinner zusammen. Die Mutter

sagte zu ihrer Tochter im Teenageralter: „Vergiss nicht, das Ende vom
Schinken abzuschneiden." Brav schnitt die Tochter das Ende vom
Schinken ab, bevor sie ihn in den Bräter gab. Sie dachte einen Moment nach und fragte dann: „Mama, warum schneiden wir eigentlich
das Ende vom Schinken ab?" Ihre Mutter überlegte eine Minute und
konnte sich nicht erinnern, ob am Ende vielleicht Knorpel war oder
ob das Abschneiden des Endes irgendwie dazu führte, dass der Schinken besser gebraten wurde. Schließlich sagte sie: „Hm, eigentlich weiß
ich es auch nicht. Ich gehe mal deine Oma fragen." Beide gingen ins
Wohnzimmer und die Mutter fragte: „Mama, warum schneiden wir
immer das Ende vom Schinken ab?" Die Großmutter sah sich um und
sagte: „Ich weiß es nicht. Fragen wir mal die Uroma." Daraufhin fragten
alle drei Töchter die Uroma in ihrem Rollstuhl. Weil sie nicht mehr
gut hörte, brüllten sie: „Uroma, warum schneiden wir das Ende vom
Schinken ab?" – „Weil unser Bräter zu klein war", antwortete sie.

Vieles von dem, wie Sie Ihrer Meinung nach während der Schwangerschaft und der ersten Zeit des Mutterseins sein sollten, ist so ähnlich wie das Abschneiden des Endes vom Schinken. Sie sind sicher,
dass man es so machen muss, und Sicherheit ist ein angenehmer Zustand. Wenn Ihnen etwas begegnet, mit dem Sie sich nicht auskennen
oder worauf Sie keine Antwort wissen, können Sie nervös oder sogar
ärgerlich werden. Sie können an einen Punkt gelangen, wo Sie keine
Ruhe finden, bis Sie die Antwort herausgefunden haben.

Sich wohler damit zu fühlen, etwas nicht zu wissen, betrifft auch
alle Vermutungen, die Sie über das Verhalten anderer Leute anstellen.
Es ermöglicht Ihnen, Neugier gegenüber dem Verhalten anderer zu
empfinden, statt davon auszugehen, Sie wüssten stets, wie es sich erklären lässt. Dies öffnet die Tür zu einer völlig neuen Ebene der Kommunikation und Vertrautheit. Wenn man wahre Neugier empfindet,
lernt man Menschen besser kennen, selbst wenn man glaubte, man
wüsste alles, was es zu wissen gibt.

Sagen wir, Ihr Partner dreht sich auf die andere Seite und schläft
wieder ein, wenn das Baby mitten in der Nacht schreit. Während Sie

im Dunkeln dasitzen und das Baby hin und her schaukeln, regen Sie sich vielleicht über alle möglichen Gründe auf, weshalb Ihr Partner Ihnen im Moment nicht hilft. Doch in Wirklichkeit *sind Sie nicht sicher,* warum er so handelt. Sie können eine Menge Geschichten über seine Motive und Annahmen erfinden und auf all diese Geschichten emotional reagieren, doch *in Wirklichkeit* wissen Sie es nicht.

Ungewissheit kann so unangenehm sein, dass Ihr Geist gerne ziemlich beunruhigende Geschichten darüber erfindet, was das Verhalten Ihres Partners zu bedeuten hat, weil er davon ausgeht, dass beunruhigende Geschichten besser sind als das beunruhigende Gefühl, es nicht zu wissen. Von Zeit zu Zeit treffen wir voreilige Entscheidungen, ohne ausreichende Informationen zu haben, nur um das unangenehme Gefühl der Ungewissheit zu vermeiden. Andere fühlen sich dauernd im Zwiespalt gefangen, sind wie gelähmt und unfähig, Entscheidungen zu treffen oder zu handeln, weil sie nicht sicher sein können, wie das Ergebnis aussehen wird.

Ein Vorteil achtsamen Gewahrseins besteht darin, dass es in Ordnung ist, etwas nicht zu wissen. Ungewissheit ist kein Problem. Arglosigkeit oder „ich weiß nicht, wie die Antwort lautet" oder „ich bin damit nicht vertraut" wird akzeptabler. Achtsames Gewahrsein versteht, dass Ungewissheit der fruchtbarste Boden für Kreativität ist. Etwas nicht zu wissen ist die ideale Basis, um innovative Lösungen zu finden. Pema Chödrön, die in Kapitel 8 erwähnte wunderbare Lehrerin in der tibetischen buddhistischen Tradition, erklärt in ihrem Buch *The Places That Scare You* (dt. Titel Geh an die Orte, die du fürchtest), das Wesen des Muts bestehe darin, in Situationen, in denen ein altes, automatisches Gewohnheitsmuster ausgelöst werde, etwas anderes zu tun als das, was man normalerweise tun würde (2007b).

Etwas nicht zu wissen gibt Ihnen Raum, Lösungen zu entwickeln, Entscheidungen zu treffen, die der momentanen Situation angepasst sind, statt sich auf Ihre gewohnheitsmäßige Programmierung zu verlassen. Es ermöglicht Ihnen, angesichts sich rapide ändernder und immer einzigartiger Umstände flexibler zu sein, statt zu versuchen, alle Situationen in eine Ihrer Schablonen dafür, wie „das Leben ist", zu pressen. „Oh, dies ist wieder so eine Situation, in der ich zurückgewiesen werde." „Ich bin noch nie gut darin gewesen, Babys zu beruhigen." „Mein Baby ist ein Junge, das heißt, er wird aktiver sein." Achtsames Gewahrsein ermöglicht Ihnen, die Dinge so zu sehen, wie sie wirklich sind – in diesem Augenblick, während sie sich ereignen. Es lässt das instinktive, spontane Muttergefühl an die Oberfläche kommen – was zu einigen der ausgelassensten, herzlichsten und intensivsten Augenblicke, die Sie als Mutter erleben werden, führen wird.

Sich angesichts von Ungewissheit wohlzufühlen ermöglicht Ihnen auch, Entscheidungen zu verschieben, bis Sie mehr Informationen haben, und die Nervosität ertragen zu können, die das Warten auf eine Entscheidung möglicherweise mit sich bringt. Durch die Fähigkeit, jeder Situation mit einem Anfängergeist zu begegnen, können Sie Ihrem ganzen Leben so begegnen, als ständen Ihnen unzählige Wahlmöglichkeiten offen (was auch stimmt). Sie können selbständig entscheiden, wie Sie jede Situation deuten, die Ihnen begegnet, weil Sie vollkommen präsent, wach und gewahr sind und Ihnen viel mehr Informationen von all Ihren Sinnen, nicht nur von Ihrem denkenden Geist, zur Verfügung stehen. Sich angesichts von Ungewissheit wohlzufühlen ermöglicht intuitives Elternsein, was im Grunde einfach bedeutet, auf jede Situation so, wie sie geschieht, einzugehen.

Übung: Neugier

Neugier ist eine der stärksten Formen von Liebe und Respekt, die Sie einem anderen Menschen gegenüber bezeigen können. Echtes Interesse daran, wie sein Blickwinkel ist, was sein Ursprung ist, was er mag, was nicht und warum, ist eine der innigsten Botschaften, die Sie senden können.

Ich habe eine gute Freundin, die immer Fragen stellt, wenn wir zusammen sind. Sie ist nicht indiskret oder aufdringlich; sie interessiert sich einfach aufrichtig für mich, wenn wir zusammen sind. Sie stellt großartige Fragen, nicht nur darüber, wie ich Situationen oder Vorstellungen beurteile oder bewerte, sondern stellt auch forschende Fragen wie: „Was hat dich zu dem Job hingezogen?", „Wie hast du deinen Partner kennengelernt?", „Was gefällt dir am Kindergarten deiner Tochter?" und „Was meinst du damit? Erklär es mir ..." Nach unseren Treffen stelle ich immer fest, dass ich etwas über mich selbst erfahren habe, und ich fühle mich geschätzt und zutiefst wahrgenommen.

Wenn Sie das nächste Mal mit einer Freundin oder einem Verwandten zusammen sind, probieren Sie doch einmal diese Art von Neugier. Nehmen Sie sie nicht in die Mangel, sondern tun Sie einfach so, als seien Sie ganz gespannt darauf, mehr über sie zu erfahren – Dinge, die Sie noch nicht wissen, und sogar Dinge, die Sie zu wissen glauben. Vielleicht stellen Sie fest, dass Sie tatsächlich ganz gespannt werden! Und nun (auch wenn das merkwürdig klingen mag) versuchen Sie es mit Ihrem Baby – selbst wenn es noch in Ihrem Bauch ist. Überlegen Sie sich einige Minuten lang Fragen über ihr Baby. Stellen Sie ihm Fragen. Schreiben Sie ihm einen Brief, der so anfängt: „Ich möchte alles über dich wissen ..." Stellen Sie aktiv Fragen. Üben Sie sich in Neugier.

14 Ihr Erleben liebevoll annehmen

Wenn Sie wirklich gegenwärtig sind – im Augenblick und in Ihrem Körper – und dabei voller Akzeptanz und urteilsfrei sind, wenn Sie den Kampf gegen das, was ist, beenden, stellen Sie vielleicht fest, dass Sie Ihrem Erleben automatisch mit größerem Mitgefühl begegnen.

Das liegt daran, dass achtsames Gewahrsein von Natur aus mitfühlend ist. Es ist eine sanfte Erforschung Ihres Erlebens mit einer freundlichen Haltung. Ja, ob Sie beim Beobachten Ihres Erlebens achtsam und gewahr sind, können Sie unter anderem daran erkennen, ob Ihr Umgang mit diesem Erlebnis streng und urteilend oder eher freundlich ist. Es ist der Unterschied zwischen: „O je, irgendwie dreht sich bei mir alles nur noch um dieses Thema" und: „Verdammt, wann kann ich da endlich mal locker lassen?" Die erste Bemerkung ist mitfühlend; die zweite ist die Stimme des urteilenden Geistes, der tut, was er für sinnvoll hält. Achtsames Gewahrsein ist nie streng und urteilend und hat gewöhnlich einen mitfühlenden und freundlichen Ton.

Mitgefühl ist nicht nur eine natürliche Eigenschaft achtsamen Gewahrseins, sondern auch ein Prozess, mit dem man sich aktiv beschäftigen kann. Ebenso wie Achtsamkeit ist Mitgefühl etwas, was Sie vielleicht üben müssen.

Mitgefühl für sich selbst pflegen

Als Mutter werden Sie jede Menge Fehler machen. Unzählige Fehler. Also ist es von grundlegender Bedeutung, Mitgefühl für sich selbst zu pflegen, statt der strengen Selbstkritik, von der wir oft glauben, sie würde unsere Leistung steigern.

Mitgefühl ist wie das sanfte Annehmen Ihres Erlebens, was auch immer es ist. Selbst wenn Sie Teile von sich als hässlich, unheimlich, klein, ängstlich, nervös, unausstehlich oder engstirnig ansehen, nehmen Sie es mit derselben Liebe und Fürsorge an, mit der Sie Ihr Kind in den Armen halten.

Diese Haltung hilft Ihnen, den Schmerz, die Traurigkeit, Angst, das Schuldgefühl oder andere schmerzliche Gefühle zu erkennen, die manchen Ihrer weniger wünschenswerten Eigenschaften oder Verhaltensweisen zugrunde liegen. Natürlich können Sie sich auch dann noch über sich selbst ärgern und nicht wirklich verstehen, warum Sie manche Dinge tun, aber Sie haben stets Zugang zu einem tiefen Quell des Selbstmitgefühls.

Ich erinnere mich zum Beispiel an ein Erlebnis, als ich eine andere Mutter traf, die ich eine Weile nicht gesehen hatte. Als ich sie das letzte Mal gesehen hatte, hatte sie ein neugeborenes Baby, war gerade dabei, eine schwierige Beziehung zum Vater des Babys zu beenden, und versuchte, ihr neues Leben als alleinerziehende, berufstätige Mutter in den Griff zu bekommen. Ich empfand echtes Mitgefühl mit ihr und sorgte mich nicht nur wegen ihrer Schwierigkeiten und Trauer, sondern spürte auch das Bedürfnis, ihr Leid auf eine Weise zu lindern, die realistisch war und ihr Kraft gab. Ich passte auf ihr Baby auf, während sie eine Gruppe für in Scheidung lebende Frauen besuchte, verbrachte manchmal den Abend mit ihr, nachdem die Babys im Bett waren, und stand ihr als Gesprächspartnerin am Telefon zur Verfügung.

Ein Jahr später, nachdem wir eine Zeitlang ohne besonderen Grund auseinandergedriftet waren, trafen wir uns wieder. Sie hatte einen wunderbaren Mann kennengelernt, war jetzt mit ihm verlobt und wohnte in einem traumhaften Haus in einer guten Umgebung. Sie war gesund und dynamisch und sichtlich sehr glücklich. Sie konnte mit ihrem Baby zu Hause bleiben und wollte es in einer Kindertagesstätte anmelden, wo es drei Stunden am Tag betreut würde. Auf diese Weise hätte die Mutter etwas Zeit für sich, um Sport zu treiben und etwas zu schreiben.

Meine Reaktion? Ich war total eifersüchtig. Gelb vor Neid! Ich dachte, ich sollte mich für sie freuen, und dazu hätte ich auch allen Grund gehabt. Es war so viel mehr, als ich mir ein Jahr zuvor für sie gewünscht hatte. Doch irgendetwas in mir zeigte seine hässliche Fratze und ich konnte nur noch sehen, was sie für ein Glück hatte. Ich hatte noch immer das Gefühl, dass ich zu viel arbeiten musste, nicht genug Zeit für Sport hatte, nicht genug Geld hatte, ich fühlte mich im Moment weder besonders dynamisch, noch sah ich dynamisch aus, und es machte mich in dem Moment ganz krank, dass ich mir so sehr wünschte, was sie hatte.

Zu allem Überfluss wurde ich auf dem Weg nach Hause wirklich wütend über mich. Was zum Teufel war los mit mir? Wie konnte ich meiner Freundin ein derart verdientes Glück missgönnen? Hatte ich mich gar nicht weiterentwickelt? Was für eine Freundin war ich überhaupt? Und so weiter und so fort.

Doch dann meldete sich eine freundlichere Stimme, ganz leise, durch all das Gerede in meinem Inneren hindurch. Oder eigentlich weniger eine Stimme als ein Seinszustand, der alles willkommen hieß. Wäre es eine Stimme gewesen, hätte sie gesagt: „Natürlich, Süße, natürlich wünschst du dir mehr Zeit. Natürlich hättest du gerne ein tolles Haus und könntest in ein schickes Fitnessstudio gehen. Wer hätte das nicht gerne? Du arbeitest so hart. Da ist es doch klar, dass du dir so etwas wünschst. Und natürlich freust du dich in deinem tiefsten und authentischsten Inneren für deine Freundin. Vielleicht hat dies alles mehr damit zu tun, dass du dir mehr Raum in deinem Leben wünschst. Vielleicht hat es gar nicht mit Geld zu tun, sondern damit, dass du dich ständig übernimmst. Was können wir tun, um dir mehr Kraft und mehr Raum zu geben?"

Wie Sie sehen, gibt Ihnen diese Art von Mitgefühl mit sich selbst Raum, um die Wahrheit hinter bisweilen verwirrenden Verhaltensweisen zu erkennen. Wenn Sie auf eine Weise handeln, denken oder fühlen, die nicht im Einklang mit Ihren authentischen Werten ist, mit der Art Mutter, die Sie sein wollen, kann Mitgefühl Ihnen helfen zu sehen, was sich unter der Oberfläche dieser Reaktionen verbirgt. Es ermuntert die jüngeren, verletzteren Teile von Ihnen dazu, herauszukommen und ihre Ansicht zu äußern, und gibt Ihnen die Gelegenheit, sich um sie zu kümmern. Und es ermöglicht den reiferen Teilen von Ihnen, eine Reaktion zustande zu bringen, die liebevoll ist – selbst gegenüber Erlebnissen, die schwer zu akzeptieren sind.

Selbstbestrafung dagegen führt zu stärkerer Einengung, Angst und Leid und löst oft das Bedürfnis aus, dieses schreckliche Gefühl mit etwas Äußerem zu behandeln. Das kann Essen sein, Einkaufen, Alkohol, übermäßig viel Fernsehen oder andere weniger angepasste Formen der Selbstberuhigung. Haben Sie je wirklich etwas als Folge davon geändert, dass Sie böse zu sich selbst waren? Waren die wirklichen Veränderungen nicht stets Nebeneffekte davon, dass Sie netter zu sich selbst waren – dass Sie sich besser um sich selbst und um Ihre Familie gekümmert haben? Haben sich andere Menschen in Ihrem Leben je als Folge davon geändert, dass Sie besonders streng oder urteilend zu sich gewesen sind? Ist eine mitfühlende Haltung nicht stets eine solidere Grundlage gewesen, um anderen Grenzen zu setzen – anstelle der Haltung: „Ich will dir jetzt mal erklären, wie schlecht, verkehrt, gedankenlos und unreif du bist!"? Dasselbe gilt auch für Sie – Selbstzerfleischung führt zu noch mehr Schmerz, der wiederum zu mehr von eben den Verhaltensweisen führt, wegen derer Sie böse auf sich selbst sind!

Wir fürchten, dass wir, wenn wir nicht mehr streng zu uns selbst sind, nicht alles tun, was wir tun müssen. Cheri Huber, Zen-Lehrerin und Autorin von *When You're Falling, Dive* und achtzehn weiterer großartigen Büchern, schreibt, wir unterlägen einer Illusion über die strenge, selbstkritische, urteilende Stimme: „Die Illusion besteht in dem Glauben, sie sei auf Ihrer Seite, sie sei die Stimme der Vernunft und des gesunden Menschenverstandes und Sie müssten auf Sie hören, um im Leben Erfolg zu haben" (2007, 2). Wie sie erläutert, bewirkt achtsame Gewahrseinspraxis durch sanfte, urteilsfreie Selbsterforschung, dass sich „die Teile von uns, die sich so bedroht gefühlt haben, sicherer fühlen, und sie entspannen sich allmählich ein bisschen. Auf diese Weise haben wir einen sicheren Ort für alle Aspekte des Menschen, der wir sind, geschaffen. Das Mitgefühl hat sich nach innen gewandt und das freudvolle Werk der Selbstakzeptanz hat begonnen" (2007, 4). Wenn Sie sich sicherer fühlen, sind Sie als Mutter leistungsfähiger und souveräner und haben mehr Raum für Mitgefühl mit anderen. (Wenn Sie mehr von Cheris Gedanken lesen möchten, besuchen Sie www.cherihuber.com.)

Mitgefühl mit sich selbst heißt nicht, sich selbst nie feste, liebevolle Grenzen zu setzen oder egozentrisch zu werden und sich gehen zu lassen. „Weil ich heute so einen harten Tag hatte, esse ich einen halben Liter Eis." Das ist nicht Freundlichkeit zu sich selbst. Auch wenn Verhaltensweisen wie ständiges Zu-spät-Kommen, übermäßiger Alkoholkonsum oder dauerndes Geldausgeben eine Folge versteckten Leids sein können, bedeutet das nicht, dass man so weitermachen sollte. Echtes Mitgefühl sieht die Situation mit klarem Blick, erkennt den Schmerz oder die Trauer, die zu dieser Situation geführt haben, und ergreift dann realistische Maßnahmen zum Umgang mit dem Schmerz oder der Trauer. Dies könnte bedeuten, eine professionelle Beratung in Anspruch zu nehmen. Es könnte auch bedeuten, auf andere Weise um Hilfe zu bitten. Es bedeutet fast immer, Maßnahmen zu ergreifen, um weiteren Schmerz und weitere Trauer zu verhindern.

Die Definition von *Mitgefühl* lautet, vorhandenes Leid zu erkennen, einen starken Wunsch und die Absicht zu haben, dieses Leid zu lindern, und nach Möglichkeit Maßnahmen dazu zu ergreifen. Diese Definition gilt ebenso für andere wie für einen selbst. Manchmal besteht die stärkste Form von Mitgefühl mit sich selbst darin, sich selbst eine liebevolle Grenze zu setzen.

Am Anfang kostet Selbstmitgefühl Mühe. Es erfordert, dass Sie denken, handeln und sich bewusst mit anderen Gedanken und Gefühlen befassen, als Sie es gewöhnlich tun. Zwar sind die meisten von uns vertraut mit dem urteilenden Teil unseres Geistes, der sich durch Gedanken auszeichnet wie: „Was hab ich noch mal gedacht?", „Mensch, diesen Fehler hab ich bestimmt schon hundertmal gemacht, wann lerne ich endlich mal dazu?" oder „Verdammt, reiß dich am Riemen, Mädchen!" – doch es kann schwer sein, die sanftere, freundlichere Stimme in seinem Inneren zu finden.

Mitgefühl tut Ihnen gut. Forschungen von Kristin Neff an der University of Texas zeigen, dass Selbstmitgefühl negative geistige und emotionale Zustände wie Sorge und Depression, Grübeln und Gedankenunterdrückung mildern und positive emotionale Haltungen wie Freude, Optimismus, Weisheit, Neugier, Forscherdrang, persönliche Initiative, Autonomie, Kompetenz und Verbundenheit fördern kann (Neff 2003a, 2003b). Ähnlich wie Achtsamkeit ist auch Selbstmitgefühl nicht einfach eine Form positiven Denkens – es bedeutet nicht, sich selbst aufzuheitern oder alles durch die rosarote Brille zu sehen. Dr. Neff und ihre Kollegen erläutern: „Mit Selbstmitleid bezeichnen wir die Fähigkeit, sich negativer Gefühle urteilsfrei gewahr zu sein, ohne negative Aspekte des eigenen Erlebens zu unterdrücken oder verleugnen zu müssen" (2008, 7). (Kommt Ihnen das bekannt vor?)

Sie fährt fort: „Da sich Menschen mit Selbstmitgefühl nicht selbst beschimpfen, wenn sie scheitern, sind sie besser in der Lage, zu lernen, zu wachsen und neue Herausforderungen anzunehmen" (8). Aus diesem Grund ist Selbstmitgefühl, das sich mit achtsamem Gewahrsein überschneidet, eine wunderbare Eigenschaft für eine frischgebackene Mutter. (Für mehr über Kristin Neffs Arbeit zum Thema Selbstmitgefühl gehen Sie auf www.self-compassion.com.)

Übung: Selbstmitgefühl

Wenn Sie das nächste Mal diese kritische, urteilende Stimme hören, die Sie beschimpft oder böse zu Ihnen ist, sehen Sie dies als Warnsignal und als Hinweis darauf an, sich Ihres Erlebens in diesem Augenblick achtsam gewahr zu werden (mit anderen Worten, es wahrzunehmen und zuzulassen).

Wahrscheinlich hat Ihr urteilender Geist seine eigene, einzigartige Stimme. Finden Sie heraus, was diese Stimme für einen Ton und für eine Sprache hat, und jedes Mal, wenn Sie sie hören, fassen Sie das als Hinweis auf, innezuhalten und zu atmen. Vielleicht erinnert diese Stimme Sie an einen besonders kritischen Menschen in Ihrem Leben. Sie kann einfach gemein und gehässig sein. Sie kann sarkastisch oder hämisch sein (Mitgefühl und Sarkasmus sind unvereinbar). Vielleicht flucht sie oder verwendet scharfe Worte. Diese Signale können großartige Hinweise für Sie sein, um zu erkennen, dass Sie in den Gedankenzug der Selbstverurteilung eingestiegen sind (aus dem es sehr schwer sein kann auszusteigen, wie Ihnen vielleicht aufgefallen ist). Es fängt alles damit an, gewahr zu werden, dass Sie in dem Zug sitzen.

Sobald Sie diesen Zug bemerkt haben, nutzen Sie achtsames Gewahrsein, um zu beobachten, wie er vorbeifährt. Beobachten Sie die Gedanken, die vorbeiziehen, als wären es Waggons oder

Blätter, die auf einem Bach treiben. Sie können die Gedanken einzeln begutachten, als ob sie Festwagen wären, die in der Parade Ihres Denkens einer nach dem anderen vorbeifahren. Nehmen Sie jeden wahr, während er vorbeizieht. Ohne sich damit zu befassen, welche Gedanken richtig und welche falsch sind, nehmen Sie einfach jeden wahr, wenn er vorbeizieht.

Nun achten Sie darauf, welche Emotionen da sind. Wenn wir urteilen, statt mitzufühlen, sind die „Emotionen" mehr wie Geistesverfassungen. Empörung? („Was glaubt er eigentlich, wer er ist?") Moralische Entrüstung? („Unglaublich, einfach unglaublich!") Märtyrertum? („Nach allem, was ich für sie getan habe ...") Ein Gefühl der Ungerechtigkeit? („Das ist nicht fair!") Selbstvorwürfe? („Warum konnte ich nicht wenigstens ...?", „Es war direkt vor meiner Nase.") Erniedrigung? („Ich bin eine Verliererin." „Ich bin nichts wert.") Hoffnungslosigkeit? („Offenbar werde ich das nie hinbekommen.")

Nun suchen Sie nach den reineren Gefühlen unter der Oberfläche dieser Geistesverfassungen. Wenn Sie sie finden, nehmen Sie sie einzeln war. Benutzen Sie ganz kurze Sätze, um jedes Gefühl auszudrücken oder zu beschreiben. „Ich habe ein schlechtes Gewissen, weil ich mein Baby schon wieder zu spät von der Tagesstätte abgeholt habe. Ich bin traurig darüber, dass ich arbeiten muss und mehr, als ich will, von meinem Baby getrennt sein muss. Ich empfinde Trauer darüber, dass meine Mutter nicht mehr lebt und mir nicht helfen kann. Ich habe Angst, all meine alten Freunde zu verlieren. Ich fühle mich erschöpft, weil ich mich immer den ganzen Tag um drei Kinder kümmern muss."

Sehen Sie sich die Aussagen, die sich auf die Geistesverfassungen beziehen, im vorletzten Absatz an. Vielleicht fällt es Ihnen schwer, ihnen gegenüber Mitgefühl aufzubringen, während es möglicherweise leichter ist, den Emotionen im letzten Absatz mit Mitgefühl zu begegnen. Beginnen Sie wie immer mit achtsamem Gewahrsein Ihres Atems und mit dem Wahrnehmen dessen, was in Ihrem Körper geschieht. Geistesverfassungen kann man unter anderem dadurch von den tiefer liegenden Emotionen unterscheiden, dass Emotionen ihren Mittelpunkt in Ihrem Körper haben – vor allem in Ihrem Herzen, Ihrem Bauch und Ihrer Kehle –, während Verfassungen ihren Mittelpunkt in Ihrem Geist haben. Urteilende oder unfreundliche Aussagen spiegeln fast immer ein tiefer liegendes Gefühl wider – Traurigkeit, Angst, Ärger oder Schuldgefühl –, das Mitleid statt Beschuldigung erfordert. Wenn Sie selbstkritisches, hartes Denken so betrachten, werden Sie mehr Mitgefühl mit sich selbst haben. Richten Sie inzwischen Ihre Aufmerksamkeit achtsam darauf, was unter der Oberfläche des Urteils, der Wut und der Verengung oder dem Verschluss Ihres Herzens verborgen liegt.

15 Körperachtsamkeit beim Muttersein

Achtsames Gewahrsein bewertet oder beurteilt Erlebnisse oder Empfindungen nicht als gut oder schlecht. Gewiss tut Ihr Geist das trotzdem und wird es wahrscheinlich auch ewig tun. Doch auch darüber sorgt sich das achtsame Gewahrsein nicht allzu sehr. Es nimmt einfach war, was gegenwärtig ist. Das achtsame Gewahrsein klammert sich nicht an angenehme Erlebnisse, um sie festzuhalten, und versucht auch nicht, unangenehme Erlebnisse zum Verschwinden zu bringen. Es sieht sie einfach mit klarem Blick, so wie sie sind. Es begegnet jedem Erlebnis mit Neugier, Sanftmut und Mitgefühl. Mit Freundlichkeit. Manchmal untersucht es Erlebnisse, betrachtet sie genau, erkundet ihre Eigenschaften, findet ihre Mitte und ihre Ränder.

Manchmal lässt es sie auch vorbeifließen, ohne sie zu untersuchen, sondern nimmt sie nur wahr und lässt sie los.

Wenn Sie so ähnlich sind wie ich, sagen Sie jetzt bestimmt: „Moment mal. Ich dachte, sie hätte gesagt, ich müsste keine roboterartige Zen-Mama werden – als ob nichts wichtig wäre! Und jetzt scheint sie ja doch zu sagen, ich sollte eine Art Heilige sein, eine erleuchtete Weise, die sich von nichts aus der Ruhe bringen lässt!"

All diese Erklärungen über das Beobachten, Gewahrsein und Wahrnehmen könnte man so verstehen, als sollte man irgendwie außerhalb seines eigenen Erlebens sein – von weit oben herunterschauen oder ein wenig über dem Boden schweben. Nichts könnte weiter entfernt von der Wahrheit sein.

Achtsamkeit bedeutet nicht, seinem Erleben auszuweichen, es zu unterdrücken oder sich davon abzugrenzen. Es heißt nicht, sich von seinem Erleben loszusagen oder auf eine roboterhafte, ungerührte Haltung hin zu arbeiten. „Oh, schau mal, wie ich gerade wütend werde. Wie faszinierend." Beim achtsamen Muttersein geht es nicht darum, unerschütterlich, abgehoben, unantastbar zu sein oder über allem zu stehen. Nein, beim achtsamen Muttersein geht es darum, gegenwärtig und gewahr zu sein, sein Erleben zuzulassen und die ganze Zeit *in seinem Körper zu bleiben*.

Achtsames Muttersein ist eine Praxis, die lebendig, körperlich, sinnlich ist und ihren Mittelpunkt und ihre Grundlage in *dieser* Welt, *diesem* Körper, *diesem* Augenblick hat. Es bedeutet, dass Sie gegenwärtig, in Ihrem Körper und mit Ihrem Baby verbunden sind. Es bedeutet, mit Ihrem Baby im Schmutz zu spielen, statt sich Sorgen zu machen, wie es wieder sauber wird. Es bedeutet, den ganzen Morgen zusammen im Bett zu verbringen, Kuckuck zu spielen, zu essen, zu schlafen und zu kuscheln, statt sich vom schmutzigen Geschirr im Spülbecken zur Arbeit rufen zu lassen. Es bedeutet zuzulassen, dass Ärger in Ihnen aufsteigt, wenn Sie mit Ihrem Baby zum sechsten Mal in einer Nacht auf und ab gehen, oder das Schaudern zuzulassen, das Sie überkommt, wenn Sie die Grippe haben und sich trotzdem Tag und Nacht um Ihr Baby kümmern müssen.

Es mag zwar etwas paradox klingen, doch achtsames Gewahrsein bringt Sie so eng mit jedem Ihrer Erlebnisse in Kontakt, wie es nur möglich ist. Sie begegnen Ihren Erlebnissen, begrüßen sie und bewegen sich in sie hinein und durch sie hindurch. Sie sind Ihres Erlebens gewahr, *während es stattfindet*. Wenn Sie gewahr sind, dass Sie wütend sind, sind Sie auch tatsächlich wütend! Sie erleben Wut. Jedoch sind Sie dessen auch gewahr. Sie können die Wut klar sehen, sie erleben, ohne sie als gut oder schlecht, richtig oder falsch zu bewerten, und Sie können sie auch ausdrücken, falls Sie sich dazu entscheiden.

Wenn Sie Gedanken wie „Warum schläft mein Baby nachts noch nicht durch?" wahrnehmen, haben Sie diese Gedanken noch immer. Wenn Sie wahrnehmen, dass Sie traurig sind, sind Sie noch immer traurig. Sie betrachten diese Gedanken und Gefühle mit achtsamem Gewahrsein, *während* Sie sie haben. Und sie mit achtsamem, urteils-freiem Gewahrsein zu betrachten kann einen großen Einfluss darauf haben, wie sie sich auf Ihr Leben auswirken.

In mancher Hinsicht erleben Sie alles viel intensiver, wenn Sie im gegenwärtigen Augenblick, in Ihrem Körper und gewahr sind, statt in Ihren Geschichten über das, was geschieht, gefangen zu sein. Sie lassen sich von jedem Erlebnis wie von einem warmen Regenschauer durchnässen, in dem Wissen, dass Sie es ebenso wenig ändern oder zum Aufhören bringen können, wie Sie den Regen zum Aufhören bringen können, und Sie wissen auch, dass Sie vollkommen in der Lage sind, fast jedes Erlebnis, das Ihnen als Mutter begegnen wird, zu ertragen und zuzulassen, dass es entsteht, seinen Gipfel erreicht und vorüber-geht. Machen Sie sich also keine Sorgen, Sie würden durch achtsames Gewahrsein zum Automaten werden. In Wirklichkeit ist es ein Weg, bewusster zu werden, als Sie es je gewesen sind.

Eintauchen heißt nicht ertrinken

Bei vielen von uns beginnen die Gedanken in einer endlosen Schleife
zu kreisen, wenn wir sehr viel über etwas nachdenken und es immer
wieder durchkauen. Psychologen bezeichnen diese Art von Denken
als *Grübeln,* und das mag auf den ersten Blick so klingen wie das, was
ich empfehle – seine Gedanken wirklich wahrzunehmen. Jedoch zeigen Forschungen, dass Grübeln im Grunde der Versuch ist, seinen
Gefühlen – Unsicherheit oder Angst, Traurigkeit oder Ärger – auszuweichen, und dass es zu Depressionen und Ängsten führen kann (Nolen-Hoeksema 2000). Grübeln ist kein achtsames Gewahrsein dessen,
was geschieht; vielmehr besteht Grübeln darin, Ihr Erleben durch den
Fleischwolf zu drehen, um zu sehen, ob es anders schmeckt, wenn es
zu Brei zerkleinert worden ist.

Und falls Sie dazu neigen, in eine emotionale Abwärtsspirale zu
geraten, als würden Sie in einen riesigen Strudel negativer Gedanken
und Gefühle gezogen – lange in einem solchen Strudel gefangen zu
bleiben ist nicht das, was ich meine, wenn ich sage, Sie sollten Ihr
Erleben intensiv wahrnehmen. Das ist kein Eintauchen, sondern Er-
trinken.

Achtsamkeit bedeutet, sich aus freiem Willen mit jedem Ihrer Erlebnisse zu befassen. Sie haben die Wahl, wieweit Sie sich darin vertiefen wollen. Wenn Sie wollen, haben Sie die Möglichkeit, jedes Erlebnis bewusst zu untersuchen, *während Sie es erleben.* Sie können
seine Mitte berühren, seine Ränder suchen, eine Testfahrt damit machen, um es herumgehen und gegen seine Reifen treten. Wenn positive Erlebnisse mit achtsamem Gewahrsein erfüllt werden, bewirkt
dies daher eine nahezu unbeschreibliche Steigerung Ihrer Fähigkeit,
diese Erlebnisse zu genießen und sich daran zu freuen – sie auszu-
kosten und sie als Entschädigung für die schwierigeren Aspekte Ihres
Lebens zu nutzen.

Wenn ein Erlebnis beunruhigend, unangenehm oder schmerzlich
ist, macht die Fähigkeit, sich bewusst und mit Neugier und Mitgefühl

damit zu befassen, sehr viel aus. Zwar lässt sie den Schmerz nicht unbedingt verschwinden (wie diejenigen von Ihnen, die Wehen erlebt
haben, wissen, und die, die noch keine erlebt haben, bald erfahren
werden!). Doch sie ändert Ihr Verhältnis zum Schmerz und ermöglicht
Ihnen, sich aktiv damit auseinanderzusetzen. Wenn Sie sich nicht mit
Ihren Gedanken, Gefühlen oder Empfindungen *identifizieren,* sondern
ihrer gewahr sind, während Sie sie erleben, entsteht Raum, um sich
zu bewegen und zu atmen. Selbst das kleinste bisschen Raum um Ihr
Erleben herum kann enorm hilfreich sein.

Wenn ich also empfehle, Ihre Gedanken und Gefühle da sein zu
lassen und ihnen mit Neugier zu begegnen, meine ich damit nicht
die Art von Neugier, bei der man seine Nase überall hineinsteckt.
Sie können lernen, Gedanken wahrzunehmen, ohne sich allzu sehr
in sie zu vertiefen. Und wenn Sie sich in sie vertiefen, können Sie
Ihren *Geist* seinen üblichen Weg absolvieren lassen, während *Sie*
dessen und all der anderen Inhalte Ihres Erlebens gewahr sind. Vergessen Sie nicht: Ihr denkender Geist ist nur ein Teil des Menschen,
der Sie sind.

Achtsames Gewahrsein Ihres Körpers

Aufmerksamkeit auf Ihren Körper und all seine Empfindungen zu
richten ist eine wunderbare Möglichkeit, um in den gegenwärtigen
Augenblick, in Ihren Körper und in Verbindung zu Ihrem Baby zu
kommen – egal, ob es noch in Ihnen drin ist, ob es gerade stillt, im
Tragesack sitzt oder über Sie krabbelt. Damit Ihnen dies besonders in
schwierigen Augenblicken gelingt, müssen Sie sich etwas Zeit nehmen
und vertraut damit werden, in Ihrem Körper und im gegenwärtigen
Augenblick zu sein und den Dingen so zu begegnen, wie sie sind, ohne
den Drang zu spüren, sie zu ändern.

Probieren Sie diese Meditation zur Körperachtsamkeit:

Setzen Sie sich so hin wie bei der Atemmeditation oder legen Sie sich hin, falls Sie dabei nicht einschlafen. Beginnen Sie mit ein paar Minuten Atemgewahrsein.

Richten Sie dann dieselbe Art Gewahrsein, die Sie sanft und entspannt auf Ihren Atem gerichtet haben, auf die Empfindungen Ihres Körpers. Ohne im Moment zu versuchen, irgendwelche davon zu ändern, ohne sie als gut oder schlecht zu bewerten (oder, falls Sie das doch tun, lassen Sie auch das zu), seien Sie einfach Ihres Körpers als eines zusammengehörigen Ganzen gewahr. Konzentrieren Sie Ihre Aufmerksamkeit auf Ihren Körper. Oder, anders ausgedrückt, lassen Sie den Körper und seine Empfindungen, wie sie auch sein mögen, in den Mittelpunkt Ihres Gewahrseins rücken. Sind irgendwelche Teile Ihres Körpers angespannt, verkrampft oder tun weh? Fühlen sich irgendwelche Teile Ihres Körpers entspannt und angenehm an oder haben Sie das Gefühl, ein sanfter Fluss oder eine Strömung flösse durch sie hindurch? Sind irgendwelche Teile Ihres Körpers neutral, wie taub oder quasi unsichtbar – spüren Sie da gar nichts? Sie werden feststellen, dass manche Körperempfindungen stark und deutlich sind, etwa ein Wadenkrampf, während andere subtiler sind, etwa das Gefühl von Luft, die über Ihre Haut streicht. Nehmen Sie sie alle wahr, ganz gleich, ob sie subtil oder sehr deutlich sind.

Sie können versuchen, Ihre Aufmerksamkeit langsam von der Oberseite Ihres Kopfes nach unten wandern zu lassen, über Ihre Augen, Ihren Hals, Ihre Schultern, Ihre Brust, Ihren Bauch, Ihre Arme, Ihre Hüften, Oberschenkel, Knie, Waden, Knöchel bis hin zu Ihren Füßen. Oder gehen Sie von den Füßen nach oben bis zum Kopf vor und nehmen einfach wahr, was Sie in jeder Region Ihres Körpers feststellen. Öffnen Sie Ihr Herz, so weit es geht, für alles, was Sie finden. Vielleicht bewertet Ihr denkender Geist jedes Erlebnis gewohnheitsmäßig als gut oder schlecht, wünschenswert oder nicht wünschenswert. Lassen Sie das einfach geschehen. Alles, was geschieht, ist in Ordnung. Es geht darum, Ihres Körpers gewahr zu sein, in Ihrem Körper gegenwärtig zu sein.

Nun erfüllen Sie die Mitte Ihres Körpers mit bewusstem Gewahrsein – lassen Sie sich in Ihren Körper hineingleiten wie in Ihren Lieblingssessel. Versenken Sie sich in Ihren Körper und lassen Sie ihn Ihr Gewahrsein umfassen, wie in einer liebevollen Umarmung. Spüren Sie, wie die Schwerkraft Ihren Körper zu der Fläche hinzieht, auf der Sie sitzen, stehen oder liegen. Falls Sie schwanger sind, spüren Sie das Ziehen Ihres Bauches, und falls Sie Ihr Baby im Arm halten, spüren Sie seine Nähe. Seien Sie vertraut mit dem Erlebnis, in einem Körper zu sein.

Probieren Sie dies beim ersten Mal fünf Minuten, dann zehn Minuten und stellen Sie sich sodann einen Wecker auf zwanzig Minuten oder länger.

16 Muttersein im gegenwärtigen Augenblick

Nun, da Sie wissen, dass achtsames Muttersein im Hier und Jetzt geschieht, in Ihrem Körper und nicht so, als ständen Sie leidenschaftslos in einer gewissen Distanz zu Ihrem Erleben, wollen wir über eine der wichtigsten Eigenschaften achtsamen Mutterseins sprechen. Ja, wenn ich mir nur ein Instrument aussuchen könnte, das Sie vom Lesen dieses Buches und Ihrer Achtsamkeitspraxis mitnähmen, wäre es die Fähigkeit, *gegenwärtig zu sein*.

Gegenwärtig zu sein ist die Grundlage achtsamen Mutterseins. Es ist der Schlüssel dazu, eine achtsame Mutter zu sein. Wenn eine urteilsfreie, akzeptierende Haltung, Neugier, Mitgefühl und das Beobachten und Zulassen Ihres Erlebens, ohne dagegen anzukämpfen, einige der Zimmer sind, aus denen sich das Haus achtsamen

Mutterseins zusammensetzt, dann besteht das Fundament des Hauses darin, im gegenwärtigen Augenblick zu sein.

Tatsächlich sind Sie *immer* im gegenwärtigen Augenblick. Wo könnten Sie auch sonst sein? Doch wahrscheinlich kennen Sie das Gefühl, dass der Großteil Ihrer Aufmerksamkeit auf ganz etwas anderes als den gegenwärtigen Augenblick gerichtet ist. Oft ist Ihr Gewahrsein oder Ihre Aufmerksamkeit nicht in der Gegenwart.

Stellen Sie sich zum Beispiel vor, Sie haben Ihr Baby auf dem Arm und gehen mit ihm in der Wohnung auf und ab, weil es quengelig ist und Sie wollen, dass es sich beruhigt. Ihre Schwiegereltern kommen an dem Abend zum Essen und Ihr Partner ist bis sechs Uhr bei der Arbeit. Ihre Gedanken überschlagen sich; Sie denken daran, dass das Haus geputzt werden muss, fragen sich, wann das Baby endlich einschläft, damit Sie putzen können, überlegen, wann es wohl wieder aufwacht, so dass Sie einkaufen können und so weiter. Es ist erst zehn Uhr morgens und Sie sind im Schlafanzug und gehen mit dem Baby in der Wohnung auf und ab, damit es einschläft, aber in Gedanken sind Sie schon beim Abendessen.

Selbst wenn Sie abgelenkt oder in Gedanken vertieft sind, haben Sie wahrscheinlich eine Art Mama-Radar. Sie passen auf, was geschieht, und fahren aus Ihren Gedanken hoch, wenn das Baby zu quengeln anfängt oder sich von Ihrem Arm zu winden droht. Ein Teil von Ihnen ist stets gegenwärtig. Jedoch befindet sich diese Aufmerksamkeit auf den gegenwärtigen Augenblick oft nur am Rand Ihres Gewahrseins. Wenn Sie lernen wollen, gegenwärtig zu sein, müssen Sie den Spieß umdrehen, so dass Ihre Aufmerksamkeit häufiger auf das gerichtet ist, was jetzt im Moment geschieht, und Ihre periphere Aufmerksamkeit alles andere (etwa was als Nächstes geschehen soll und so weiter) im Blick behält.

Gegenwärtig zu sein ist eine natürliche Fähigkeit. Jedoch ist es auch eine Fertigkeit. Möglicherweise ist es keine Seinsart, die bei Ihnen gefördert wurde, besonders, wenn Sie in der modernen westlichen Kultur aufgewachsen sind. Wir leben in einer Kultur der Ablenkung,

bei der dem Denken und Tun Priorität gegenüber dem Sein einge-
räumt wird. Schon von der frühen Kindheit an wurde vielleicht mit
Kritik reagiert, wenn Sie still dasaßen und nichts taten: „Hör auf zu
träumen", oder „Mach den Mund zu, sonst fängst du noch Fliegen."
Schweigend dazusitzen führte möglicherweise dazu, dass andere fragten: „Was denkst du?", „Was machst du?", „Ist alles in Ordnung mit
dir?", als müsse man sich Sorgen machen, wenn jemand still dasitzt.
Derartige Einstellungen sitzen tief und reichen weit zurück – gewiss
kennen Sie das Sprichwort: „Müßiggang ist aller Laster Anfang". In
unserer leistungsorientierten Kultur gelten Denken und Handeln als
das Beste, was jemand tun kann, und einfach dazusitzen und gegenwärtig zu sein wird als quasi anormal angesehen (es sei denn, wir sind
mit einer passiven Aktivität wie etwa Fernsehen beschäftigt).

Doch gleichzeitig werden die Folgen völliger Gegenwärtigkeit sehr
geschätzt. Wir reagieren positiv auf Menschen, die dieses Gefühl der
Gegenwärtigkeit ausstrahlen. Sind Sie schon mal jemandem begegnet, bei dem man den Eindruck hat, dass er wirklich da ist und seine
Aufmerksamkeit im Moment ganz auf Sie richtet, als gäbe es in dem
Moment keine anderen Menschen auf der Welt? Ein solcher Mensch
hört Ihnen wirklich mit Neugier und Interesse zu, ohne das, was Sie
sagen, seinen vorherigen Erwartungen entsprechend einzuordnen
und ohne zu überlegen, was er Ihnen erwidern wird. Er stellt Ihnen
Fragen, um mehr zu erfahren. Er ruht ganz in seinem Körper und
stellt sich ganz auf Sie ein. Diese Erfahrung kann sehr beeindruckend
sein. Man spürt Respekt, Bestätigung und Liebe. Stellen Sie sich vor,
als Mutter so zu sein – sanft und mitfühlend zu wissen, dass Sie zwar
manchmal abgelenkt werden, jedoch bewusst, wie Sie wieder gegenwärtig werden können, wenn sie dessen gewahr werden. Was für ein
Geschenk für Ihr Baby.

Wahrscheinlich haben Sie schon einmal die Erfahrung gemacht,
ganz im Augenblick gegenwärtig zu sein. Ganz im Hier und Jetzt zu
sein, ohne irgendwohin gehen oder irgendetwas anderes tun zu müssen.
Vielleicht haben Sie das erlebt, wenn Sie in der Natur waren, wenn

Sie Sport getrieben oder ein Instrument gespielt haben, wenn sie mit jemand anderem zusammen waren oder in ein faszinierendes Projekt vertieft waren. Diese Art von Gegenwärtigkeit können Sie auch im Alltag mit Ihrem Baby erreichen, unabhängig davon, was geschieht.

Sie sind hier

Was ist Gegenwärtigkeit also? Was bedeutet es? Es bedeutet, dass Sie in der realen Zeit leben und der Großteil Ihrer Aufmerksamkeit daher darauf gerichtet ist, was jetzt geschieht. Es erinnert mich an die alten Filme, die wir früher im Geschichtsunterricht gesehen haben, in denen eine historische Periode oder ein historisches Ereignis nachgestellt wurde und die dröhnende Stimme des Sprechers sagte: „Wir sind hier bei den ersten Olympischen Spielen in Griechenland und", donnerte die Stimme, *„Sie sind hier!"*

So ist es. Sie sind im Park unter einem Baum, Ihr Baby wacht nach einem Spaziergang im Kinderwagen gerade auf und *„Sie sind hier!"*. Manchmal ist es auch härter: Sie sind mit dem schreienden Baby nachts um zwei wach, weil es sich nicht beruhigen lässt und nicht einschlafen kann, und *„Sie sind hier!"*. Hier zu sein kann äußerst befriedigend *und* äußerst anstrengend sein.

Die gute Nachricht für viele von uns lautet, dass es ganz leicht sein kann, in der Beziehung zu unseren Babys gegenwärtig zu sein. Diese bezaubernden kleinen Wesen können einfach unwiderstehlich sein. Vielleicht stellen Sie fest, dass Sie einfach die Gegenwart mit Ihrem Baby genießen und alles, was geschieht, voller Interesse, Neugier und Liebe beobachten. In mancherlei Hinsicht ist dies der Gipfel der Achtsamkeit und gibt Ihnen die Gelegenheit, es ganz natürlich zu erleben, ohne sich überhaupt darum bemühen zu müssen. Wenn alle Hormone richtig zusammenspielen und Sie mit Ihrem Baby zusammen sind, lässt dieses Erlebnis oft Ihre übertriebene Wachsamkeit im

Hinblick auf alles andere zurücktreten. Sie bekommen ein „Mama-Hirn", bei dem alles andere für eine Weile in den Hintergrund tritt. Diese Augenblicke, in denen sich Achtsamkeit ganz von alleine einstellt, sind wahre Geschenke.

Und wenn das Baby schreit, zwingt es Sie, auf eine Weise gegenwärtig zu sein, die Sie vielleicht lieber vermeiden würden, jedoch nicht können. Es ist schwer zu ignorieren oder sich mit etwas anderem zu befassen, wenn das eigene Baby weint. In gewisser Hinsicht sind auch diese Momente Geschenke. Sie bieten eine gute Gelegenheit, gegenwärtig zu sein, da der Augenblick danach verlangt, und zu lernen, wie man sich dem gegenwärtigen Augenblick öffnet, sich hineinsinken lässt, ihn annimmt und einfach durch ihn hindurchgeht – ohne all das zusätzliche Leid, das dadurch entsteht, dass man sich gegen ihn sträubt oder wünscht, er würde verschwinden. Wenn Sie das nächste Mal mit etwas konfrontiert sind, wovor Sie normalerweise am liebsten davonlaufen würden – Schmerzen in der Schwangerschaft oder ein Moment, in dem das Baby weint – lassen Sie sich hineinsinken und sehen Sie, was passiert (und probieren Sie die Übung am Ende dieses Kapitels aus).

Aufmerksamkeit: Vom Flipper zum Scheinwerfer

Ihre Aufmerksamkeit kann Ihnen oft so vorkommen wie ein Flipperspiel, bei dem man nicht viel Einfluss darauf hat, in welche Richtung sich der Ball bewegt – er hüpft einfach hin und her, je nachdem, wo er hineinrollt. Dieses Bild vom Flipper ist eigentlich keine schlechte Metapher für den Inhalt unseres Erlebens (Gedanken, Gefühle, Empfindungen). Sie sind tatsächlich so ähnlich. Sie sind vergänglich, sie entstehen und vergehen und sie hüpfen hierhin und dorthin.

Doch Sie können Ihre Aufmerksamkeit und Ihr Gewahrsein darin schulen, etwas stabiler angesichts sich ständig ändernder Erlebnisse zu werden. Wenn Ihre Aufmerksamkeit bewusst auf etwas gerichtet wird, ist sie wie ein Scheinwerfer. Das, worauf Sie Ihren Schweinwerfer richten, wird beleuchtet, und Sie können sehen, was dort ist. Wenn Ihre Aufmerksamkeit, Ihr Scheinwerfer, dagegen nicht auf etwas gerichtet ist, ist es schwierig, klar zu erkennen, was dort ist. Wenn Ihre Aufmerksamkeit also nicht auf den gegenwärtigen Augenblick gerichtet ist, ist es schwer, die aktuelle Situation richtig wahrzunehmen. Und je mehr Ihre Aufmerksamkeit und Ihr Gewahrsein auf den gegenwärtigen Augenblick gerichtet sind, umso eher können Sie als Mensch und als Mutter auf etwas und auf andere eingehen, achtsam und kreativ sein.

Wenn Sie zum Beispiel mit Ihrem Baby auf den Spielplatz gehen, kann es sehr verlockend sein, die Zeit zu nutzen, um jemanden, mit dem Sie länger keinen Kontakt hatten, mit dem Handy anzurufen oder ihm eine SMS zu schicken. Selbst wenn man das süßeste Baby auf der Welt hat (nämlich Ihres), ist es nicht immer die aufregendste Beschäftigung, eine Schaukel anzuschubsen oder im Sand zu buddeln. Und ich will auch nicht sagen, Sie dürften nie telefonieren, während Sie Ihr Kind auf der Schaukel anschubsen.

Ich sage jedoch: Wenn Sie da sein *wollen* – mit Ihrem Baby auf dem Spielplatz –, sich aber *gezwungen* fühlen, mehrere Dinge gleichzeitig zu tun, weil Sie sich langweilen, weil Sie sich sorgen, sie könnten sonst nicht alles geschafft bekommen, oder weil Sie sich einfach nicht entspannen können, kann achtsames Gewahrsein im gegenwärtigen Augenblick dazu beitragen, dass *Sie* diejenige sind, die eine Entscheidung trifft – statt Ihres denkenden Geistes. Denn schließlich neigt Ihr denkender Geist dazu, hierhin und dorthin zu springen, stets nach etwas Ausschau zu halten, was er überlegen, planen, womit er herumspielen oder was er *tun* kann, sobald es ein bisschen ruhig wird. Wenn Sie sich darin üben, *Ihre Aufmerksamkeit auf den gegenwärtigen Augenblick zu richten,* werden Sie in der Lage sein, häufiger die Entscheidung zu treffen, gegenwärtig zu sein, wenn Sie das wollen. Sie können beschließen, gegenwärtig zu sein, statt von dem, was Sie in Ihrem Erleben gerade am meisten fesselt, aus dem Augenblick herausgezogen zu werden.

Die Versuchung besteht hier darin, daraus eine neue Regel machen zu wollen. Sie könnten sich etwa sagen: „Okay, ich werde mich nicht ablenken lassen, wenn ich das Baby füttere oder wenn ich mit ihm im Park bin." Mehrere Dinge gleichzeitig zu tun bedeutet „schlechte Mutter" und völlige Gegenwärtigkeit bedeutet „gute Mutter". Hier mischt sich schon wieder der denkende Geist ein. Er hat die Gewohnheit, neue Regeln und Kategorien aufzustellen, und tut das ganz von alleine. Alles in Schwarz oder Weiß einzuteilen ist jedoch nicht das, was ich empfehle.

Vielmehr sage ich: Sie können die Entscheidung treffen, möglichst oft gegenwärtig, in Ihrem Körper und mit Ihrem Baby in Verbindung zu sein, und *wenn* Sie einmal mehrere Dinge gleichzeitig tun, können Sie auf dieselbe Weise sogar gegenwärtig sein. Seien Sie im gegenwärtigen Augenblick. Seien Sie in Ihrem Körper. Bleiben Sie in Verbindung. Und telefonieren Sie oder sehen Sie fern, wenn Sie das Bedürfnis dazu haben. Aber bleiben Sie auch dabei bei sich und bei Ihrem Baby. Richten Sie Ihre Aufmerksamkeit auf beides gleichzeitig. Wenn Sie wach und gewahr bleiben, werden Sie merken, ob die Beschäftigung mit zu vielen Dingen gleichzeitig Ihre Fähigkeit, gegenwärtig, in Ihrem Körper und mit Ihrem Baby in Verbindung zu bleiben, beeinträchtigt, und dann aufgrund dieses Gewahrseins Entscheidungen treffen.

Ihr Gewahrsein einfach auf die Tatsache zu richten, dass Sie abgelenkt sind und es Ihnen schwerfällt, gegenwärtig und in Verbindung zu sein, ist auch eine Art von Gegenwärtigkeit. Wenn Sie sich öfter in Ihrem Gewahrsein dessen, was geschieht, aufhalten, statt sich ohne Gewahrsein im Geschehen zu verlieren, gewinnen Sie etwas Raum um Ihr Erleben herum. Und dieser Raum kann äußerst befreiend sein und Ihnen Informationen und eine Perspektive bieten, die Sie zuvor nicht hatten.

Betrachten wir einmal folgende alte Zen-Geschichte über einen Meditationslehrer: Er riet seinen Schülern oft, bei allem, was sie täten, gegenwärtig zu sein. „Wenn ihr esst, seid nur des Essens gewahr", sagte er. „Wenn ihr putzt, seid nur des Putzens gewahr." „Wenn ihr meditiert, seid nur des Meditierens gewahr." Einer seiner Schüler staunte nicht schlecht, als er eines Morgens in den Wohnbereich seines Lehrers kam und sah, wie dieser eine Schale Reis aß und Zeitung las, während im Hintergrund Musik spielte. „Was tust du?", fragte er ganz schockiert. „Ich dachte, wir sollten nur das eine tun, was wir tun!" Der Lehrer erwiderte: „Das tue ich auch. Im Moment bin ich nur des Essens, Lesens und Musikhörens gewahr."

Durch diese Praxis können Sie *entscheiden,* worauf Sie Ihre Aufmerksamkeit richten. Eckhart Tolle hat *Jetzt! Die Kraft der Gegenwart* geschrieben, ein Buch darüber, wie das Leben durch Gegenwärtigkeit im Augenblick bereichert werden kann (2000). In dem Buch schreibt er über das Planen für die Zukunft in der Gegenwart. Er empfiehlt, sich eigens Zeit zum Planen zu nehmen, wenn Sie etwas planen müssen. Wenn Sie sich dann im Prozess des Planens befinden, sagen Sie sich in etwa: „Ich plane jetzt für die Zukunft. Das tue ich *jetzt,* im gegenwärtigen Augenblick." Wenn Sie dann mit dem Planen fertig sind und mit Ihrer Familie zu Abend essen, *seien Sie da* – mit Ihrer Familie beim Abendessen. Es ist kein Problem, für die Zukunft zu planen oder über die Vergangenheit nachzudenken. Jedoch kann es Sie einengen und Ihre Verbindung zu Ihrem Baby beeinträchtigen, wenn Sie so leben, dass Ihre Aufmerksamkeit *hauptsächlich* auf die Zukunft oder auf die Vergangenheit gerichtet ist (ein weit verbreiteter Zustand).

Bei der Praxis im achtsamen Gewahrsein geht es um die Förderung der Fähigkeit, bei allem, was geschieht, gewahr und gegenwärtig zu sein. Es geht um die Stabilisierung Ihrer Aufmerksamkeit, damit Sie diejenige sind, die den Scheinwerfer ihrer Aufmerksamkeit auf etwas richtet – statt der Ball beim Flipper zu sein und Ihre Aufmerksamkeit immer zu dem hin hüpfen zu lassen, was in dem Moment am interessantesten ist.

Achtsames Gewahrsein geschieht im gegenwärtigen Augenblick. Ja, wenn Sie wirklich darüber nachdenken, geschieht alles, an dem Sie irgendetwas tun können, im gegenwärtigen Augenblick. Ich sitze hier mit meinem Baby und esse mit einer Freundin und ihrem Baby zu Mittag. Ich stille mein Baby und lese dieses Buch. Ich trainiere auf dem Stepper und bin im fünften Monat schwanger. In mancher Hinsicht ist der einzige angemessene Ort für Ihre Aufmerksamkeit jetzt, im gegenwärtigen Augenblick. Muttersein geschieht *jetzt* und *jetzt* und *jetzt*. So sehr wir auch unsere Zeit damit verbringen, den Blick in die Vergangenheit zu richten oder für die Zukunft zu planen und zu proben – der einzige Moment, in dem Sie irgendwelche Macht haben, ist jetzt.

Wenn Sie gegenwärtig sind, können Sie sehen, wann Ihr Baby anfängt unruhig zu werden, manchmal bevor es zu schreien anfängt. Und wenn das Baby schreit, können Sie mit ihm gegenwärtig sein, im gegenwärtigen Augenblick in Ihrem Körper mit Ihrem Atem verwurzelt. Sie können den Ausdruck Ihres Babys sehen und besser auf seine von Ihnen wahrgenommenen Bedürfnisse eingehen.

Während Sie dieses Buch lesen, beginnen Sie hoffentlich damit zu experimentieren, sich Zeit für die Übungen im achtsamen Gewahrsein (achtsamer Meditation und achtsamer Bewegung) zu nehmen. Ich hoffe, Sie nutzen auch Gelegenheiten, Achtsamkeit im Alltag zu praktizieren (etwa achtsam essen, achtsam Auto fahren, achtsam stillen oder füttern und wickeln, achtsames Gewahrsein bei dem unerwarteten Schreianfall Ihres Babys in der Gemüseabteilung des Supermarkts). Wenn Sie sich darin üben, wird es Ihnen immer besser gelingen, eine Änderung Ihrer Aufmerksamkeit herbeizuführen, so dass sie nicht mehr wie ein Ball in einem Flipperspiel ist, der hierhin und dorthin hüpft, ohne dass Sie viel Einfluss darauf zu haben scheinen, sondern häufiger wie ein Scheinwerfer, den Sie richten können, wohin Sie wollen, oder bei dem Sie zumindest besser wahrnehmen, worauf er gerichtet ist. Statt dass Ihre Aufmerksamkeit scheinbar unwillkürlich in alle möglichen Richtungen gezogen wird, können Sie entscheiden, Ihre Aufmerksamkeit auf das zu richten, was Ihnen am wichtigsten ist. Dies erfordert allerdings etwas Übung!

Aktivitäten wie Essen oder das Füttern des Babys mit achtsamem Gewahrsein des gegenwärtigen Augenblicks zu erfüllen kann eine

Mahlzeit zu etwas machen, bei dem die Beziehung, die Nahrung und der Genuss miteinander verknüpft werden. Wenn Sie sich beim Autofahren auf den gegenwärtigen Augenblick konzentrieren, ist das sicherer und gibt Ihnen Zeit, um Erneuerung, Frieden und Ruhe zu finden, um Musik oder ein Hörbuch zu hören oder um Dinge in Ihrer Umgebung wahrzunehmen, die Ihnen zuvor nie aufgefallen sind. Beim Stillen gegenwärtig zu sein ermöglicht Ihnen und Ihrem Baby, eine tiefere Verbindung zu erleben, wodurch die Beziehung zwischen Ihnen gestärkt wird. Wenn Ihr Baby im Supermarkt einen Schreianfall bekommt, können Sie ihm Aufmerksamkeit schenken, selbst wenn Sie sich Sorgen machen, was die anderen Kunden wohl denken. Durch Achtsamkeit können Sie viel besser auf die Situation, wie sie ist, eingehen *und* können der Situation selbst und Ihren Ängsten und Ihrer Verlegenheit deswegen mit achtsamem Gewahrsein begegnen.

Selbst wenn Sie in einen der Angelhaken des Denkens beißen und aus Nachdenken Grübeln oder aus Planen für die Zukunft Sorgen um die Zukunft wird, können Sie mit dem Baby gegenwärtig bleiben, wenn Sie dessen *gewahr sind,* dass Sie sich haben ködern lassen. Wenn eins dieser Gefühle oder Gedankenmuster hartnäckig hängen bleibt, ganz gleich, wie sehr Sie es mit Gewahrsein erfüllen, können Sie es einfach da hängen lassen, wie einen Fisch am Haken zappeln lassen, während Sie sich um sich selbst und Ihre Verbindung zu Ihrem Baby kümmern. Wenn man diese Dinge so sein lässt, wie sie sind, sind sie kaum ein Problem.

Aufmerksamkeit ist wie Nahrung. Alles, dem Sie Ihre Aufmerksamkeit schenken, wird genährt. Wenn Sie Ihren Gedanken, Gefühlen und Empfindungen Aufmerksamkeit schenken, werden diejenigen, die diese Aufmerksamkeit bekommen, gestärkt. Wenn Sie sich um den gegenwärtigen Augenblick kümmern, bekommt er Nahrung. Er wird lebendig. Der gegenwärtige Augenblick enthält einen Reichtum und eine Lebenskraft, die zum Vorschein kommen, wenn wir nicht nur in unsere Vorstellungen vertieft sind.

Den gegenwärtigen Augenblick annehmen

Unsere natürliche Reaktion auf einen unangenehmen Augenblick besteht möglicherweise darin, so etwas wie „Ich will hier raus!" zu denken, zu fühlen oder sich entsprechend zu verhalten, doch der auf den gegenwärtigen Moment gerichtete Blick achtsamen Gewahrseins hilft Ihnen, hier und mit Ihrem Baby in Verbindung zu bleiben, auch wenn etwas unangenehm ist. Im gegenwärtigen Augenblick zu sein, wenn alles gut läuft, ist ebenso wichtig. Dieser Fokus auf die Gegenwart kann Ihr geistiges und emotionales Wohlbefinden (die beide in einem direkten Zusammenhang zu Ihrem körperlichen Wohlbefinden stehen) und die Verbindung zu Ihrem Baby fördern und kann Ihnen helfen, das, was Ihrem Baby übermittelt wird, abzumildern.

Wie können Sie also hierhin gelangen, wenn Sie erkennen, dass Ihr Geist woanders ist? Der Schlüssel dazu besteht darin, den Scheinwerfer Ihrer Aufmerksamkeit auf den gegenwärtigen Augenblick zu richten, auf die Tatsache, dass Sie wirklich hier sind und dass auch alle Ihre Gedanken über die Vergangenheit und die Zukunft hier sind. All dies geschieht jetzt, im gegenwärtigen Augenblick. Es kommt nur darauf an, dass Sie Ihre Aufmerksamkeit darauf richten.

Probieren Sie die folgende Achtsamkeitsmeditation aus:

Richten Sie achtsames Gewahrsein auf Ihre Atmung. Ich beginne fast jede Übung im achtsamen Gewahrsein damit, die Aufmerksamkeit einfach auf meine Atmung zu richten, weil sie immer im gegenwärtigen Augenblick und in meinem Körper geschieht und weil sie ohne Zutun meines denkenden Geistes geschieht. Im Lauf der Zeit, wenn Sie irgendwelche dieser Übungen immer wieder durchführen, wird das Richten der Aufmerksamkeit auf die Atmung zu einem Signal für achtsames Gewahrsein, weil es so oft mit Ihrer Praxis darin verbunden war (so ähnlich wie das Speicheln des Pawlowschen Hundes).

Richten Sie Ihr Gewahrsein also so viele Atemzüge lang auf Ihren Atem, bis Sie das Gefühl haben, einem Atemzug von seinem Anfang an, wenn Ihre Lungen gerade beginnen, Luft anzusaugen, bis zu seinem Ende, wenn das Ausatmen vollständig abgeschlossen ist, das Einatmen aber noch nicht begonnen hat, folgen zu können.

Richten Sie nun Ihre Aufmerksamkeit auf Ihren Körper, wie Sie es bei anderen Übungen im achtsamen Gewahrsein getan haben. Öffnen Sie jedoch diesmal die Augen und richten Sie Ihren Blick auf einen Punkt, der etwa einen Meter vor Ihnen liegt, entweder in der Luft oder auf dem Boden. Entspannen Sie die Muskeln um Ihre Augen. Lassen Sie die Schultern sinken. Beschreiben Sie, was Sie sehen, mit einem oder zwei Worten. Stuhl. Wand. Pflanze. Vorbeifahrende Autos.

Richten Sie Ihr Gewahrsein auf das, was Sie hören, während Sie immer noch dessen, was Sie sehen, gewahr sind. Klirrendes Glas von draußen. Singende Vögel. Der Schulhof nebenan. Ein Zug, der in der Ferne vorbeifährt. Sie sehen und hören gleichzeitig. Tun Sie Ihr Bestes, um alles mit achtsamem Gewahrsein zu erfüllen – den Dingen einfach so zu begegnen, wie sie sind.

Richten Sie nun, während Sie sehen und hören, Ihr Gewahrsein gleichzeitig darauf, was Sie in und auf Ihrem Körper spüren. Wo sitzt Ihr Körper gerade? Irgendwelche Schmerzen oder Verspannungen? Wärme oder Kälte? Luft auf der Haut? Nun sind Sie dessen gewahr, was Sie sehen, hören und spüren. Erweitern Sie Ihr Gewahrsein nun um das, was Sie schmecken oder riechen. Jetzt haben Sie eine Kombination – lauter verschiedene Inhalte Ihres Bewusstseins, die alle zusammen in Ihrem Suppentopf des Gewahrseins köcheln.

Wahrscheinlich denken Sie auch etwas und empfinden auch eine emotionale Gestimmtheit. Gedanken daran, was Sie später tun müssen. Ein Gefühl der Ruhelosigkeit. Ein Gefühl der Entspannung. Wirbelnde Gedankenfetzen. Geben Sie auch Ihre Gedanken, die endlos vorbeiziehen, und Ihre Gefühle, die aufkommen und sich wieder auflösen, in den Suppentopf Ihres Gewahrseins.

Falls Ihr Baby in Ihrem Bauch oder auf andere Weise in Ihrer Nähe ist, richten Sie Ihr Gewahrsein im gegenwärtigen Augenblick auf Ihr Baby. Holen Sie sein aktuelles Ich in Ihr Gewahrsein hinein. Sie und Ihr Baby sind hier zusammen, in diesem gegenwärtigen Augenblick.

Lassen Sie sich nun in diesen Augenblick hineinsinken. Wie Ram Dass, ein Harvard-Professor, der später Meditationslehrer wurde, sagt: „Seien Sie jetzt hier", mit jeder Faser Ihres Seins.

Diesen Augenblick, dieses spezielle Gemisch aus Empfindungen und Umständen, hat es nie zuvor gegeben und wird es auch nie wieder geben. Jeder Augenblick besitzt einen unglaublichen Reichtum, wenn man ihm auf diese Weise Aufmerksamkeit schenkt. So vieles geschieht jetzt, dass es schwerfällt, sich vorzustellen, warum es nötig sein sollte, auch Gedanken an die Vergangenheit oder die Zukunft hinzuzufügen.

Dieser einzigartige Augenblick ist genau so, wie er ist – egal, ob ein Müllwagen gerade draußen anhält und im Moment das Hauptereignis ist oder ob Sie mit Ihrem Baby auf einer Bank mit Blick aufs Meer sitzen. Und Sie, Ihr Gewahrsein, verfügen über die Fähigkeit, in jedem beliebigen Augenblick gegenwärtig zu sein. Sie können die Entscheidung treffen, den gegenwärtigen Augenblick mit Ihrer Aufmerksamkeit zu erfüllen. Verbinden Sie sich mit diesem Augenblick, lassen Sie sich hineingleiten, hineinsinken, und ruhen Sie sich in ihm aus. Lassen Sie los und nehmen Sie den gegenwärtigen Augenblick an. Spüren Sie die Lebendigkeit in Ihrem Körper und Geist. Diese Lebendigkeit gibt es nur im gegenwärtigen Augenblick.

Eine andere gute Übung, die Sie lehrt, im gegenwärtigen Augenblick zu sein, und die demonstriert, wie viel Zeit Sie im Geiste in der Vergangenheit oder Zukunft verbringen, können Sie mit einer Freundin oder mit Ihrem Partner durchführen. Ich habe diese Übung von Dave Ellis (2006), Lebensberater und Begründer des Programms Falling Awake (www.fallingawake.com), übernommen.

Sprechen Sie eine ganze Mahlzeit lang mit einer Freundin oder Ihrem Partner nur darüber, was im gegenwärtigen Augenblick geschieht.

Sprechen Sie über nichts, was in der Vergangenheit geschehen ist, und beziehen Sie sich nicht auf die Vergangenheit. Sprechen Sie über nichts, was in der Zukunft geschehen soll, auch nicht zu einem späteren Zeitpunkt desselben Tages. Es ist erstaunlich, was für eine Herausforderung das sein kann!

Komm zur Ruhe

Komm zur Ruhe hier,
hier in diesem Gedanken,
diesem Gefühl, diesem Augenblick
großen Leids oder großer Freude.
Komm zur Ruhe hier in den Klängen
der lachenden Kinder
und der gequälten Schreie
derjenigen, die glauben,
sie hätten sich verirrt.
Komm zur Ruhe hier,
hier in der Umarmung
einer warmen Sommernacht
und der schneidenden Kälte
eines Wintermorgens.
Komm zur Ruhe in dem, was ist,
denn sonst findest du nirgendwo
Ruhe …

John Astin

17 Ihr Körper ist eine Brücke zu Ihrem Baby

Wie Sie immer im gegenwärtigen Augenblick sind und nur Ihre Aufmerksamkeit davon abschweifen kann, so sind Sie auch immer in Ihrem Körper. Und ebenso, wie Sie vom gegenwärtigen Augenblick abgelenkt sein können, gibt es sicherlich Zeiten, zu denen Sie das Gefühl haben, als wären Sie außerhalb Ihres Körpers – als befänden Sie sich irgendwo in der Nähe (wahrscheinlich dort, wohin ein Gedankenzug Sie gebracht hat), seien jedoch nicht wirklich hier in diesem Körper.

Wahrscheinlich haben Sie schon einmal erlebt, wie Sie zur Arbeit gefahren sind und sich gar nicht wirklich an die Fahrt erinnern konnten, weil Sie auf „Autopilot" geschaltet hatten. Das ist ein Beispiel dafür, mehr in seinem Geist als in seinem Körper zu leben. Ein anderes

Beispiel: Sie sind mit Ihrem Partner ausgegangen, was Sie schon lange nötig haben, doch dann beginnen Sie sich Sorgen zu machen, ob Sie vergessen haben könnten, der Babysitterin irgendeine wichtige Information zu geben. Vielleicht, dass man das Baby auf dem Wickeltisch jetzt anschnallen muss, weil es sich zu drehen angefangen hat, oder dass die Babysitterin das Datum auf der eingefrorenen Muttermilch prüfen soll, bevor sie sie aufwärmt, oder dass sie … (blablabla). Am Ende sind Sie zwar körperlich an dem Abend ausgegangen, jedoch war ihre Aufmerksamkeit größtenteils zu Hause bei der Babysitterin und dem Baby.

Falls Sie eine Athletin oder Tänzerin sind, ist Ihr Körper für Sie vielleicht ein sehr vertrautes Gebiet. Doch falls Sie wie viele andere sind, haben Sie möglicherweise das Gefühl, Ihr Körper sei vor allem ein Vehikel für Ihren Geist – ein Vehikel, das Ihnen zum Beispiel ermöglicht, am Computer zu tippen, von A nach B zu gelangen oder Essen zu kochen. Eine der großartigen Herausforderungen in der Schwangerschaft besteht darin, dass sie Sie zwingt, mehr in Ihrem Körper zu sein, als Sie es vielleicht gewohnt sind. Wenn Ihr Körper so viel mehr Aufmerksamkeit verlangt und Dinge, über die Sie nie groß nachgedacht haben – etwa schlafen, Schuhe zubinden, Liebe machen oder einfach vernünftig Luft bekommen –, alle möglichen akrobatischen Übungen erfordern, ist Ihre Aufmerksamkeit gezwungen, tiefer in Ihrem Körper zu wohnen.

In dieser Hinsicht und in vielen anderen ist die Schwangerschaft ein wunderbarer Crash-Kurs für das Muttersein. Neun Monate lang wird zunehmend von Ihnen gefordert, in Ihrem Körper zu sein. Die Wehen und die Geburt sind vielleicht die Zeit, in der Sie am engsten in Verbindung zu Ihrem Körper sind – in der Sie am *verkörpertsten* sind –, wenn auch nicht unbedingt auf angenehme Weise. Das hört nicht mit der Geburt Ihres Babys auf. Lernen, auch angesichts von unangenehmen Erlebnissen gegenwärtig und in Ihrem Körper zu sein, ist eine großartige Fähigkeit, die Sie jetzt und für den Rest Ihres Lebens als Mutter kultivieren können.

Sammeln Sie sich in Ihrem Körper

Was ist so großartig daran, in Ihrem Körper zu sein? Ihr Körper ist das Hauptwerkzeug, durch das Sie Kontakt zu Ihrem Baby aufnehmen. Im ersten Lebensjahr des Kindes ist Ihr Körper das wichtigste Kommunikationsmittel. Fast alle Informationen, die Sie von Ihrem Baby benötigen, bekommen Sie durch Ihren Körper und dessen Empfindungen (im Gegensatz zu der Kommunikation, die unter Erwachsenen meist im Mittelpunkt steht – dem Austausch von Ideen).

Alle Informationen, die Sie an Ihr Baby senden, werden ebenfalls durch Ihren Körper vermittelt. Sie stehen in Kontakt zu Ihrem Baby durch Ihren Gesichtsausdruck, Ihre Wärme, Ihre Berührung, den Ton Ihrer Stimme und Ihre Anspannung oder Gelassenheit in jedem Augenblick. Ihr Körper ist wahrscheinlich die Hauptnahrungsquelle des Babys, und selbst wenn Sie die Flasche geben, nährt Ihr Körper das Baby beim Füttern mit wichtigem Hautkontakt.

Alles, was Ihr Baby während dieser Zeit der äußersten Plastizität des Gehirns, in der Nervenverbindungen für das ganze Leben geknüpft werden, über Sie und von Ihnen lernt, geschieht durch die Kommunikation zwischen Ihrem Körper und dem Ihres Babys. Diese Kommunikation geschieht größtenteils nonverbal – sie besteht aus Empfindungen und Emotionen statt aus Ideen. Es ist wirklich erstaunlich, wenn man darüber nachdenkt. Es ist, als hätten Sie Zeichensprache statt Wortsprache lernen müssen, benutzten für die Zeichensprache jedoch nicht nur Ihre Hände, sondern Ihren ganzen Körper.

Weil Ihr Körper so entscheidend für Ihre Kommunikation ist, ist es von großer Bedeutung, dass Sie ihm Aufmerksamkeit schenken und Ihr Gewahrsein auf ihn ausrichten. Wie man dazu neigt, gegen etwas zu stoßen, Dinge fallen zu lassen oder die Autobahnausfahrt zu verpassen, wenn man abgelenkt und nicht in seinem Körper ist, so kann man wichtige Signale von seinem Baby verpassen oder Signale aussenden, die man gar nicht beabsichtigt, wenn man in seinem Körper nicht gegenwärtig ist.

Samanthas Baby schrie wie am Spieß. Sie hatte seine Windel kontrolliert, hatte es gefüttert und aufstoßen lassen und sich vergewissert, dass ihm nirgendwo die Kleidung kniff – das Übliche eben. Sie vermutete, ihr Sohn müsse wohl müde sein – obwohl es noch eine Stunde vor seiner üblichen Schlafenszeit war. Er war in der Nacht mehr wach gewesen als sonst und rieb sich mit den Handrücken die Augen, wie er es oft tat, wenn er schlafen wollte. Samantha war im Augenblick gegenwärtig und nahm die Situation richtig wahr.

Nach einer Weile jedoch merkte sie, dass sich jeder Muskel in ihrem Körper so angespannt anfühlte wie die Saite einer Geige. Ihre Schultern waren hochgezogen, ihre Bewegungen steif, sogar ihre Gesichtsmuskeln waren angespannt. Ihr wurde bewusst, dass sie sich krampfhaft aufrecht hielt, zum Teil, weil sie auf einer unbequemen Bank im Park saß, zum Teil, weil Sie nachts mit dem Baby mehr wach gewesen war als sonst und erschöpft war. Sie wünschte sich wirklich, das Baby würde sich beruhigen und einschlafen.

Samantha war die Art Mutter, die ihre eigenen Bedürfnisse nicht gerne zur Kenntnis nahm. Bei ihrer Arbeit als Rechtsanwaltsgehilfin sprühte sie vor Eifer und reagierte jetzt als Mutter auf alles, was ihr begegnete, mit der gleichen Art von Beherztheit. Sie genoss das Muttersein sehr und hatte das Gefühl, gut darin zu sein. Ihr wurde jedoch allmählich klar, dass viel von ihrer Kraft draußen in der Welt auf ihrer geistigen und psychischen Entschlossenheit beruhte. Sie glaubte an die Überlegenheit des Geistes über den Körper und meisterte Schwierigkeiten mit eiserner Willenskraft. Sie war nur selten krank und selbst wenn sie einmal krank war, war sie stolz darauf, nie deshalb bei der Arbeit zu fehlen. Sie war ein heller Kopf, konnte sich gut ausdrücken und hatte gute Ideen. All dies machte einen Großteil ihrer Identität aus.

In ihrer neuen Rolle als Mutter kam sie jedoch mehr in Kontakt zu ihrem Körper, verbrachte mehr Zeit unterhalb ihres Halses. Als sie anfing, ihre Körperlichkeit in ihr Selbstgewahrsein einzubeziehen, war sie oft überrascht festzustellen, dass sie ziemlich angespannt war. Als ihr Baby nun quengelte, merkte sie, dass sie sich etwas entspannen konnte, wenn sie einfach ihr Gewahrsein auf ihren Körper richtete. Zusätzlich holte sie eine Decke aus ihrer Tasche, legte sich mit ihrem immer noch weinenden Sohn hin, schob ihre Hand unter seinen Pullover auf seinen warmen Bauch und begann tief zu atmen. Je mehr sie sich in ihrem Körper entspannte, umso lockerer wurden ihre Muskeln. Das Geschrei des Babys wurde zu einem leisen Meckern und schließlich schlief es ein, so dass auch Samantha ein verdientes Nickerchen halten konnte.

In Ihrem Körper gegenwärtig zu sein bedeutet, die Empfindungen Ihres Körpers als Informationsquellen darüber, wie es Ihnen geht und was gerade mit Ihrem Baby geschieht, wahrzunehmen. In Samanthas Fall lautete die Information einfach: „Ihr müsst euch beide ausruhen."

Ihr Körper ist eine wertvolle Informationsquelle

Überlegen Sie, was für ein Gefühl es ist, wenn Sie Ihre gesamte Aufmerksamkeit auf den gegenwärtigen Augenblick richten. Waren Sie überrascht angesichts der Fülle von Informationen, die Ihnen zur Verfügung stehen? Viele Menschen sind erstaunt, wie viel mehr Informationen sie wahrnehmen, wenn sie ganz im Augenblick gegenwärtig sind, im Vergleich zu dem, was durch den Filter des denkenden Geistes zu ihnen dringt. Wie Sie mehr über die Welt und Ihr Erleben erfahren, indem Sie sich auf den gegenwärtigen Augenblick einstellen, so kann die Konzentration Ihres Gewahrseins auf Ihren Körper auch einen wahren Schatz von Einzelheiten darüber, wie es Ihnen geht, an den Tag bringen.

Nehmen wir zum Beispiel Sally. Sally war im siebten Monat schwanger und verbrachte jeden Tag mehrere Stunden damit, ihren nackten Bauch zu streicheln und mit ihrem Baby zu sprechen. Das kleine Mädchen in ihr war sehr bewegungsfreudig und reagierte auf Sallys Worte, indem es sich langsam ausstreckte, sich drehte und strampelte. Eines Tages fiel Sally auf, dass ihr Bauch in den letzten Wochen kaum gewachsen war. Ja, er sah sogar ein bisschen kleiner aus. Sie nahm sich vor, ihre Hebamme beim nächsten Termin darauf anzusprechen. Ein paar Tage später merkte Sally, dass ihr Baby nicht reagierte, wenn sie ihren Bauch streichelte und sang. Alles schien ganz still zu sein. Es kam ihr nicht richtig vor. Sie rief sofort ihre Hebamme an und sie fuhren direkt ins Krankenhaus. Wie sich herausstellte, hatte Sallys Fruchtwassermenge gefährlich abgenommen und ihre Plazenta war vorzeitig gealtert. Die Herzfrequenz des Babys war sehr niedrig und es gedieh in der Gebärmutter nicht mehr gut. Die Ärzte führten einen Notkaiserschnitt durch und Sallys kleines Mädchen wurde mit einem Gewicht von nur 900 Gramm geboren. (Cleo ist inzwischen ein kerngesundes zehnjähriges Mädchen!) Sallys Gewahrsein ihres Körpers und seiner Signale (und die Tatsache, dass sie diese ernstnahm) halfen ihr, Informationen wahrzunehmen, die für die Gesundheit ihres Kindes entscheidend waren.

Wenn Sie anfangen, Ihre Aufmerksamkeit auf Ihren Körper zu richten, hören Sie seine Botschaften an Sie besser – ob es Ihnen zu heiß oder zu kalt wird, ob Sie dehydriert sind, ob Ihr Blutzuckerspiegel niedrig ist, ob Sie ein Nickerchen oder eine ganze Nacht Schlaf brauchen oder ob Sie kurz davor sind krank zu werden. Ihr Körper sendet Ihnen ständig Signale, die Ihnen detaillierte Informationen über Ihre Umwelt und Ihre Fähigkeiten geben. All dies ist vielleicht nichts Neues, doch es ist erstaunlich, wie sehr wir die grundlegenden Körpersignale solange ignorieren, bis sie zum Problem werden und zu einer Änderung unserer Stimmung oder Leistungsfähigkeit führen. Regelmäßige Körperachtsamkeit immer wieder im Lauf des Tages kann unnötiges Leid verhindern, weil diese Achtsamkeit Sie darauf hinweist, wenn Elemente Ihres körperlichen Ichs Aufmerksamkeit brauchen.

Auch ist Ihr Körper mehr als nur eine Quelle der Informationen über sich selbst. Er kann Ihnen auch mitteilen, was im gegenwärtigen Augenblick in Ihrer Beziehung mit anderen oder Ihrer Umwelt geschieht. Wenn Sie je ein „Bauchgefühl" hatten, wissen Sie, was ich meine. Gewöhnlich dringen nur ziemlich deutliche Bauchgefühle bis in unser Bewusstsein vor, zum Teil deshalb, weil Sie es vielleicht nicht gewohnt sind, von Zeit zu Zeit bewusst in Ihren Körper hineinzuhören. Wenn Sie es sich jedoch zur Gewohnheit machen, auf körperliche Empfindungen zu achten, um achtsamer und gegenwärtiger zu werden, können sie auch subtilere Empfindungen wahrnehmen.

Zum Beispiel müssen Sie sich vielleicht irgendwann für eine Kinderfrau, einen Babysitter oder eine Kindertagesstätte entscheiden. Achtsames Gewahrsein auf die Empfindungen Ihres Körpers im Hinblick auf diesen Prozess zu richten kann sehr hilfreich sein. Sie können alle Referenzen und Qualifikationen prüfen. Sie können Ihre Freunde befragen und mit anderen sprechen, die Erfahrungen mit diesem Betreuer gemacht haben. Und natürlich werden Sie den Betreuer persönlich kennen lernen und sich die Räume ansehen, falls Ihr Kind nicht bei Ihnen zu Hause betreut werden soll. Doch neben den Tatsachen, für die sich Ihr Geist interessiert, sollten Sie sich auch einen Moment Zeit nehmen, um in Ihren Körper hineinzuhören und sich darüber klar zu werden, was Sie hören, wenn Sie ihn fragen. Sind Sie angespannt? Sagt Ihnen Ihr Geist vielleicht, die Situation sei wunderbar, doch in Ihrem Magen ist ein mulmiges Gefühl? Haben Sie den Eindruck, dass Ihr Herz offen oder verschlossen ist? Haben Sie ein unangenehmes Gefühl oder ein Gefühl von Wohlbefinden und Sicherheit? Es kann sogar hilfreich sein, den Wettstreit zwischen Ihrem Körper und Ihrem Geist zu gewichten. Vielleicht sagt Ihr Geist: „Ja, wir sollten das tun", während Ihr Körper „Auf keinen Fall!" sagt. Dann wissen Sie, dass diese Entscheidung möglicherweise vertagt werden muss, bis Sie sich darüber klarer geworden sind.

Damit will ich nicht sagen, die Informationen Ihres Körpers seien besser als die Ihres Geistes. Der Körper kann in Situationen, die ihm einfach vertraut sind, entspannt sein und sich wohlfühlen, doch das Vertraute ist nicht immer das Ideale. Und wie schon oft erwähnt, verändern sich Empfindungen ständig. Jedoch kann es von großem

Wert sein, diese zusätzliche Informationsquelle zu haben. Wenn Sie sich darin üben können, auch Zugang zu Ihrem Bauch- oder Körperwissen neben Ihrem begrifflichen Wissen oder Wissen des denkenden Geistes zu bekommen, stehen Ihnen bei jeder Interaktion mit Ihrem Baby oder Ihrer Umwelt mindestens doppelt so viele potentiell nützliche Informationen zur Verfügung.

Ich bin überzeugt, dass Sie als Mutter am fähigsten und authentischsten sind, wenn Ihre Aufmerksamkeit auf den gegenwärtigen Moment gerichtet ist und Sie in Ihrem Körper sind. Dies ist die ideale Basis, um authentisch in Kontakt zu Ihrem Baby zu treten, seine Bedürfnisse zu erfüllen und gleichzeitig liebevoll Grenzen zu setzen. Wenn Sie auf der Grundlage der Körperorientierung und Gegenwärtigkeit Mutter sind, können Sie von der Schwangerschaft bis hinein in die frühe Zeit des Mutterseins:

- wissen, dass Ihr Körper eine Brücke zu Ihrem Baby ist
- Ihrem Baby und anderen durch Ihre Körpersprache und Ihre Berührungen achtsam Informationen senden, statt auf Autopilot zu schalten
- Ihren Körper durch alle fünf physischen Sinne und durch Ihre Intuition als Informationsquelle über Ihren Zustand, den Zustand Ihres Babys und die aktuelle Situation nutzen
- aufgrund des Wissens Ihres Herzens und Körpers *und* des intellektuellen Wissens Ihres denkenden Geistes die bestmögliche Entscheidung treffen.

Übung: Schnell wieder zum Körper finden

Probieren Sie diese Übung aus, die Sie beliebig in Ihren Tag integrieren können, um schnell in Ihrem Körper gegenwärtig zu werden.

Nehmen Sie sich einen Moment Zeit, um sich in Ihren Körper zu versenken. Achten Sie darauf, wo Ihr Atem am deutlichsten wahrnehmbar ist – in Ihrer Brust, Ihrem Hals oder direkt an Ihren Nasenlöchern? Atmen Sie ein paar Augenblicke lang in diesen Ort hinein. Finden Sie nun einen Ort in Ihrem Körper, den man als das Zentrum Ihres Seins bezeichnen könnte. Für viele Menschen liegt dies irgendwo entlang einer gedachten Linie vom Schambein zum Herzen. Konzentrieren Sie sich auf diesen Ort. Spüren Sie, wie er etwas schwerer wird. Lassen Sie sich in Ihre Hüften hineingleiten. Lassen Sie alle Anspannung in Ihren Oberschenkeln sich lösen. Lassen Sie sich in Ihre Füße sinken. Ziehen Sie Ihren Körper an wie einen Handschuh. Holen Sie Luft und lassen Sie Ihren Kopf auf Ihren Schultern ruhig und locker werden. Sehen Sie mit Ihren eigenen Augen hinaus. Lassen Sie Ihre Aufmerksamkeit Ihren Körper sanft durchdringen, wie Wasser, das einen Schwamm durchtränkt. Nehmen Sie sich mehrere Minuten Zeit, zu atmen und sich so tief wie möglich in Ihren Körper zu versenken.

III

Achtsames Muttersein
im Alltag

18 Der Tanz achtsamen Mutterseins

Achtsames Muttersein bedeutet, im Augenblick, in Ihrem Körper und in Verbindung zu Ihrem Baby gegenwärtig zu sein. Wie ich erläutert habe, sind Sie tatsächlich *immer* im Augenblick und in Ihrem Körper – letztlich gibt es keinen anderen Ort, an dem Sie sein könnten. Jedoch können Sie das Gefühl haben, nicht dort zu sein. Ebenso sind Sie immer mit Ihrem Baby verbunden – ob Sie das so empfinden oder nicht. Diese Verbindung mit achtsamem Gewahrsein zu erfüllen kann für Sie und für Ihr Baby bereichernd sein.

Was bedeutet „Verbindung"?

Es gibt einige Schlüsselelemente einer gesunden Verbindung zu Ihrem Baby, die sich von Natur aus einstellen, ohne dass Sie sich darum bemühen müssten. Sich bewusster zu werden, *wie* Ihre Verbindung aussieht, zielt nicht unbedingt darauf ab, eine bessere Mutter zu werden oder für sich selbst einen hohen Maßstab aufzustellen. Ähnlich wie beim achtsamen Gewahrsein können Sie sich nicht dazu *bringen,* zu Ihrem Baby in Verbindung zu treten. Die Verbindung ist schon da und braucht nicht erst geknüpft zu werden. Beim achtsamen Muttersein geht es mehr darum, wach und gewahr zu sein, während die Verbindung geschieht, und optimale Bedingungen zu schaffen, damit sich die natürliche Verbindung zwischen Ihnen und Ihrem Baby entwickeln kann. Meist brauchen Sie gar nichts zu tun, außer sich selbst nicht im Weg zu stehen und das, was geschieht, einfach so sein zu lassen, wie es ist. Dabei kann achtsames Gewahrsein Ihnen helfen.

Abstimmung

Als Mutter bildet das Richten der Aufmerksamkeit auf den gegenwärtigen Augenblick die Grundlage für das, was der Entwicklungspsychologe Daniel Stern als *Abstimmung* auf das Baby bezeichnet – richtig wahrzunehmen, wie das Baby seine Gefühle und Bedürfnisse kommuniziert (1985). Abstimmung auf Ihr Baby erinnert an eine Stimmgabel – das Baby schlägt einen bestimmten Ton an und Sie schwingen mit diesem Ton mit, spiegeln ihn durch Ihren Gesichtsausdruck, Ihren Tonfall, Ihre Berührung und Ihre Art zu sein wider. Durch diese subtilen Dinge bringen Sie zum Ausdruck: „Ja, ich sehe und höre dich und verstehe, was du empfindest." Durch Tausende dieser kleinen Mikro-Interaktionen mit Ihrem Baby entwickeln sich sein Selbstgefühl und seine Fähigkeit, mit seinen eigenen Gefühlen umgehen zu lernen.

Sagen wir zum Beispiel, Sie telefonieren gerade, während Ihr Baby auf Ihrem Schoß spielt, und das Baby fängt an, unruhig zu werden. Sie reden weiter, merken aber, was das Baby tut. Das Baby verzieht das Gesicht und überstreckt sich. Sie könnten nun versuchen, weiter zu telefonieren und das Baby dabei vielleicht auf Ihrem Knie schaukeln lassen oder es sich über die Schulter legen und ihm den Rücken klopfen. Vielleicht würden Sie Ihren Körper ein bisschen anspannen, weil Sie wirklich mit Ihrer Mutter, mit der Sie seit Tagen nicht gesprochen haben, telefonieren wollten, und Sie würden etwas lauter sprechen.

Alternativ könnten Sie auch innehalten, wenn Sie das unzufriedene Gesicht und den überstreckten Rücken sehen, und Ihre Mutter bitten, entweder ein paar Minuten dranzubleiben oder sich später von Ihnen zurückrufen zu lassen. Sie könnten dann das Gesicht und den Körper Ihres Babys betrachten. Natürlich würden Sie Ihr Gesicht dann vielleicht auch ein wenig verziehen und ein beruhigendes Geräusch machen, quasi als Antwort auf das Geräusch, das Ihr Kind macht.

Keine dieser Möglichkeiten ist zwangsläufig richtig oder falsch. (Das meine ich ernst. Achtsames Muttersein bedeutet nicht, immer alles fallen zu lassen, sobald das Baby zappelt.) Wenn Sie diesen Augenblick jedoch mit achtsamem Gewahrsein erfüllen (indem Sie im Augenblick, in Ihrem Körper und in Verbindung zu Ihrem Baby gegenwärtig sind und das Erlebnis einfach so sein lassen, wie es ist, ohne etwas daran ändern zu müssen, und indem Sie ihm mit Neugier und Mitgefühl begegnen), werden Sie eher wahrnehmen, was im Erleben Ihres Babys gerade geschieht, und besser entscheiden können, wie Sie darauf reagieren.

Abstimmung bedeutet nicht nur, den Zustand Ihres Babys zu spiegeln. Vielmehr besteht Abstimmung in einer *komplementären* Reaktion, die sowohl Ihre Empathie zum Ausdruck bringt („Ich kann nachempfinden, wie du dich fühlst") als auch eine angemessene Reaktion darauf ist, was das Baby kommuniziert. Wenn das Baby beispielsweise wirklich aus der Fassung gerät, besteht die ideale Abstimmung nicht darin, ebenfalls aus der Fassung zu geraten. Die ideale Abstimmung könnte darin bestehen, dass Sie dem Baby klar machen, dass Sie seine

Unzufriedenheit sehen, und das Gefühl, diese Unzufriedenheit aushalten oder kontrollieren zu können, ausdrücken. Dazu könnten Sie das Baby fest im Arm halten und dabei leise und tiefe Geräusche von sich geben. Durch achtsames Gewahrsein, das auf den gegenwärtigen Augenblick gerichtet ist und Erfahrungen so annimmt, wie sie sind, wird Ihnen das zum Glück ganz von allein gelingen – Sie brauchen sich nicht mit dem denkenden Geist eine Reaktion auszutüfteln.

Setzen Sie Ihr auf den gegenwärtigen Augenblick gerichtetes Gewahrsein ein, um herauszufinden, was das Baby Ihnen möglicherweise sagen will. „Dreh mich um. Ich will auf dem Bauch liegen!", „Ich will sitzen!", „Ich bin müde, aber ich kann nicht schlafen!" oder: „Meine Windel ist nass!" Natürlich können Sie nicht immer genau sagen, was los ist, und wenn Sie eine Vermutung anstellen, ist das nur eine Geschichte, die Sie sich über die Situation erzählen. Die Hauptsache ist jedoch, dass Sie mit Ihrem Baby kommunizieren und es wissen lassen: „Ich verstehe. Ich sehe, dass du dich nicht wohlfühlst. Lassen wir zusammen daran arbeiten. Was können wir tun?"

Die Vermittlung eines sicheren Selbstgefühls durch Abstimmung geschieht durch Tausende Mikro-Interaktionen, nicht nur durch eine, zwei oder auch fünfzig. Es geht nicht darum, immer vollkommen auf Ihr Baby abgestimmt zu sein – das ist unmöglich. Vielmehr geht es um die Entscheidung, sich mit Ihrem Baby immer häufiger in auf den gegenwärtigen Augenblick gerichtetem Gewahrsein zu üben und die Fähigkeit dazu zu entwickeln. Ihr Baby ist immer im gegenwärtigen Augenblick. Achtsames Gewahrsein ermöglicht Ihnen, sich ihm häufiger anzuschließen.

Synchronie

Ähnlich wie Abstimmung bezeichnet auch Synchronie eine Art und Weise, Ihre Aufmerksamkeit auf Ihr Baby zu richten, und beruht auf achtsamem Gewahrsein. Sie können die „Sprache" Ihres Babys lernen, die durch seine Bewegungen, seine Atmung, sein Schreien und seine Aufmerksamkeit – was es betrachtet und wonach es greift oder wann es sich nach innen wendet – ausgedrückt wird. Synchrone Kommunikation findet statt, wenn Sie wahrnehmen, was Ihr Baby tut, und sich gemeinsam mit ihm damit befassen. Ihr Baby sendet Ihnen ein Signal und Sie reagieren darauf. Es quiekt und Sie lächeln oder springen ein bisschen auf oder quieken zurück. Es lächelt und Sie lächeln zurück. Es sagt: „Oooh" und zieht die Augenbrauen hoch. Sie sagen: „Oooh, oooh, oooh" und ziehen die Augenbrauen zweimal hoch. Diese Art von Wiederholung ist Spielen nach Babyart (Stern 1974). Sie zeigen Ihrem Baby mit Ihrem Körper, dass Sie es wahrnehmen. Sie merken allmählich, was funktioniert und was nicht, indem Sie sich die Reaktionen auf das, was Sie tun, ansehen.

Der bekannte Kinderarzt T. Berry Brazelton und der Psychoanalytiker Bertrand C. Cramer erläutern (1991, 1):

Wenn eine Mutter den Rhythmus des Babys wahrnimmt und Rücksicht darauf nimmt, synchronisiert sie ihr Verhalten mit dem des Säuglings. Sie lernt, sich auf die Signale des Kindes einzustellen, ihre Reaktion nach ihm zu richten. Sie lernt, sich abzuwenden oder ruhiger zu werden, wenn das Baby das tut. Und sie lernt, dass sie jedes Verhalten ein kleines bisschen deutlicher darstellen kann, wodurch das Baby zum Weitermachen angeregt wird. Wenn das Baby lächelt, reagiert sie mit einem breiteren Lächeln und zeigt dem Baby, wie man ein Lächeln verlängern kann. Wenn das Baby anfängt, Worte oder Silben von sich zu geben, fügt sie ein Wort oder eine Silbe hinzu und regt es zur Nachahmung an. Indem sie ihren Rhythmus und ihr Verhalten auf das Baby abstimmt, bekommt sie Zugang zur Welt des Babys …

Durch achtsames Gewahrsein wird all dies möglich und geschieht oft von ganz alleine. Wenn Sie gegenwärtig und in Ihrem Körper sind, können Sie empfänglicher und sensibler für die Signale des Babys werden – was schwieriger sein kann, wenn Sie im denkenden Geist gefangen sind.

Flexibilität

In Ihrem Körper gegenwärtig und mit Ihrem Baby in Verbindung zu sein heißt nicht, ständig, ob körperlich oder durch Augenkontakt, in Kontakt zu sein. Es bedeutet nicht, alles und jedes, was das Baby tut, zu spiegeln und seinen Ton genau nachzuahmen.

Vielmehr bedeutet es auch, wahrzunehmen, wenn sich das Baby zurückziehen will, und sich selbst zuzugestehen, sich ab und zu vom direkten Kontakt zurückzuziehen, so dass das Baby die Chance zur Unabhängigkeit auf entwicklungsgemäß angemessene Weise hat. Wahrscheinlich haben Sie auch schon einmal die Erfahrung gemacht, in der Nähe eines geliebten Menschen zu sein, wobei sich jeder von ihnen für sich beschäftigt, und sich dennoch sehr miteinander verbunden und gegenwärtig zu fühlen. Diese Art von gegenwärtiger, intensiver Verbindung zu Ihrem Baby kann ebenso stark sein, wie wenn Sie einander anschauen.

Es gehören zwei dazu

In der Schwangerschaft und im ersten Lebensjahr des Kindes ist die Entwicklung *dyadisch* – mit anderen Worten, es gehören zwei dazu. Sie und Ihr Baby führen einen Tanz aus, der einige Aspekte seiner langfristigen Entwicklung bestimmen wird. Doch Sie sollten sich nicht zu sehr unter Druck gesetzt fühlen – es gibt eine Menge anderer Faktoren, die ebenfalls eine Auswirkung haben: die Genetik, Ihre Umwelt und die Interaktion zwischen diesen beiden Faktoren. Möglicherweise gelingt Ihnen also die Gratwanderung, auf Ihr Baby abgestimmt, synchron, flexibel, wach und gewahr zu reagieren, und am Ende haben Sie dennoch ein Kind, das vollkommen anders ist als Sie!

Erinnern Sie sich an den Luftballon und den Brotkasten aus Kapitel 7? Der Brotkasten ist nicht nur der Behälter für *Ihre* Erlebnisse, sondern *sowohl* für Ihre Erlebnisse *als auch* für die Ihres Babys. In gewisser Hinsicht ist es Ihre Aufgabe als Mutter, den Raum zu schaffen, damit Sie und Ihr Baby auf eine Weise interagieren können, die optimal für seine – und Ihre – Entwicklung ist. (Es wird wenig beachtet, doch die Erfahrung des Mutterseins trägt in erstaunlichem Umfang dazu bei, dass *Sie* sich weiterentwickeln und als Mensch reifen.)

D. W. Winnicott war ein Kinderarzt und Psychoanalytiker, der wahrscheinlich am berühmtesten für seine Arbeit über „Übergangsobjekte" ist. Damit sind besonders geliebte Gegenstände gemeint, etwa ein Teddybär oder eine Schmusedecke, die Kleinkindern helfen, den Übergang davon, nur bei der Mutter Trost zu finden und sich nur bei ihr sicher zu fühlen, hin zu einem gewissen Maß an Selbstregulation zu finden (1969).

Winnicott bezeichnete diesen Brotkasten für zwei als „haltende Umwelt". Die *haltende Umwelt* ist der ganze Raum um Sie und Ihr Baby herum und zwischen Ihnen beiden, in physischer wie psychischer Hinsicht, während Sie Ihre Tage miteinander verbringen.

Anfangs sind Sie ziemlich allein dafür verantwortlich, diese haltende Umwelt zu schaffen und aufrechtzuerhalten. Die Verbindung zwischen Ihnen und Ihrem Baby erhalten Sie aufrecht und regulieren Sie, indem Sie gegenwärtig, gewahr und in Kontakt bleiben. Im Alter von etwa drei oder vier Monaten übernimmt Ihr Kind die Führung bei dem Tanz. Inzwischen trägt es schon viel zur ständigen Schaffung und Aufrechterhaltung dieser Umwelt bei. Es ruft bei Ihnen Gesichtsausdrücke, Emotionen und sogar Denkmuster hervor. Und wenn Sie je den Milchspendereflex als Reaktion auf das Schreien Ihres Babys erlebt haben, wissen Sie, dass Ihr Kind auch einen Teil Ihres Körpers steuert.

Doch Ihre Aufgabe in dieser haltenden Umwelt besteht darin, das, was geschieht, zu *halten* – seine Momente des Kummers zu ertragen, seine Gefühle und deren Ausdruck in seinem Körper und Gesicht zu erkennen und zu spiegeln, selbst wenn Sie das Ziel seiner Wut, seiner Frustration und Aggression sein sollten. Sie können sich mit Ihrem Baby in einer Art Aikido üben. Das ist eine Kampfkunst, bei der es um ein spiegelndes und sich gegenseitig ergänzendes Duell geht, bei dem man das, was der Partner einem zuwirft, empfängt, spiegelt und etwas davon zurückgibt, während man einen Teil einfach geschehen lässt und sich selbst schützt, indem man die Wucht der Energie des Partners vorbeifliegen lässt.

Hinreichend gutes achtsames Muttersein

Die gute Nachricht lautet: Sie brauchen das alles nicht ständig perfekt zu machen. Ja, wenn Sie das tun, könnte das sogar die Entwicklung Ihres Babys beeinträchtigen! Ist das nicht ein gutes Argument, um vom Perfektionismus loszukommen?

Dr. Winnicott ist auch berühmt für sein Konzept der „hinreichend guten Mutter" (1960). Die hinreichend gute Mutter beginnt ihre Beziehung zu ihrem Baby mit dem, was Winnicott (1956) „primäre Mütterlichkeit" nennt, mit einer völligen Besessenheit von ihrem Baby (im positiven Sinne!). Die Mutter passt ihr Verhalten – ihre Gedanken, Gefühle und Handlungen – den sich ständig verändernden Bedürfnissen des Babys an und geht auf jedes so gut wie möglich ein, um Kummer zu vermeiden.

Im Lauf der Zeit jedoch passt sich die Mutter immer weniger den Bedürfnissen des Babys an und wird ihm in kleinen Dingen nicht gerecht, was zu Kummer führt, mit dem es umgehen kann. Sie macht nicht immer alles richtig – sie lässt es auf ihrem Schoß auf und ab hopsen und spielt Kuckuck, obwohl das Kind eigentlich ruhiger werden und sich in sich selbst zurückziehen will; oder sie hört nicht, wie es im Kinderbett nach seinem Mittagsschlaf weint, weil sie gerade Staub saugt.

Diese kleinen Fälle mangelnden Einklangs sind keineswegs Probleme, sondern helfen dem Baby, unabhängig zu werden – sich an die Tatsache zu gewöhnen, dass nicht immer alles nach seinem Willen läuft. Wenn das Baby eine Situation erlebt, in der seine Mutter einen

Fehler macht, ist es gezwungen (wieder im positiven Sinne), einige seiner Bedürfnisse selbst zu erfüllen. Es lernt, sich teilweise um sich selbst zu kümmern, wenn es darum geht, sich zu beruhigen, einzuschlafen und das Niveau seiner eigenen Aufmerksamkeit und Erregtheit zu regulieren. Das Bemühen, perfekt auf das Baby abgestimmt zu sein oder jedes seiner Bedürfnisse zu befriedigen (was ohnehin unmöglich ist), hindert Ihr Baby also daran, unabhängig zu werden. Eine Reihe minimaler Versagungen seiner Bedürfnisse ist Teil des normalen und natürlichen Entwicklungsprozesses Ihres Babys. Im Lauf der Zeit stärkt dies sein Selbstgefühl und seine Autonomie. Es ermöglicht ihm, Sie als von ihm getrennte Person mit eigenen Bedürfnissen wahrzunehmen, und dies ist der Beginn seiner Anteilnahme und seines Mitgefühls mit anderen.

Wichtig ist, dass diese Versagungen der kindlichen Bedürfnisse nur geringfügig und altersgemäß sind. Wie bei Medizin verabreichen Sie nur „Dosen" davon, die das Baby verkraften kann. Ich meine damit keineswegs, Sie sollten beschließen, es sei Zeit, dass Ihr Kind nachts durchschläft, und es stundenlang schreien lassen, ohne nach ihm zu sehen. Das ist zu viel.

Winnicott würde sagen, Sie sollten Ihren Halt ein bisschen lockern, jedoch nicht so viel, dass Sie das Baby „fallen lassen" oder ihm emotional oder körperlich mehr zumuten, als es bewältigen kann (1967). Dies geschieht zuweilen selbst bei der besten hinreichend guten Mutter. Eine zu große Lücke führt jedoch langfristig oft zu weniger Unabhängigkeit und einem weniger sicheren Selbstgefühl. Das Lockern Ihres Halts ähnelt dem achtsamen Gewahrsein. Sie lernen, Ihre Erlebnisse locker zu umfassen, sich nicht in sie zu verrennen und sie auch nicht völlig zu ignorieren. Wenn Ihr Baby also älter wird, nehmen Sie seinen Kummer zwar wahr, reagieren jedoch nicht sofort darauf. Sie betrachten die Situation mit Gewahrsein und Gegenwärtigkeit, prüfen jedoch auch, ob Ihr Baby sie alleine bewältigen kann.

Achtsames Gewahrsein (die Fähigkeit, gegenwärtig, im Augenblick, in Ihrem Körper und in Verbindung zu Ihrem Baby zu sein und jedem

Erlebnis so, wie es ist, mit Neugier und Mitgefühl zu begegnen) kann Ihnen helfen, Ihre Fähigkeit, sich auf die Bedürfnisse Ihres Babys einzustimmen, zu verbessern. Ebenso kann es Ihnen helfen, mehr in Kontakt zu Ihrem Körper und zu den Signalen Ihres Babys zu sein.

Achtsames Gewahrsein kann auch dazu beitragen, dass Sie den Unterschied zwischen dem optimalen Kummer, der Ihrem Baby ermöglicht, Dinge selbst tun zu lernen, und einer Situation erkennen, wenn es ein wenig zu weit geht und die Anforderungen dieser Situation die entwicklungsgemäßen Fähigkeiten des Babys übersteigen. Wenn Sie achtsam und gewahr sind, können Sie erkennen, wann das Schreien heißt: „Ich bin frustriert, aber ich schaff es schon, Mama" und wann es sich zu: „Jetzt geht es mir wirklich nicht mehr gut" steigert. Sie merken allmählich, wann das Baby nur frustriert schreit, und können durchatmen und das Baby alleine zurechtkommen lassen. Und Sie merken vielleicht auch, wann Ihr Körper und Ihre Gefühle sich verschließen, wann Ihr denkender Geist davon überschwemmt wird, was wie sein „sollte", und wann das „Es-geht-mir-nicht-gut-Schreien" nicht zu Ihnen durchdringt.

Achtsamkeit im Alltag

Ich habe schon alle Gründe aufgezählt, warum ich formelle Übungen im achtsamen Gewahrsein, entweder durch Meditation (Achtsamkeitspraxis im Sitzen, Kapitel 2 und 3) oder durch achtsame Bewegung (Yoga, Gehen oder etwas anderes, Kapitel 4) für wichtig halte. Diese Übungen helfen Ihnen, Ihre Achtsamkeitsmuskeln zu trainieren und mit dem Gebiet achtsamen Gewahrseins vertrauter zu werden, und sie können sogar die Funktionsweise Ihres Gehirns ändern.

Übung: Achtsames Windelwechseln

Es gibt eine Möglichkeit, sich in achtsamem Gewahrsein zu üben, für die Sie keine zusätzliche Zeit einplanen und sich nicht mit irgendetwas beschäftigen müssen, mit dem Sie sich nicht ohnehin befassen: achtsames Gewahrsein im täglichen Leben. Im Unterschied dazu, allgemein eine achtsame Perspektive einzunehmen oder achtsames Gewahrsein in Ihre täglichen Beschäftigungen als Mutter einzuflechten, handelt es sich hierbei darum, jeden Tag ein oder zwei Aktivitäten gezielt mit achtsamem Gewahrsein zu erfüllen.

Sie können jede beliebige Beschäftigung mit achtsamem Gewahrsein erfüllen. Der Inhalt spielt keine Rolle. Es könnte Schreiben sein, Schminken, Baden, die Wehen, das Kochen von Eiern, das Putzen des Fußbodens – alles. In dieser Übung lade ich Sie ein, jeden Windelwechsel mit achtsamem Gewahrsein zu erfüllen.

Windelwechsel sind großartig, weil man sie als stellvertretend für das ganze erste Lebensjahr sehen kann. Sie sind ein Mikrokosmos Ihres Lebens mit Ihrem Baby – manchmal macht Windelwechseln Spaß, wenn das Baby gurrt und Sie anlächelt; manchmal windet sich das Kind ständig hin und her und Sie versuchen mühsam, die Windel irgendwie anzuziehen; manchmal ist es wahnsinnig komisch und manchmal stinkt es einfach nur. Windelwechsel sind häufige Gelegenheiten, den Kontakt und die Bindung zu Ihrem Baby zu festigen, ihm in die Augen zu sehen, Ihren Gesichtsausdruck dem seinen anzupassen, Hautkontakt zu erleben und Ihre Fähigkeit zu vermitteln, auch angesichts von unangenehmen Erlebnissen im Hier und Jetzt verwurzelt zu bleiben, so dass Sie Ihr Baby auf sehr direkte Weise lehren können, wie es selbst mit aufkommendem Unbehagen umgehen kann. Das gilt auch (vielleicht sogar ganz besonders) für Situationen, in denen Sie Ihr Kind auf einem Wickeltisch in einer öffentlichen Toilette wickeln müssen – die Umstände brauchen nicht perfekt zu sein. Probieren Sie also diese Übung aus, wenn Sie Ihr Baby das nächste Mal wickeln.

Nehmen Sie sich einen Moment Zeit, um Ihr Baby an sich zu drücken (es sei denn, es hat ein, sagen wir mal, explosives Ereignis gegeben). Nutzen Sie diesen Augenblick, um mit dem Baby zu atmen. Sehen Sie es an und sagen Sie: „Jetzt wechseln wir deine Windel" oder etwas in der Art. Das soll deutlich machen, dass jetzt ein Übergang erfolgt (während das Baby vorher gespielt, geschlafen oder gekuschelt hat, wird es nun auf den Rücken gelegt, ausgezogen und um seine sensiblen Körperteile wird ein Riesentheater gemacht).

Wenn Sie Ihr Baby hinlegen, legen Sie eine Hand auf seinen Bauch oder sein Bein und praktizieren Sie achtsames Gewahrsein im Hinblick auf Ihre Verbindung zueinander. Mit anderen Worten: Wie Sie Ihre Atmung, Ihren Körper oder das Praktizieren von Yoga mit achtsamem Gewahrsein erfüllt haben, so erfüllen Sie nun diese Interaktion mit dieser Haltung eines offenen Geistes und offenen Herzens, die in der Gegenwart verankert ist, die nicht urteilt, sondern akzeptiert, die absichtslos, neugierig und mitfühlend ist. Konzentrieren Sie sich darauf, wie Sie und Ihr Baby miteinander in Verbindung sind – körperlich, durch Augenkontakt und durch Ihr Gefühl, eine Dyade, ein Team zu sein, zusammenzugehören. „Wir beide sind zusammen in dieser Situation, und dessen bin ich mir bewusst" ist das, was in diesem Prozess mitschwingt.

Auch wenn ich viele Worte benutze, um dies zu beschreiben, ist es keine große Sache. Es sind nur ein paar Augenblicke, in denen Sie Ihre Atmung und Ihre Verbindung zu Ihrem Baby mit achtsamem Gewahrsein erfüllen. Ziehen Sie Ihrem Baby die Kleidung und die benutzte Windel langsamer als gewöhnlich aus. Lassen Sie sich einfach Zeit. Selbst wenn Sie in Eile sind, werden Sie feststellen, dass langsame Bewegungen tatsächlich effizienter sind, weil sie zu weniger Herumfummeln und Unzufriedenheit führen. Druckknöpfe öffnen. Arm herausziehen. Bein herausziehen. Verschmutzte Sachen beiseite legen, wenn nötig. Es gibt keinen Grund, sich aufzuregen, selbst wenn alles vollgekackt ist. Denken Sie daran, dass der Gedanke: „Das sollte nicht da sein" zu mehr Aufregung führt als die Tatsache, dass es da ist.

Nehmen Sie eine freundliche, interessierte und forschende Haltung ein. Haben Sie Spaß. Nehmen Sie beim Windelwechseln immer wieder Kontakt zu Ihrem Baby auf – nach dem Ausziehen, nach dem Sauberwischen, nach dem Umlegen der neuen Windel. Nutzen Sie die Zeit, in der es ausgezogen ist, für etwas Hautkontakt; streichen Sie mit der Wange über seinen Bauch oder küssen Sie seine Zehen.

Ob das Baby schreit und strampelt oder gurrt und gluckst, spielt für das achtsame Gewahrsein eigentlich keine Rolle. Dieses Gewahrsein nimmt einfach zur Kenntnis, was da ist. Nichts davon ist letzten Endes wirklich ein Problem. Erst unsere Definition von etwas als Problem macht es zum Problem.

Nehmen Sie sich, wenn die Windel und die Kleidung angezogen sind, einen Moment Zeit, um Ihr Baby noch einmal an sich zu drücken. Summen Sie vor sich hin oder sagen Sie ruhig und aus tiefstem Herzen: „Mama hat dich lieb." Helfen Sie dem Baby, die Erleichterung, wieder trocken zu sein, zu genießen, und machen Sie den Übergang deutlich, indem Sie es ansehen und sagen: „Jetzt sind wir fertig!"

Eine gute Mutter zu sein bedeutet zu einem Großteil einfach, wahrzunehmen, was geschieht, und gegenwärtig zu sein, statt sich dagegen zu sträuben, zu versuchen, es zu ändern oder davor wegzulaufen. Sich hier und da ein paar Sekunden Zeit nehmen, um Übergänge wahrzunehmen, Momente der Erleichterung zur Kenntnis zu nehmen, einen gequälten Ausdruck zu bemerken und seine Betroffenheit durch Worte oder durch einen Blick deutlich zu machen – all dies sind Augenblicke der Achtsamkeit. Auf diese Weise sagen Sie Ihrem Baby: „Ich bin für dich da, wir sind zusammen in dieser Situation und ich kann mit allem, was sich bei dir ergeben mag, ganz gut umgehen." Das vermittelt ein Gefühl von Sicherheit, das die Grundlage dafür bildet, wie Ihr Baby die Welt sieht.

19 Verbindung:
Es ist nicht immer leicht

W irklich in Verbindung zu sein kann schwer sein. Es erfordert, im Augenblick, in Ihrem Körper und in Beziehung zu einem anderen Menschen (in diesem Fall zu Ihrem Baby, obwohl es sich auch bei anderen Beziehungen als erstaunlich hilfreich erweist) gegenwärtig zu sein. Ein Teil der natürlichen Verbindung fällt Ihnen vielleicht leicht, wenn Sie im Augenblick und in Ihrem Körper gegenwärtig sind. Ihre instinktive Fähigkeit zum Muttersein hat dann optimale Bedingungen, um zutage zu treten. Jedoch können viele Dinge diesen natürlichen Mutterinstinkt beeinträchtigen – und keins davon ist schlecht oder verkehrt. Viele Kombinationen von Umständen können die Verbindung zu Ihrem Baby von einem Ort der Gegenwärtigkeit und des verkörperten Gewahrseins erschweren. Sehen wir uns einige dieser Umstände genauer an.

Ihre Stimmung. Bis zu 18 Prozent der Frauen sind von postpartaler Depression betroffen (Gavin et al. 2005) und unter milden Verstimmungen leiden noch viel mehr (Hopkins, Marcus und Campbell 1984). Diese Stimmungsprobleme können die gesunde Verbindung zu Ihrem Baby beeinträchtigen.

Ihr Temperament, das Temperament Ihres Babys und die Vereinbarkeit von beiden. Einige Forschungsergebnisse deuten inzwischen darauf hin, dass manche Babys mit einem besonders sensiblen Temperament zur Welt kommen (Kagan et al. 1999). Das bedeutet, dass diese Babys Schwierigkeiten haben können, sich beruhigen zu lassen, dass sie ein angeborenes Bedürfnis nach viel fester Berührung oder aber eine angeborene Überempfindlichkeit gegenüber Berührung und Stimulation haben, wegen der es besser ist, solche Kinder auf eine bestimmte Weise zu halten und sie nur wenig zu berühren, zu streicheln oder zu liebkosen. Die meisten Mütter sind sich dieser natürlichen Varianten dessen, was Babys brauchen, nicht bewusst. Den meisten von uns wurde beigebracht, alle Babys bräuchten dasselbe und Babys, die sich dadurch nicht beruhigen ließen, seien nicht normal oder eine Störung. Vielleicht wurde uns sogar gesagt, bei Müttern, die ihre Babys nicht beruhigen könnten, müssten irgendwelche tiefer liegenden Probleme vorhanden seien. Tatsächlich jedoch sind solche Variationen völlig normal und Diskrepanzen zwischen dem Temperament der Mutter und dem des Babys kommen ständig vor! Doch nur, wenn wir uns dieser Möglichkeiten bewusst werden, können wir offen damit umgehen, statt uns in den Geschichten darüber, dass es eigentlich anders sein sollte, zu verlieren.

Die Erziehung, die Sie als Baby oder Kind erlebt haben. Aufgrund der endlosen Vielzahl von Umständen hatten unsere Eltern allesamt unterschiedliche Fähigkeiten bei unserer Erziehung. Manche neigten zu Misshandlungen, andere zu Suchtproblemen, manche zu Vernachlässigung, wieder andere zur Überbehütung. Manche waren wunderbar, als wir Kinder waren, jedoch nicht so toll, als wir noch Babys waren, und manche gingen mit einigen ihrer Kinder großartig um, mit anderen aber nicht. Manche waren überwiegend gute Eltern, hatten jedoch subtile Verhaltensmuster, die sich bis in unser Erwachsenenleben durchgezogen haben. Manche Eltern waren ganz in Ordnung, manche fast vollkommen. Manche von uns wurden adoptiert und manche von ihren Großeltern aufgezogen. Nichts davon heißt, dass wir gut oder schlecht sind; nichts ist ein Grund, sich zu schämen oder davonzulaufen. Es ist einfach, wie es ist, und zusammen mit vielen anderen Dingen können diese Faktoren einen Einfluss darauf haben, wie gut wir in der Lage sind, mit unseren Babys in Verbindung zu treten.

Ihr aktueller Belastungsgrad und die aktuellen Umstände. Möglicherweise erleben Sie momentan eine Phase von relativer Ausgeglichenheit und Wohlbefinden. Vielleicht befinden Sie sich mit Ihrem Baby aber auch in einer schwierigen Lebenssituation – vielleicht haben Sie schon zwei Kinder und Ihr Partner ist beim Militär und weit weg stationiert, oder Sie haben vor kurzem einen geliebten Menschen verloren, oder Ihre Ehe ist konfliktgeladen, Sie sind frisch geschieden, haben finanzielle Sorgen oder berufliche Schwierigkeiten. Wenn der Grad der Beanspruchung in Ihrem Leben die inneren und äußeren Ressourcen, auf die Sie zugreifen können, übersteigt, stehen Sie vielleicht ganz besonders unter Stress und es fällt Ihnen schwerer, mit Ihrem Baby in Verbindung zu treten.

Sie entscheiden, wie Sie reagieren

Aus dem Blickwinkel achtsamen Gewahrseins sind all diese Umstände, die Ihre Verbindung zu Ihrem Baby beeinflussen können, einfach so, wie sie sind. Sie sind nicht gut oder schlecht; sie sind einfach so, wie die Dinge sind. Zu wünschen, sie wären anders, sich dagegen zu sträuben, sie zu ignorieren, zu unterdrücken oder sie steuern zu wollen ist, als versuchten sie, ihre ständige Parade von Erlebnissen zu steuern – beschränkt und beschwerlich. Weder durch Achtsamkeit noch durch irgendeinen anderen Ansatz lassen sich all diese Probleme lösen – und ganz gewiss nicht im Laufe des einen Jahrs oder der zwei Jahre, in denen Sie schwanger sind und einen Säugling großziehen.

Achtsamkeit *kann* jedoch die Art ändern, wie Sie die Umstände, in denen Sie sich befinden, wahrnehmen und wie Sie darauf reagieren. Vielleicht gehören Sie zu den Frauen, die an milden oder auch schweren postpartalen Depressionen leiden. Statt sich dafür zu schämen, sie zu ignorieren oder davon völlig überwältigt zu sein, seien Sie sich bewusst, dass dies durchaus der Fall sein kann, vor allem wenn Sie schon einmal Depressionen gehabt haben, aber auch sonst. Falls sich bei Ihnen Gedanken der Hoffnungslosigkeit oder der Wertlosigkeit einstellen, Ängste, alles könnte zusammenbrechen, dem Baby könnte etwas Schlimmes passieren, oder Sie Gedanken daran überkommen, dem Baby etwas anzutun, gehen Sie zu einem Arzt und berichten Sie ihm alles.

Es ist, wie wenn man Diabetes, ein Herzgeräusch oder ein Geschwür hat. Sie brauchen eine Behandlung, und achtsames Gewahrsein kann Ihnen helfen, die Symptome zu erkennen (weil der Teil von Ihnen, der die Symptome *wahrnimmt,* egal, welch winziges Stückchen von Ihnen das auch sein mag, selbst nicht diese Symptome hat). Durch Achtsamkeit wird es Ihnen auch leichter fallen, zu akzeptieren, dass Sie diese Symptome haben, um Hilfe zu bitten und gegenwärtig und mit Ihrem Baby verbunden zu bleiben, selbst wenn Sie nicht wirklich Lust dazu haben. Es gibt Behandlungsmöglichkeiten – sowohl mit als auch ohne Medikamente –, und diese funktionieren auch.

Es kann ungemein hilfreich sein, sich Ihres Temperaments, des Temperaments des Babys und der Vereinbarkeit der beiden bewusster zu werden. Zum Beispiel merken Sie vielleicht, dass Sie sehr gerne aktiv sind – herumlaufen, gerne alle möglichen Anregungen haben, Musik hören oder vielleicht gern auf die Kirmes und zu Festen gehen. Doch Sie sehen auch, dass Ihr Baby von diesen Dingen völlig überreizt wird. Statt eine Lösung zu erzwingen, indem Sie versuchen, Ihr Baby anpassungsfähiger zu machen, oder sich selbst Dinge versagen, die Ihnen guttun, können Sie achtsames Gewahrsein nutzen, um die Diskrepanz wahrzunehmen, zu akzeptieren und kreative Lösungen zu entwickeln. Zum Beispiel können Sie tanzen gehen, Musik mit dem Kopfhörer hören, während Sie Sport treiben, bei einem super-aktiven Tanzkurs mitmachen und Ihren Partner oder einen Freund oder eine Freundin bitten, solange auf Ihr Baby aufzupassen. Sie können Ihr Kind zu Ihrem Lieblingsfestival mitnehmen, es jedoch in ein Tragetuch setzen und ihm Ohrenschützer aufsetzen.

Möglicherweise stellen Sie aber auch fest, dass Ihr Baby total zappelig ist! Es wird gar nicht gerne gestreichelt, geknuddelt oder in ein Tuch gewickelt. Stattdessen möchte es dauernd auf und ab hopsen und mit dem Gesicht nach vorne getragen werden, damit es die Welt sehen kann. Es möchte viel lieber neben Ihnen als auf Ihrem Schoß liegen. Wenn Sie wollen, können Sie bei einem Arzt, Ergotherapeuten oder Heilpädagogen nachfragen, ob er Ihre Beobachtungen bestätigen kann, und dann können Sie kreative Möglichkeiten entwickeln, mit Ihrem Baby verbunden zu sein, ohne das Gefühl zu haben, mit ihm oder mit Ihnen stimmte irgendetwas nicht. Mit Hilfe von Gewahrsein können Sie sehen, *was ist,* und Ihre Energie dafür verwenden, auf das zu reagieren, was ist, statt den Blick darauf zu richten, wie es Ihrer Meinung nach *sein sollte,* und Ihre Energie dafür zu verwenden, es ändern zu wollen oder sich darüber aufzuregen.

Ebenso können Sie die Erziehung, die Sie erlebt haben, nicht ändern, doch Sie *können* gewahr werden, wie Ihre Erfahrungen in der Kindheit sich auf Ihren Erziehungsstil auswirken. Daniel Siegel, Psychiater mit Ausbildung in Kinderheilkunde, erläutert in dem Buch *Gemeinsam leben, gemeinsam wachsen,* das er gemeinsam mit Mary Hartzell geschrieben hat (2009, S. 19):

Wenn wir Eltern werden, bringen wir Themen aus unserer Vergangenheit mit, die beeinflussen, wie wir unsere Kinder sehen und wie wir mit ihnen umgehen. Erlebnisse, die wir nicht vollständig verarbeitet haben, können ungelöste Themen oder unerledigte Angelegenheiten zum Vorschein bringen, die sich auf unser Verhalten gegenüber unseren Kindern auswirken und in einer Eltern-Kind-Beziehung sehr leicht zum Tragen kommen. Wenn dies geschieht, reagieren wir häufig sehr emotional oder impulsiv und unsere Wahrnehmung nach außen oder innen ist verzerrt. Diese extremen Geisteszustände lassen uns nicht mehr klar denken und machen uns unflexibel. Sie beeinträchtigen unseren Umgang mit und unsere Beziehung zu unseren Kindern. Dann verhalten wir uns nicht mehr wie die Eltern, die wir eigentlich sein wollen, und können uns oft nur noch darüber wundern, warum die Elternrolle manchmal das „Schlimmste in uns zum Vorschein bringt".

Wahrscheinlich lassen sich auch durch achtsames Gewahrsein Probleme, die von Ihrer Herkunftsfamilie her rühren, nicht innerhalb der nächsten paar Monate verarbeiten oder lösen. Jedoch können Sie durch achtsames Gewahrsein bewusster wahrnehmen, wenn bei Ihnen ein Impuls ausgelöst wird und wenn Ihre momentane Reaktion angesichts der vorliegenden Situation übertrieben scheint (stets ein Zeichen, dass etwas aus der Vergangenheit wachgerufen worden ist). Achtsamkeit kann Ihnen helfen, diese Reaktionen zu beobachten, sie zuzulassen und vorbeiziehen zu lassen, und sie ermöglicht Ihnen, Entscheidungen zu treffen, die eine Antwort auf die momentane Situation und nicht auf die Vergangenheit sind. In Augenblicken, in denen bei Ihnen doch eine unwillkürliche Reaktion ausgelöst wird und Sie dem Impuls nachgeben, kann achtsames Gewahrsein Ihnen helfen, sich schneller wieder zu fangen und möglicherweise angerichteten Schaden zu beheben, indem Sie Ihre achtsame Verbindung zu Ihrem Baby wiederherstellen und Mitgefühl mit sich selbst haben.

Ich habe eine gute Freundin und unsere Freundschaft wurde viel enger, als wir beide ungefähr zur selben Zeit schwanger wurden und unsere Babys in einem Abstand von drei Monaten bekamen. Als Mutter machen ihr Wut und Gereiztheit zu schaffen. Wenn sie an ihre Grenzen stößt, neigt sie dazu, laut zu werden, weil sie frustriert ist und sich überwältigt fühlt. Sie übt sich täglich in Achtsamkeit und Yoga und nimmt wegen dieser Probleme außerdem niedrig dosierte Antidepressiva, doch sie hat auch ihre Art zu sein akzeptiert. „Ich bin ein feuriger Mensch!", gibt sie zu. Und wenn sie die Fassung verliert, überlegt sie, wie es dazu kam, benutzt ihre Methoden, um wieder in Einklang mit der Mutter, die sie sein will, zu kommen, und entschließt sich, Gedanken, die sie dafür, wie sie ist, verurteilen, keine Nahrung zu geben.

Übung: Schnelle Verbindung zu Ihrem Baby

Wenn Sie das Gefühl haben, den Kontakt zu sich selbst und zu Ihrem Baby verloren zu haben, probieren Sie diese Übung aus, um sich in die Gegenwärtigkeit mit Ihrem Körper und Ihrem Baby zurückzubringen.

Legen Sie Ihre Hand auf Ihren Bauch, falls Sie schwanger sind, oder auf den Bauch oder Rücken Ihres Babys. Atmen Sie sanft bis ganz tief hinunter in Ihren Bauch. Fangen Sie an, Ihren Atem dem Atemrhythmus Ihres Babys anzupassen. Stellen Sie sich einen Kreis zwischen Ihnen beiden vor, der von Ihrem doppelten Ein- und Ausatmen geschaffen wird. Bei dieser Übung bekommen Sie weder etwas von Ihrem Baby, noch geben Sie ihm irgendetwas. Sie sind Seite an Seite, Hand in Hand, und begegnen gemeinsam dieser Welt. Manchmal übernehmen Sie die Führung, manchmal übernimmt Ihr Baby diese. Während Sie zusammen atmen, tanzen Sie zusammen und bewegen sich in den nächsten Augenblick hinein.

20 Achtsames Gewahrsein und Schreien

Befassen wir uns einmal mit dem Schreien. Als meine Tochter ein Baby war, hatte ich das Glück, in einer Müttergruppe zu sein. Es war nichts Besonderes – nur eine Gruppe von Müttern, die sich freitags morgens in einem Hinterraum eines Geschäfts für Babyausstattung in einer Einkaufsmeile traf. Aber die Gruppe wurde von einer echten Babyflüsterin unterstützt. Marsha Podd ist eine geprüfte Säuglingsschwester, die einer Gruppe frischgebackener Mütter, von denen die meisten zum ersten Mal ein Baby und eine Menge Fragen hatten, Raum und Rat bot.

Eines Tages warf eine Frau, deren Baby untröstlich schrie, schließlich die Hände in die Luft und fragte verzweifelt: „Warum weint er?" Martha antwortete in ihrer typisch nüchternen Art: „Er sagt dir einfach, dass er sich nicht wohlfühlt."

Das blieb bei mir haften. Ich neigte oft dazu, aus dem Schreien meines Babys ein großes Problem mit einer tieferen Bedeutung zu machen – die etwas über mein Baby (Krank? Kolik? Total verwöhnt?) oder mich (Eindeutig unfähig? Ein Eiszapfen? Sollte ich Rohmilch statt Ziegenmilch verwenden, wie es in dem Artikel stand?) aussagte. Doch vielleicht bedeutet Schreien nur: „Hey, Mama! Hey, Welt! Ich fühle mich nicht wohl!" Ja, es ist sehr laut und von der Evolution darauf ausgelegt, für sofortige Aufmerksamkeit – vor allem Ihre – zu sorgen. Meistens jedoch ist Schreien einfach die Art, wie Ihr Baby sich Ihnen mitteilt. „Mama, ich fühle mich nicht wohl!"

Wenn Sie Schreiphasen mit achtsamem Gewahrsein erfüllen, was geschieht dann? Richten Sie zuerst Ihre Aufmerksamkeit auf Ihren eigenen Atem – beobachten Sie ihn einfach ein paar Atemzüge lang. Danach können Sie kurz die drei Elemente des Erlebens prüfen. Was haben Sie für Körperempfindungen? Anspannung? Schmerz? Heiß, warm, kühl? Entspannt? Was haben Sie für Emotionen oder Gefühle? Angst? Verzweiflung? Wut? Schuldgefühl? Was für Gedanken? Selbstkritisch? Bemüht, eine Lösung zu finden? Es geht hier nicht darum, sich in irgendeinen dieser Bereiche des Erlebens zu vertiefen, sondern nur darum, ganz kurz in sich hineinzuhören, wahrzunehmen, was geschieht, und zu atmen. Richten Sie Ihre Aufmerksamkeit darauf, wer Sie wirklich sind – diejenige, die dieser drei Elemente des Erlebens gewahr ist.

Richten Sie nun Ihr achtsames Gewahrsein auf Ihr Baby. Nur die Tatsachen. Gesicht ist rot. Mund aufgerissen. Schreit. Fäuste geballt, Arme fuchteln hin und her, Rücken ist überstreckt. Das Einzige, was Sie dem Schreien entnehmen können, ist dass Ihr Baby Ihnen auf die einzige ihm mögliche Weise sagt: „Hey, Mama, etwas ist mir gerade nicht angenehm."

Frei von der Last all der Geschichten, Bedeutungen, Wünsche, es wäre anders, und so weiter, können Sie nun beginnen, auf die Situation *einzugehen,* statt bloß zu reagieren. Sie können einen relativ ruhigen Erforschungsprozess durchführen (und dabei weiteratmen). Fangen Sie mit den Dingen an, die Sie direkt wahrnehmen können. Windel nass? Hunger? Zu heiß? Zu kalt? Kneift die Kleidung? Prüfen Sie Schritt für Schritt jede Möglichkeit (und atmen Sie dabei weiter).

Wenn nichts dieser Dinge zur Lösung des Problems führt und das Baby keine weiteren wirklich beunruhigenden Symptome hat, müssen Sie es vielleicht einfach aushalten. Sie können ein paar Dinge ausprobieren, beispielsweise prüfen, ob es Luft im Bauch oder Bauchschmerzen hat, indem Sie sanften Druck auf seinen Bauch ausüben (dazu können Sie es entweder in der „Fliegerposition" halten, bei der es bäuchlings auf Ihrem Unterarm liegt, oder es mit dem Bauch nach unten auf Ihren Schoß legen und ihm den Rücken klopfen) und überlegen, ob es in der letzten Zeit ein Bäuerchen gemacht hat. Prüfen Sie jede Möglichkeit achtsam, als hätten Sie alle Zeit der Welt. Schreien klingt zwar nach etwas Dringendem, ist es jedoch meistens nicht, und es kann heftiger werden oder länger anhalten, wenn Sie angespannter und nervöser werden. Falls Sie sich doch anspannen, können Sie sich durch achtsames Gewahrsein sogar damit anfreunden, angespannt und nervös zu sein.

Am häufigsten – auch wenn es manchmal am schwersten zu „diagnostizieren" ist – schreit das Baby, weil es müde ist. Achtzig Prozent der Zeit ist Ihr kleiner Schatz einfach fix und fertig. Es ist schwer, ein Baby zu sein! Und der Prozess des Einschlafens ist sogar für viele Erwachsene nicht so einfach, erst recht nicht für Babys, die viel weniger Übung haben. Manchmal ist es schwer, die Kluft zwischen Wachen und Schlafen zu bewältigen, und Schreien dient als Brücke für diese Kluft. Wenn die Mutter gegenwärtig, verbunden und in ihrem Körper ist, hilft das sehr, auch wenn das Schreien nicht sofort aufhört.

Andere Möglichkeiten, die Sie erkunden können, betreffen das Trösten. Sie können langsam und methodisch verschiedene Arten, das Baby zu halten, ausprobieren, es kräftiger auf und ab hopsen lassen, es hin und her schaukeln, es mit Musik oder einem warmen Bad versuchen – alles Mögliche. Ich hatte viel Glück mit der Verwendung eines Gymnastikballs, einem dieser großen, aufblasbaren Bälle, auf denen man sitzen kann. Mit dem Baby auf dem Ball zu sitzen und auf und ab zu hopsen, zu atmen und gegenwärtig zu sein beruhigte nicht nur das Baby, sondern auch mich!

Entscheidend hierbei ist, sich auf bewusste, geschickte Maßnahmen zu konzentrieren, statt sich verzweifelt zu bemühen, dass das Baby zu schreien aufhört. Ein kreativer Umgang mit dem Schreien, bei dem Sie vielleicht mitsummen, singen oder ganz still sind, lässt Sie mit Ihrem aufgeregten Kind in Verbindung bleiben. Wenn Sie wahrnehmen, dass das Geräusch des Weinens Ihnen bis ins Mark dringt, wenn Sie Mitgefühl mit dem Kummer Ihres Babys empfinden, statt den Blick nur darauf zu richten, dass es mit dem Schreien aufhören soll, können Sie sich öffnen und eine liebevollere Haltung einnehmen. Probieren Sie verschiedene Dinge aus; doch statt sich auf ein erfolgreiches Resultat zu konzentrieren, können Sie es auch als „Erfolg" ansehen, dass Sie so weit wie möglich gegenwärtig, in Ihrem Körper und mit Ihrem Baby in Verbindung geblieben sind.

Schreien kann lange dauern, vor allem im Hinblick auf die gefühlte Zeit, bei der einem fünf Minuten wie eine Stunde vorkommen können. Es ist also entscheidend, mit Ihrem Baby verbunden und in Ihrem Körper gegenwärtig zu sein – von Augenblick zu Augenblick, Atemzug für Atemzug. Vielleicht fangen Sie zu weinen an. Das ist in Ordnung. Es ist nicht nötig sich dagegen zu sträuben, eine große Sache daraus zu machen oder sich eine Geschichte auszudenken, was es zu bedeuten haben könnte („Ich drehe durch, ich breche zusammen"). Manchmal ist die warme Flut ungehinderter Tränen genau das, was die Mutter und das Baby brauchen. Machen Sie nach einer Weile mit Ihrer Erforschung weiter. Sehen Sie, ob Ihr Bauchgefühl Ihnen irgendeine sanfte Maßnahme nahe legt.

Sie können auch geschickt und bewusst handeln und sich selbst zugestehen, um Hilfe oder Rat zu bitten. Diese Unterstützung können Sie

von einer anderen achtsamen Mutter, einem freundlichen, vertrauens-
würdigen Menschen (der nicht unbedingt ein Familienmitglied oder
auch ein enger Freund sein muss) oder einem zuverlässigen Berater
oder Kinderarzt bekommen.

All diese Möglichkeiten zu haben kann unglaublich befreiend sein.
Diese schwierigen Momente zu überstehen und dabei mit Ihrem Baby
in Verbindung zu bleiben bildet die Grundlage für eine starke Bindung
und ein tiefes Vertrauen – noch mehr als die angenehmen Momente,
die Sie gemeinsam erleben. Und durch wiederholte Erlebnisse dieser
Art geben Sie aktiv an Ihr Baby die Fähigkeit weiter, für den Rest seines Lebens mit schwierigen Augenblicken umzugehen.

Ich sage bewusst: „durch *wiederholte* Erlebnisse". Es geht nicht darum, dass Sie jedes Mal, wenn Ihr Baby schreit, vollkommen achtsam
sein müssten. Vielmehr geht es um den Prozess, jedes Mal, wenn
Sie mit Ihrem Baby eine schwierige Situation erleben, auf achtsames
Gewahrsein hinzuarbeiten. Jedes Mal, wenn etwas Schwieriges geschieht, haben Sie eine neue Gelegenheit zum Üben – und schwierige
Dinge *werden* auch weiterhin geschehen, egal, wie achtsam Sie sind.

21 Wenn es hart auf hart kommt

Den meisten Menschen fällt es am leichtesten, achtsam zu sein (was, wie Sie inzwischen wissen, bedeutet, dass Sie gegenwärtig, in Ihrem Körper und mit Ihrem Baby in Verbindung sind, die Dinge so sein lassen, wie Sie sind, und Ihrem Erleben so weit wie möglich mit Neugier und Mitgefühl begegnen), wenn alles gut läuft. Vielleicht fragen Sie sich, warum ich diese Definition so oft wiederhole. Ich tue das, weil der Geist dazu neigt, Achtsamkeit als einen Zustand von Wohlbehagen, Zufriedenheit und Glück zu definieren – als „gute" oder „richtige" Art zu sein. Das trifft jedoch nicht zu. Achtsamkeit bedeutet einfach, gegenwärtig und in seinem Körper zu sein und seinem Erleben so zu begegnen, wie es ist. Es ist eine Seinsart, kein Zustand, den man „erreichen" kann, sondern einfach eine wirksamere Grundlage, von der aus man in den meisten Situationen agieren kann.

Doch was ist, wenn die schmutzige Windel wirklich am Dampfen ist? Wenn die Situation so schwierig ist, dass es schwerfällt, auch nur ansatzweise bei Verstand zu bleiben – wenn an irgendein hochfliegendes Ideal, man solle gegenwärtig, gesammelt und im Hier und Jetzt verwurzelt sein, gar nicht zu denken ist? Wenn Sie sich in achtsamem Gewahrsein üben, werden Sie meistens feststellen, dass alles gar nicht so schlimm ist, wie Sie glauben – dass Ihre Geschichten zu einer Situation, mit der Sie eigentlich umgehen könnten, unnötiges Leid hinzufügen. Doch was ist, wenn die Situation tatsächlich so schlimm ist, wie Sie denken, vielleicht sogar noch schlimmer? Wenn der schlimmste aller Fälle eintritt? Welche Rolle kann achtsames Gewahrsein dann spielen?

In einer meiner Gruppen war eine Frau, die einfach eine wunderbare Teilnehmerin war. Tammy war temperamentvoll, fürsorglich, fröhlich und hatte für jeden stets ein Kompliment oder ein freundliches Wort. Sie war motiviert, Achtsamkeit zu lernen, hatte jedoch Schwierigkeiten, die Übungen durchzuführen. Jede Woche berichteten wir, wie viel wir zu Hause geübt hatten, und sie sagte stets, sie käme einfach nicht dazu. Jede Woche sprach sie davon, was für ein Gewinn die Gruppe für sie sei, aber sie führte nie irgendwelche der formellen Achtsamkeitsübungen durch und las auch keine der empfohlenen Texte. Als wir in einer unserer Stunden den Schwerpunkt darauf legten, uns um uns selbst zu kümmern, beharrte sie darauf, sie könne sich auf keinen Fall Zeit für sich nehmen, weil Sie das Baby nicht allein lassen könne.

Nachdem wir wochenlang sanft nachgefragt hatten, drängten wir sie etwas energischer dazu, ihren Mann um etwas Zeit für sich zu bitten oder einen Babysitter zu engagieren. Schließlich gestand sie mit Tränen in den Augen, dass ihr Mann kokainsüchtig und ein starker Trinker war. Jeder Tag brachte die Angst mit sich, ob er im Vollrausch oder gar nicht nach Hause kommen würde – oder noch schlimmer.

Es war in der Vergangenheit schon zu Gewalt und zu Konflikten mit dem Gesetz gekommen. Doch da Tammy noch ein weiteres kleines Kind hatte und eine Vollzeitmutter ohne Einkommen war und keine Familie in der Nähe hatte, die sie unterstützen konnte, hatte sie das Gefühl, in der Falle zu sitzen.

Für Tammy brachte achtsames Gewahrsein etwas inneres Gleichgewicht inmitten einer unglaublich schwierigen Situation. „Ich rang oft buchstäblich die Hände. Ich konnte nicht schlafen. Ich machte mir ständig Sorgen und fragte mich, was ich falsch gemacht hatte", sagte sie. „Ich dachte, er hätte sich gebessert, und ich wartete mit dem Kinderkriegen, bis ich sicher war, dass er aus all dem herausgewachsen war. Aber jetzt ist es schlimmer denn je. Dieser Kurs ist das einzige, das mich bei Verstand bleiben lässt. Ich atme einfach immer weiter und tue das Nächste, was direkt vor mir liegt. Die Rechnungen bezahlen? In Ordnung. Den Kindern etwas zu essen geben? Gut. In den Park gehen. Die Kinder ins Bett bringen. Und ich lerne, trotz allem weiterzuatmen und mit meinen Kindern in Verbindung zu bleiben."

Wenn Sie das lesen, sagen Sie vielleicht: „Moment mal! Tammy muss einen Weg aus der Situation heraus finden, eine bessere Lösung finden. Wenn Achtsamkeit ihr hilft, die Situation zu „akzeptieren" und auszuharren, ist das nicht gut!" Als Gruppenleiterin musste ich darüber auch nachdenken. Trug achtsames Gewahrsein dazu bei, dass Tammy in einer ungesunden Situation ausharrte? Ich kam bald zu dem Schluss, dass Tammys Fähigkeit, gegenwärtig, im Hier und Jetzt verwurzelt und mit ihren Kindern verbunden zu sein, für ihre Leistungsfähigkeit als Mutter in einer alles andere als idealen Situation nur hilfreich sein konnte. Denn Angst, Sorge und Schlaflosigkeit sind zwar vollkommen verständlich, aber nicht die ideale Basis, um eine gesunde Lösung entwickeln zu können.

So sehr unser Geist auch glauben mag, er würde uns helfen, sind chronische Sorgen, Widerstand und Ankämpfen gegen das, was geschieht, zwanghafte Selbstzweifel, ständiges Kritisieren und Selbstherabsetzung in Wirklichkeit keine Hilfe, selbst wenn eine Situation wirklich furchtbar ist. Ebenso wenig hilfreich ist es, zu verleugnen, was geschieht, die eigenen Gedanken und Gefühle zu unterdrücken, alles unter den Teppich zu kehren, das Geschehen zu meiden oder zu ignorieren oder es zu rechtfertigen, schönzureden oder Entschuldigungen dafür zu erfinden. All diese geistigen Klimmzüge sind oft unsere Art, mit schrecklichen Situationen umzugehen.

Noch einmal: Achtsames Muttersein bedeutet nicht, angesichts von Konflikt und Zerrüttung glücklich sein zu müssen. Vielmehr geht es um die Fähigkeit, gegenwärtig zu sein und mit Ihrem Baby in Verbindung zu bleiben, selbst wenn die Situation schwierig ist – manchmal sogar, wenn sie unerträglich erscheint.

Die Erfahrung einer guten Freundin und Kollegin machte mir das besonders deutlich. Tess, die Psychologin war und seit vielen Jahren Achtsamkeit mit großem Ernst praktizierte, hatte eine dreijährige Tochter, Lucy, und freute sich, dass noch ein Kind unterwegs war. Nach einer voll ausgetragenen Schwangerschaft hatte sie auf Anraten ihres Arztes eine Kaiserschnittentbindung geplant. Sie brachte ein wunderbares kleines Mädchen zur Welt, das sie Sophie nannte. Ein glücklicher Tag verging mit Besuchen und Gratulationen geliebter Menschen und der ersten Begegnung zwischen Lucy und ihrer neugeborenen kleinen Schwester. Ein weiterer Tag verging und sie freuten sich darauf, am nächsten Tag nach Hause zu dürfen. In den frühen Morgenstunden wurde bei einer Routineuntersuchung durch Säuglingsschwestern eine Anomalie von Sophies Vitalzeichen festgestellt und sie wurde zur weiteren Untersuchung mitgenommen. Tess wurde von ihrem Mann geweckt, der blass und erschüttert aussah. „Irgendetwas stimmt nicht ...“, sagte er schwach.

„In dem Moment wusste ich irgendwie, dass sich alles in meinem Leben geändert hatte“, sagte Tess. „Ich weiß nicht wieso, aber ich wusste, dass irgendetwas ganz und gar nicht stimmte und dass dieser Augenblick die Grenze zwischen der Zeit meines Lebens, in der alles gut gewesen war, und dem nächsten Teil meines Lebens war. Durch meine Achtsamkeitsschulung wusste ich, dass das nur ein Gedanke war, aber ich hatte das Gefühl, dass er real war, und in gewisser Hinsicht war er wirklich wahr."

Nach einer falschen Diagnose, einer grauenhaften Fahrt, bei der Sophie zu atmen aufhörte und im Rettungswagen auf dem Weg zu einer besser ausgerüsteten Intensivstation wiederbelebt wurde, mehreren lebensbedrohlichen Krisen, etlichen Operationen am offenen Herzen und Hunderten von Stunden auf der Neugeborenen-Intensivstation wurde Sophie nach Hause entlassen. Die unmittelbare Lebensgefahr war vorbei, aber ihr stand eine Reihe notwendiger Herzoperationen in der Zukunft bevor. Heute ist Sophie ein hinreißendes, engelsgleiches Baby, verliebt ins Leben und ein wahres Wunder.

Tess vertraute mir an, welchen Einfluss Achtsamkeit in dieser langen Periode der Krise auf sie hatte:

Auf den ersten Blick gab es nichts, was dazu beitragen konnte, dass ich mich besser fühlte. Der Schmerz der Situation konnte nicht gelindert werden. Es war eine lange quälende Erfahrung – siebenhundertfünfzig Millionen Augenblicke, die ich überleben musste: Wie mir gesagt wurde, mein Baby hätte eine Überlebenschance von fünfzig Prozent, wie ich sah, dass sie alleine in den OP-Saal gebracht wurde, wie ich bei ihr war, als ihr zum x-ten Mal ein Katheter gelegt wurde, oder wie mir klar wurde, dass es sich um eine lebenslange Krankheit handelte, für die es keine echte Heilung gibt.

Achtsamkeit half mir nicht, mich besser zu fühlen oder die Dinge anders zu sehen, und ich war weit entfernt von „Akzeptanz" oder „Nicht-Anhaftung" im üblichen Sinne. Jedoch war ich durch meine jahrelange Achtsamkeitspraxis in der Lage, für alles, was in jedem Augenblick geschah, gegenwärtig zu sein. Wie furchtbar es auch sein mochte – die Fähigkeit, gegenwärtig und mit Sophie in Verbindung zu sein, machte es weniger schlimm, als es hätte sein können. Augenblick für Augenblick waren nur sie und ich da – und wenn ich nicht bei Sophie im Krankenhaus war, konnte ich zu Hause für Lucy präsent sein und ihr meine übrige Aufmerksamkeit widmen.

In gewisser Hinsicht praktizierte ich nicht einmal bewusst so etwas wie „Achtsamkeit". Weder beobachtete ich meinen Atem, noch war ich meiner Empfindungen besonders gewahr. Doch in anderer Hinsicht war es die radikalste Achtsamkeitspraxis überhaupt – einfaches Wachsein und Gewahrsein Augenblick für Augenblick, ganz gleich, was geschah.

Ich hätte dir nicht sagen können, worin meine Achtsamkeitspraxis bestand. Erst im Rückblick kann ich sehen, dass meine Achtsamkeitsschulung dazu beitrug, dass ich in der Lage war, sehr viel Leid zu ertragen, zu sehen, wie jemand, den ich liebte, furchtbare Schmerzen hatte, und zu wissen, dass Sophie vielleicht nicht überleben würde. Durch eine derartige Situation erreicht man ein sofortiges, absolutes Maximum von Achtsamkeit. Die ganze Welt schien zu verschwinden – ich ging ganz in der Beziehung zu Sophie und zu Lucy auf. Es war, als sagte ich zu mir selbst: „Es ist mir egal, wie schlimm es ist. Ich werde hier sein, was auch geschieht. Es ist mir egal, wenn ich meine, damit nicht umgehen zu können. Ich werde hier sein, was auch geschieht."

Tess erzählte noch eine andere Geschichte, die sie von einer Freundin gehört hatte: Eine Frau hatte gerade an einem zehntägigen intensiven Achtsamkeits-Retreat teilgenommen und kehrte am 11. September 2001 an ihren Arbeitsplatz in den Zwillingstürmen in New York zurück. Nach der Explosion fand sie sich mit Hunderten anderer Menschen im Treppenhaus wieder und alle versuchten, die Treppe hinunterzukommen. Dank der Achtsamkeitsschulung, die sie gerade hinter sich hatte, war sie, wie sie sagte, in der Lage, die Treppe Stufe für Stufe hinunterzugehen, während viele andere verständlicherweise wie erstarrt waren oder versuchten, in einem großen Durcheinander von Armen und Beinen hinunterzustürmen. „Es war keine Heldentat", sagte sie. „Ich blieb nicht gelassen. Ich ging einfach eine Stufe runter, hielt mich am Geländer fest, ging noch eine Stufe runter, hielt mich fest, noch eine Stufe …" und so weiter.

„Ich fühlte mich bei dem, was ich mit Sophie erlebt habe, auch nicht wie eine Heldin", sagte Tess. „Ich war einfach wach und gewahr, Augenblick für Augenblick, und ging immer weiter."

„Im Rückblick sehe ich außerdem, dass meine Achtsamkeitspraxis mir half, nett zu den Schwestern zu sein, mich mit ihnen zu verbünden, statt meine Frustration an allen auszulassen, mitfühlend zu sein und alle Freundlichkeit gegenüber meiner Familie wahrzunehmen und anzuerkennen", überlegte Tess. „Gleichzeitig trug sie dazu bei, dass ich stark und durchsetzungsfähig war – dass ich etwa den Leuten sagte, sie sollten sich die Hände waschen, bevor sie Sophie anfassten, oder dass ich mich gegen Leute behauptete, wenn sie unnötige medizinische Prozeduren durchführen wollten."

Ich fragte Tess, was sie aus der Perspektive der Achtsamkeit anderen, die sich in ähnlichen Krisensituationen befanden, sagen könnte. Sie sagte mit einem gewissen Nachdruck: „Verlass dich auf dein eigenes Gefühl innerer Autorität. Hör in dich hinein und ermittle genau, was du zum Überleben brauchst. Schalte alle Ablenkungen und alles, wodurch du dich schlechter fühlst, aus. Du kannst später noch auf alles zurückkommen. Und behalte alles bei, was dir hilft, mit dir selbst und mit deinen Kindern in Verbindung zu bleiben."

Es kann und wird immer wieder irgendetwas gewaltig schiefgehen. Ob es sich um einen besonders schweren Streit mit Ihrem Partner handelt, einen Autounfall oder eine Verletzung, eine Scheidung, eine ernste Erkrankung, eine Fahrt zur Notaufnahme oder den Tod eines geliebten Menschen – all dies sind schwere Situationen, denen (oder ähnlichen Situationen) Sie begegnen *werden*. Und es wird Ihnen helfen, wenn Sie mit achtsamem Gewahrsein darauf reagieren.

Übung: Durchdrehen, aber achtsam

In jenen inneren Momenten, in denen Sie das Gefühl haben, Sie würden gleich verrückt, wollten am liebsten sterben, wollten jemanden oder sich selbst schlagen oder wollten sich am liebsten die Haare ausreißen, können Sie eine bestimmte Form achtsamen Gewahrseins praktizieren. Folgendes können Sie tun, wenn Sie kurz davor sind durchzudrehen:

Konzentrieren Sie sich zuerst nur auf das Ausatmen, wobei Sie etwas kräftiger als gewöhnlich atmen, so als wollten Sie eine Kerze ausblasen. Atmen Sie durch die Nase ein und blasen Sie die imaginäre Kerze entweder mit leicht geöffnetem Mund oder durch die Nase mit geschlossenem Mund aus. Konzentrieren Sie sich auf das Ende des Ausatmens.

Richten Sie Ihre Aufmerksamkeit nun auf Ihre Handflächen und Ihre Fußsohlen. Ziehen Sie jetzt, und sei es nur für ein paar Augenblicke, keinerlei Schlüsse und treffen Sie keine Entscheidungen über die Situation, in der Sie sich befinden. Falls Sie schwanger sind, spüren Sie das Baby in Ihrem Bauch, spüren Sie, wie behaglich die Gebärmutter es umhüllt. Und falls Ihr Baby schon geboren ist, spüren Sie, wie sich seine Haut auf der Ihren anfühlt. Falls die Verwurzelung im Hier und Jetzt für Sie dadurch leichter wird, sagen Sie ein Wort oder einen Satz, das oder der Sie daran erinnert, was für Sie im Moment am wichtigsten ist, etwa: „Ich sorge dafür, dass mein Baby und ich in Sicherheit sind", oder: „Hier sein und atmen."

In diesem Moment können Sie den **Archetypus** oder das universelle Symbol der Mutter heranziehen, um sich die Kraft unseres weiblichen Geschlechts zunutze zu machen. Öffnen Sie Ihren Geist und Ihr Herz für die Mütter in unserer Geschichte, die über Jahrtausende hinweg unsägliche Schrecken erlebt und dennoch ihren Kindern Liebe und Kraft gegeben haben – dafür gesorgt haben, dass sie in Sicherheit waren und etwas zu essen hatten, dass sie geschützt waren und es warm hatten. Tapferer als jeder Krieger, ausdauernder als jeder Held (und ganz sicher mit weniger Tamtam und weniger Würdigung) haben Mütter aller Zeiten sich selbst und ihre Kinder unter den fürchterlichsten Umständen leidenschaftlich verteidigt.

Nun, da Sie selbst Mutter sind, können Sie auf diese Quelle innerer Kraft zurückgreifen. Ihre Aufmerksamkeit darauf zu konzentrieren kann Sie daran erinnern, dass niemand weiß, was er bewältigen kann, bis er konkret in der Situation ist. Ihre Aufgabe besteht nur darin, gegenwärtig und mit Ihrem Baby in Verbindung zu bleiben, wach zu sein und klar zu sehen. Versuchen Sie, das so oft wie möglich zu tun, Augenblick für Augenblick, selbst wenn es manchmal nur für eine Minute ist.

Kurze Momente für achtsames Muttersein

Ein paar Dinge, die Sie in jedem beliebigen Moment des Tages, ganz gleich, was gerade los ist, tun können, um sich in achtsamem Gewahrsein zu üben:

- Finden Sie die Stelle in Ihrem Körper, wo Sie am deutlichsten spüren, wie Ihr Atem herein- und hinausgeht. Das kann um Ihre Nasenlöcher herum sein, in Ihrer Brust oder in Ihrem Bauch. Richten Sie Ihr ganzes Gewahrsein für zehn Atemzüge auf diese Stelle. Dies bringt Sie in Ihren Körper und in den gegenwärtigen Augenblick.
- Falls Sie schwanger sind, nehmen Sie den Atem wahr, als könnten Sie spüren, wie der Sauerstoff in Ihrem Blut durch die Plazenta und in Ihr Baby hineinströmt. Falls Ihr Baby schon da ist, halten Sie es im Arm und nehmen Sie wahr, an welcher Stelle Sie Ihren Atem und den Atem Ihres Babys auf Ihrem Körper spüren können. Konzentrieren Sie sich für zehn Atemzüge auf diese Stelle.

- Konzentrieren Sie sich intensiv auf den Punkt, wo der Atem aufhört hinauszugehen und anfängt hereinzukommen, und dann auf das Ende des Einatmens und den Beginn des Ausatmens. Richten Sie Ihre Aufmerksamkeit ungefähr sechzig Sekunden lang auf diese beiden Punkte, diese kleinen Momente, in denen Sie weder einatmen noch ausatmen.
- Richten Sie Ihre ganze Aufmerksamkeit ungefähr zehn Atemzüge lang auf Ihre Handflächen und auf Ihre Fußsohlen. Das trägt dazu bei, Ihre Aufmerksamkeit im Hier und Jetzt zu verwurzeln, wenn sie ständig abschweift oder wenn Sie sehr aufgewühlt sind.

Die folgende Übung ist keine traditionelle Achtsamkeitsübung. Sie kann jedoch hilfreich sein, wenn Sie das Gefühl haben, zu aufgewühlt zu sein, um eine Situation mit achtsamem Gewahrsein zu erfüllen, oder wenn Sie glauben, es könnte schwierig sein, mit Ihrem Verhalten umzugehen.

- Finden Sie ein Wort oder einen Satz, das oder der Sie zutiefst beruhigt, emotional stärkt oder Ihnen heilig ist. Für manche Menschen sind die Worte „Liebe" oder „Frieden" gut. Über Jahrtausende hinweg haben Menschen das Wort „Om" verwendet, das einfach der universelle Laut ist, der die Quelle von allem, was ist, darstellt. Auch ein Satz wie „Sei still" oder „Möge es mir gut gehen" kann sich eignen. Atmen Sie einfach durch die Nase ein und sagen Sie beim Ausatmen dieses Wort oder diesen Satz, entweder laut oder im Geiste, bis Sie das Gefühl haben, dass Ihre Aufmerksamkeit ein wenig stabiler ist.

22 Achtsame Entscheidungsfindung

Als Mutter stehen Sie jeden Tag vor allen möglichen Entscheidungen, kleinen wie großen. Wie Sie Ihr Baby ernähren sollen, ob und wann und wie Sie es impfen lassen sollen, für welche Kindertagesstätte Sie sich entscheiden sollen und so weiter. Manche Entscheidungen fallen einem leicht, doch manche können ziemlich schwierig sein. Achtsames Gewahrsein macht die Entscheidungen nicht leichter, aber es hilft Ihnen, Ihre Entscheidungen besser darauf abzustimmen, welche Werte Sie haben und was für eine Art Mutter Sie sein wollen.

Durch achtsames Gewahrsein bekommen Sie Zugang zu den vielen Informationsquellen, die Sie in jeder Situation nutzen können, um eine gute Entscheidung zu treffen. Oft stützen wir uns bei unseren

Entscheidungen nur auf eine von zwei Informationsquellen, den denkenden Geist, oder wir lassen unsere Gefühle darüber bestimmen, wie wir uns entscheiden. Im Idealfall können Sie einige Ihrer neu eingeübten Fähigkeiten nutzen, um Entscheidungen zu treffen.

Setzen Sie, wenn eine Entscheidung ansteht, einige der Muskeln ein, die Sie bei Ihren Übungen im achtsamen Gewahrsein aufgebaut haben, und nutzen Sie Ihre zunehmende Vertrautheit mit den verschiedenen Bereichen des Erlebens. Verbringen Sie ein paar Augenblicke mit achtsamem Gewahrsein des Atmens. Verbringen Sie dann noch ein paar Augenblicke damit, Ihres Körpers und Ihrer Körperempfindungen gewahr zu werden und sie, wenn Sie wollen, kurz mit einem oder zwei Worten zu benennen. Warm. Angespannter Bauch. Aufgebläht. Entspannt. Wenden Sie sich nun Ihren Gedanken zu diesem Thema zu. Wahrscheinlich haben Sie mehrere Gedanken darüber und manche stehen vielleicht im Widerspruch zu anderen. Falls Sie meinen, es könnte hilfreich sein, diese Gedanken zu ordnen, schreiben Sie sie auf, wenn Sie Zeit dazu haben. Falls Sie das nicht meinen, nehmen Sie sich einfach einen Augenblick Zeit, um zu beobachten, wie jeder Gedanke vorbeizieht, wie Blätter, die auf einem Bach treiben. Sie können jeden zur Kenntnis nehmen, aber Sie brauchen keinen hochzuheben. Wenn Sie können, nehmen Sie eine neugierige Haltung ein, als befragten Sie mehrere unterschiedliche Stimmen aus Ihrem Inneren. Danken Sie jeder für Ihren Beitrag. „Ich will nicht, dass sie in diese Tagesstätte geht; es ist keine sichere Gegend!" Danke – die Nächste? „Ich mag die Leiterin der Tagesstätte. Sie ist bisher die herzlichste und freundlichste." Zur Kenntnis genommen, danke. Die Nächste? Nehmen Sie sich einfach ein paar Minuten (nicht mehr als fünf) Zeit, um sich Ihre Gedanken zu dem Thema anzuhören und jeden kurz zur Kenntnis zu nehmen, wobei Sie nicht vergessen sollten, dass es nur Gedanken sind, keine Tatsachen.

Richten Sie als Nächstes Ihr Gewahrsein auf Ihre Gefühle und denken Sie daran, dass Gefühle von Worten wie „Angst", „Traurigkeit",

„Dankbarkeit", „Schuldgefühl", „Glück" oder „Ärger" beschrieben werden – und nicht so sehr von längeren Sätzen, die meist Gedanken sind, die sich als Emotionen tarnen. Nehmen Sie jedes Gefühl zur Kenntnis, eins nach dem anderen. Und schenken Sie, soweit möglich, jedem davon Mitgefühl oder wenigstens Anerkennung. „Ich ärgere mich, dass ich so schnell wieder anfangen muss zu arbeiten. Ich will gar keine Kindertagesstätte aussuchen müssen!" Mensch, absolut verständlich. Danke. Die Nächste? „Ich bin so froh, dass ich eine Möglichkeit gefunden habe, ein paar Stunden für mich zu haben." Interessant! Die Nächste? Begutachten Sie den Bereich Ihrer Gefühle in dem Wissen, dass sie einander möglicherweise widersprechen, und nehmen Sie jedes einfach kurz zur Kenntnis und gehen dann weiter.

Richten Sie Ihr Gewahrsein dann auf andere Informationsquellen – auf die Sie vielleicht nicht oft zurückgreifen, um eine Entscheidung zu treffen. Seien Sie dessen gewahr, was Sie im Hinblick auf die Situation *sehen* können, das Visuelle. „Mir gefällt die Sauberkeit der Spielsachen in der Kindertagesstätte, aber ich hab draußen auf der Treppe kein Kinderschutzgitter gesehen." Was hören, riechen, schmecken und spüren Sie? Auch wenn diese Dinge nichts direkt mit der anstehenden Entscheidung zu tun zu haben scheinen, nehmen Sie sich einen Augenblick Zeit, um sie wahrzunehmen. Sie können nützliche Informationen enthalten.

Wenn Sie die Situation, in der Sie sich befinden, mit achtsamem Gewahrsein erfüllen, kann Ihnen das außerdem helfen, eine „achtsame Perspektive" zu entwickeln. Mit anderen Worten, durch Achtsamkeit können Sie Zugang zu dem Bereich Ihres Erlebens bekommen, der *all* der verschiedenen Aspekte gewahr ist, die möglicherweise wichtige Informationen für Ihre Entscheidung beinhalten. In gewisser Hinsicht ist es, als sähen Sie die Situation aus einer Vogelperspektive heraus, als flögen Sie hinab zu jedem Bereich Ihres Seins, einem nach dem anderen, um zu sehen, was Sie dort vorfinden. Jedoch ist es wie eine Vogelperspektive aus der Mitte heraus – aus der Mitte Ihres Seins, Ihres Körpers und des gegenwärtigen Augenblicks.

Es ist gut, wenn Sie versuchen, ein Gleichgewicht zwischen dem Vertrauen auf das Bauchgefühl und dem Stützen auf das Urteilsvermögen eines klaren Geistes zu finden, um eine Entscheidung zu treffen. Oft können Sie mehr Klarheit gewinnen, wenn Sie jeden Faktor gleich stark berücksichtigen. Erwägen Sie Ihre Gedanken, Ihre Meinungen oder Geschichten über die Situation (in dem Wissen, dass Gedanken keine Tatsachen sind und dass sie in verschieden hohem Maße zutreffen können oder nicht), Ihre Gefühle, Ihre Körperempfindungen und Ihr Bauchgefühl zu dem Thema.

Nachdem Sie Ihr Erleben etwa zehn Minuten lang geprüft haben, sitzen Sie ruhig da. Richten Sie Ihre Aufmerksamkeit auf Ihren Atem, Ihren Körper und den Ort, in dem all diese Elemente sichtbar werden – dem Gewahrsein selbst. Lassen Sie all die Gedanken, Gefühle und Empfindungen, die Sie gerade bemerkt, zur Kenntnis genommen und denen Sie Aufmerksamkeit geschenkt haben, los. Jetzt, nachdem sie wahrgenommen wurden, können sie wieder losgelassen werden. Seien Sie still. Seien Sie ruhig.

Ich sage den Frauen in meinen Kursen oft, dass es in den meisten Situationen einen Teil von einem selbst gibt, der genau weiß, wie die richtige Antwort lautet. Doch dieser Teil ist oft still – eine leise Stimme, die ein gewisses Schweigen des Geistes verlangt, um gehört zu werden. Es ist, als lägen viele unserer Antworten auf dem Grund eines Teiches. Wenn man den Teich immer wieder umrührt, wirbelt man nur den ganzen Schlamm auf und das Wasser wird trübe. Wenn man den Teich dagegen eine längere Zeit in Ruhe lässt, wird das Wasser klar und die Antwort kann sichtbar werden.

Manchmal wird auch deutlich, dass jetzt nicht der richtige Zeitpunkt ist, um diese Entscheidung zu treffen, und dass man sie am besten vertagen sollte. Eine der achtsamsten Bemerkungen, die Sie gegenüber einem anderen Menschen äußern können, ist: „Kann ich später noch mal darauf zurückkommen?" oder: „Lass mich eine Minute darüber nachdenken." Sie können dann nach ein paar Atemzügen, ein paar Stunden oder ein paar Tagen antworten. Oft unterbricht dieses den „automatischen Ablauf" in Ihrem Inneren. Mit anderen Worten: Wenn Sie sich etwas Zeit für Ihre Entscheidung nehmen, kann Ihnen das helfen, über Ihre übliche Konditionierung oder Ihre automatische Antwort hinauszusehen. Sie können dann eine bewusste Entscheidung treffen und so auf die Situation eingehen, wie es für Sie und Ihr Baby am besten ist.

Manchmal denke ich an die Zeit zurück, als ich hochschwanger war und an einem schmerzhaften, schwangerschaftsbedingten Karpaltunnelsyndrom in meinen Händen und Armen litt. Ich war im Supermarkt und der Kassierer fragte: „Möchten Sie Hilfe beim Raustragen haben?" Obwohl ich im Stillen dachte: „Mensch, es wird schwer sein, das alles zum Auto zu bringen", sagte ich automatisch nein (aufgrund irgendwelcher alter, fest in mir verwurzelter Vorstellungen über Feminismus und Unabhängigkeit). Ich wandte mich zum Gehen, blieb dann jedoch stehen und sagte: „Eigentlich doch! Ja, ich hätte *gern* Hilfe dabei, diese Tüten rauszutragen!" In mich hineinzuhören und mich zu fragen, was ich wirklich brauchte, half mir, eine neue Entscheidung zu treffen, eine, die darauf beruhte, was gerade tatsächlich geschah.

Gegenwärtig, in Ihrem Körper und mit Ihrem Baby in Verbindung zu sein kann Ihnen auch helfen, an den von Ihnen getroffenen Entscheidungen auf ruhige und bestimmte Art festzuhalten, statt unsicher oder defensiv zu sein. Das liegt auch daran, dass das Nutzen achtsamen Gewahrseins zur Entscheidungsfindung dazu beiträgt, dass Ihre Entscheidungen im Einklang damit sind, was Sie für Werte und Fähigkeiten haben und wie Sie als Mutter sein wollen. Durch Achtsamkeit können Sie vermeiden, eine Entscheidung nur deshalb zu treffen, weil sie vertrauter oder bequemer ist oder weil Sie sich selbst etwas eingeredet haben, was Sie wollen „sollten". Achtsamkeit kann Ihnen auch helfen, der Versuchung zu widerstehen, eine Entscheidung voreilig zu treffen, weil es unangenehm ist, abzuwarten und etwas nicht zu wissen.

So könnte die gewohnheitsmäßige Neigung, jede Einladung aus Höflichkeit, Pflichtgefühl, Angst, eine Gelegenheit zu verpassen, oder dem Bedürfnis nach Nähe heraus anzunehmen, dadurch ersetzt werden, dass Sie sich danach richten, was Sie und Ihre Familie wirklich brauchen. Durch achtsames Gewahrsein kommen Sie vielleicht zu dem Schluss, dass eine Einladung für Sie im Moment nicht das Richtige ist: „Meine Tochter braucht jetzt ein Nickerchen, aber wir können uns gerne an einem anderen Tag zum Spielen verabreden." In einem achtsamen Augenblick können Sie so einen unangenehmen Nachmittag vermeiden, der wahrscheinlich in einem Tobsuchtsanfall enden würde und keine schöne Zeit mit Ihrer Freundin und Ihrem Baby verspricht. Durch achtsames Gewahrsein können Sie auch die Tendenz überwinden lernen, Hilfe von anderen gewohnheitsmäßig abzulehnen. Vielleicht haben Sie Angst, schwach zu wirken, und rühmen sich einer Art übermäßiger Unabhängigkeit. Wenn Sie sich dagegen mit dem gegenwärtigen Augenblick und der Realität dessen befassen, was Sie und Ihr Baby brauchen, können Sie möglicherweise anders reagieren: „Weißt du, es wäre eigentlich toll, wenn du auf die kleine Maggie aufpassen könntest, während ich schnell zur Bank gehe." Statt auf Autopilot zu schalten und alten Drehbüchern zu folgen, die Ihnen nichts mehr nutzen, können ein paar Atemzüge Zeit für achtsames Gewahrsein Ihnen helfen, Ihre wahren Bedürfnisse in dem Augenblick zu erkennen.

23 Achtsames Essen

Während der Schwangerschaft und der ersten Zeit des Mutterseins kommt dem Essen eine völlig neue Bedeutung zu. Vielleicht ernähren Sie sich gesünder als bisher, vielleicht essen Sie aber auch nicht so gesunde Sachen, die Sie sonst nie essen. Vielleicht essen Sie viel mehr denn je. Vielleicht essen Sie weniger oder weniger gern, weil Sie an Sodbrennen, saurem Aufstoßen oder morgendlicher Übelkeit leiden. Vielleicht haben Sie sonderbare Gelüste, wie Heißhunger auf rotes Fleisch, Eiswürfel oder saure Gurken und Eis. Vielleicht erleben Sie einen Konflikt rund um das Thema Essen wegen der Gewichtszunahme oder dem Wunsch, nach der Geburt wieder abzunehmen. Vielleicht genießen Sie das Essen sehr – oder es ekelt Sie an. Das Essen kann in dieser Zeit zum Gegenstand intensiver Gedanken, Gefühle und Körperempfindungen werden.

Das Thema Essen mit achtsamem Gewahrsein zu erfüllen kann hilfreich sein – nicht nur während dieser Zeit, sondern Ihr ganzes Leben lang. Indem Sie in Ihren Körper hineinhören, können Sie genauer feststellen, wann er Hunger oder Durst hat oder bestimmte Nährstoffe braucht. Durch Achtsamkeit können Sie besser erkennen, wie satt Sie sind und wann Sie mit dem Essen aufhören sollten, damit Sie zufrieden sein können, statt so lange zu essen, bis Sie fast platzen. Sie können wahrnehmen, inwieweit Sie sich aufgrund einer Tendenz, die Essensmenge zu kontrollieren oder zu wenig zu essen, gegen nährendes Essen sträuben, und Sie können wahrnehmen, wie frisch das Essen ist oder wie würzig Sie es gerne hätten. All diese Fähigkeiten beruhen auf achtsamem Gewahrsein.

Dieselben Eigenschaften achtsamen Gewahrseins, die Sie für den Umgang mit Ihren Gedanken, Gefühlen und Empfindungen gelernt haben, können Sie auch für den Umgang mit den Gedanken, Gefühlen und Empfindungen im Hinblick auf das Essen nutzen. Beim Essen gegenwärtig zu sein, dem, was in Ihrem Geist und in Ihrem Körper geschieht, mit einer urteilsfreien, neugierigen Haltung und mit sanftem, mitfühlendem Interesse zu begegnen kann Ihnen helfen, mit den Änderungen in Ihrer Beziehung zum Essen achtsam umzugehen. Sie können Ihren Heißhunger akzeptieren, Ihre Abneigung gegen einen bestimmten Geruch oder Geschmack, Ihre Verärgerung und Angst im Hinblick auf das Thema Gewichtszunahme, Ihre Freude am Essen, Ihr Mitgefühl mit sich selbst. Ganz gleich, was bei Ihnen am Esstisch geschieht, Sie können es einfach da sein lassen. Versuchen Sie, beim Essen einen Anfängergeist zu entwickeln – als wäre es das erste Mal.

Übung: Essen mit dem Anfängergeist

Nehmen Sie eine Orange, Mandarine oder Grapefruit und probieren Sie diese Übung aus. Stellen Sie sich vor, Sie kämen aus dem Weltraum und hätten so eine merkwürdige, runde Frucht noch nie gesehen. Halten Sie sie in der Hand, spüren Sie, wie die Schale beschaffen ist. Ist sie kühl? Glatt? Pockig? Schließen Sie die Augen, tasten Sie die Frucht mit den Händen ab und nehmen Sie alles daran wahr, was Sie können.

Halten Sie sie an Ihr Gesicht und spüren Sie sie mit Ihrer Wange. Berühren Sie sie mit den Lippen und halten Sie sie unter Ihre Nase. Atmen Sie tief ein und riechen Sie. Beschreiben Sie das, was Sie wahrnehmen, in einem oder zwei Worten, als müssten Sie es Ihren Kameraden im UFO beschreiben. Halten Sie sie an Ihr Ohr und drücken Sie sie ein wenig. Hören Sie irgendetwas?

Fangen Sie nun an, die Frucht langsam zu schälen. Lauschen Sie dem Geräusch des Schälens. Nehmen Sie wahr, wie es sich anfühlt, wenn Ihre Finger die Schale vom Fruchtfleisch trennen. Atmen Sie wieder tief ein und achten Sie darauf, wie sich der Geruch beim Schälen ändert. Schauen Sie, wie das Innere der Frucht aussieht, wenn Sie sie schälen.

Nachdem die Schale entfernt ist, halten Sie die Frucht noch einmal an Ihre Nase und Ihre Wange. Fangen Sie an, die einzelnen Fruchtstücke voneinander zu trennen. Achten Sie weiterhin auf den Geruch und darauf, wie sich die Frucht in Ihren Händen anfühlt. Nehmen Sie wahr, was in Ihnen geschieht. Läuft Ihnen das Wasser im Mund zusammen? Knurrt Ihnen der Magen? Oder dreht sich der Magen ein bisschen? Spüren Sie Übelkeit? Lassen Sie alles einfach so sein, wie es ist. Lassen Sie in diesem Moment alle Vorlieben fallen.

Halten Sie nun ein Stück der Frucht an Ihre Lippen. Beißen Sie hinein. Achten Sie darauf, was geschieht, sowohl in Ihnen als auch außerhalb von Ihnen. Nehmen Sie einen Augenblick lang einfach wahr, ob Ihr Geist das Erlebnis als positiv oder negativ bewertet. Sie können diese Gedanken zur Kenntnis nehmen, versuchen Sie jedoch, sich einfach auf das Erlebnis des Essens dieser Frucht einzulassen. Sie haben nichts anderes zu tun, brauchen nirgendwohin zu gehen – in diesem Moment sind Sie ganz und gar mit dem Essen beschäftigt. Kauen Sie langsam, lassen Sie die Frucht Ihren Mund ganz ausfüllen und nehmen Sie wahr, was Sie beobachten, wenn Sie kauen, wenn Sie schlucken, wie es sich anfühlt, wenn die Frucht durch Ihre Kehle und Speiseröhre hinunterrutscht und in Ihrem Magen ankommt.

Sitzen Sie ein paar Augenblicke da und nehmen Sie das Erlebnis „Orange" oder „Grapefruit" wahr. Denken Sie einen Moment darüber nach, wie die Frucht in Ihre Hände kam, wie sie aus einem Samenkorn entstand, zu einem Baum wurde, reifte, geerntet wurde und vielleicht viele Kilometer gereist ist, um zu einem Markt gebracht zu werden. Denken Sie darüber nach, wie viele Tage, wie viel Wasser und Sonnenschein, wie viele Menschen ihren Beitrag zu dieser Frucht in Ihren Händen und in Ihrem Mund geleistet haben.

Manche Menschen sind beeindruckt von diesem Erlebnis, manche verärgert und manche gelangweilt. Die meisten jedoch nehmen mehrere Aspekte des Essens und der Frucht wahr, die sie vorher nie bemerkt haben. Achtsames Gewahrsein öffnet Ihnen die Augen für eine ganz neue Welt der Fülle und Tiefe in den alltäglichsten Erlebnissen. Es kann Dankbarkeit und Wertschätzung (beides wahre Antidepressiva) selbst für die banalsten Umstände erzeugen.

Dieses Maß an achtsamem Gewahrsein beim Essen ist eine Art Konzentration. Wenn Sie wollen, können Sie versuchen, diese konzentrierte Aufmerksamkeit während einer ganzen Mahlzeit aufrechtzuerhalten. Es ist ein sehr interessantes Erlebnis! Allerdings ist es für die meisten unserer Mahlzeiten kaum realistisch durchzuführen.

Was wir jedoch tun können ist, achtsam zu essen und gleichzeitig Unterhaltungen mit anderen, das Füttern des Babys oder andere Elemente des Erlebens zuzulassen. Versuchen Sie die folgende Essmeditation:

Bevor Sie sich entscheiden, was Sie essen, nehmen Sie sich einen Augenblick Zeit, um Ihres Atems gewahr zu werden. Nehmen Sie sich danach einen Moment Zeit, um all Ihrer Körperempfindungen gewahr zu werden. Führen Sie ganz kurz die Meditation in Kapitel 15, Körperachtsamkeit beim Muttersein, durch. **Wählen Sie dann ein Lebensmittel gemäß dem, was Sie in Ihrem Körper gespürt haben.** Vielleicht stellen Sie überrascht fest, dass Sie sich nur frisches Obst zum Mittagessen wünschen. Vielleicht wollen Sie unbedingt eine Tüte Kartoffelchips. Oder Sie sehnen sich nach einem doppelten Cheeseburger oder nach Oktopus mit Algensalat in dem japanischen Restaurant in Ihrer Nähe. Nehmen Sie Ihre Gedanken, Ansichten und Meinungen, was Sie essen „sollten", zur Kenntnis – und lassen Sie sie los. Entscheiden Sie sich dann für ein Essen, das dem von Ihnen wahrgenommenen Wunsch Ihres Körpers möglichst nahe kommt.

Bevor Sie zu essen anfangen, nehmen Sie sich ein paar Atemzüge Zeit und betrachten Sie Ihr Essen – betrachten Sie es wirklich. Denken Sie darüber nach, wie es in Ihre Hände kam, stellen Sie sich kurz die Schritte vor, die notwendig waren, damit es dorthin kommen konnte, und senden Sie einen kleinen Dank an die, die dazu beigetragen haben, es zu Ihnen zu bringen (Sie selbst eingeschlossen). Ruhen Sie in Ihrem Körper und nehmen Sie einen Bissen, kosten Sie ihn in Ihrem Mund mit einer interessierten, neugierigen Haltung. Nehmen Sie wahr, wie das Essen schmeckt, als hätten Sie es noch nie gegessen (selbst wenn es die Frühstücksflocken sind, die Sie seit Jahren essen). Falls Sie schnell essen müssen, kosten Sie jeden Bissen schnell aus und achten Sie darauf, wie Sie sich beim Essen fühlen. Wenn Sie sich die Zeit nehmen können, langsam zu essen, tun Sie das.

Wenn Sie sich auch nur ein klein wenig satt fühlen, hören Sie auf zu essen. Warten Sie ein paar Minuten, um zu sehen, ob Sie noch mehr wollen. Nehmen Sie wieder Gedanken, die aufkommen, zur Kenntnis. Diese könnten in etwa lauten: „Ich sollte jetzt aufhören", oder auch: „Vielleicht bekomme ich später Hunger und hab keine Gelegenheit zum Essen." Nehmen Sie diese Gedanken mit so viel Mitgefühl und Güte wahr, wie Sie aufbringen können, und lassen Sie sie vorbeiziehen. Packen Sie Ihr Essen entweder für später weg, werfen Sie es weg oder nehmen Sie noch ein paar Bissen. Hören Sie wieder in sich hinein.

Wenn Sie Ihre Mahlzeit beenden, richten Sie Ihre Aufmerksamkeit noch ein paar Augenblicke lang auf Ihren Atem und achten Sie darauf, welche Gefühle und Gedanken Sie bemerken. Nehmen Sie einfach zur Kenntnis, dass sie da sind. „Das war wunderbar." „Ich hab zu viel gegessen." „Uuh, mir ist schlecht." „Ich bin jetzt müde." Seien Sie gegenwärtig gegenüber dem, was da ist, und gehen Sie dann weiter in die nächste Phase Ihres Tages.

24 In guten wie in schlechten Zeiten – aber vergessen Sie die guten nicht!

n diesem Buch und im Schulungsprogramm für achtsames Mut-tersein geht es zu einem Großteil darum, schwierige Momente mit achtsamem Gewahrsein zu erfüllen, weil das den meisten Müttern am schwersten fällt. Dies kann dazu führen, dass man die Verbindung zu seinem Baby verliert, sich vom gegenwärtigen Augenblick ablenken lässt, abschweift und sich auf eine Weise verhält, die nicht im Ein-klang damit steht, welche Werte und Ziele man hat und wie man als Mutter sein will.

Doch trotz dieser Betonung des Umgangs mit den schwierigen Zei-ten ist es *ebenso* wichtig, die angenehmen Augenblicke mit achtsamem Gewahrsein zu erfüllen. Lassen Sie mich wiederholen:

Das Staunen, das Wunder des Mutterseins, die Freude, Dankbarkeit, das Vergnügen und zahllose andere schöne Augenblicke zwischen Ihnen und Ihrem Baby mit achtsamem Gewahrsein zu erfüllen ist ebenso wichtig, wie schwierige Augenblicke mit achtsamem
Gewahrsein zu erfüllen.

Ich habe gesagt, dass es manchmal leichter ist, achtsam zu sein, wenn
alles gut läuft – denn wenn man sich wohlfühlt, ist man ganz natürlich
gewahr und gegenwärtig und mit seinem Baby verbunden, und das
Leben ist schön. In anderer Hinsicht jedoch kann es schwieriger sein,
angenehme Momente mit achtsamem Gewahrsein zu erfüllen.

Achtsames Gewahrsein bereichert das Muttersein nicht nur dadurch,
dass es eine neue Art des Umgangs mit problematischen Denkmustern,
belastenden Situationen und schmerzlichen Gefühlen bietet, sondern auch
dadurch, dass es Ihnen ermöglicht, die tiefe Freude und Befriedigung des
Mutterseins aufmerksamer wahrzunehmen. Wenn sich Ihre Fähigkeit zu
achtsamem Gewahrsein verbessert, steigert das auch die Qualität Ihres
Mutterseins – sowohl im Hinblick darauf, wie Sie sich als Mutter auf Ihr
Baby einstellen als auch darauf, wie Sie das Muttersein erleben.

Wie bereits erläutert, sind wir darauf programmiert, auf negative Aspekte in unserer Umgebung, sowohl im gegenwärtigen Augenblick als auch in unseren Gedanken über die Vergangenheit und die
Zukunft, zu achten. Oft richtet sich unsere Aufmerksamkeit auf eine
wahrgenomme Bedrohung, auf das, was fehl am Platz ist oder nicht
funktioniert. Falls Sie sich bereits niedergeschlagen fühlen oder falls
Sie zu depressivem Denken neigen, kann es leichter sein, auf negative
Elemente in Ihrer Umgebung zu achten und sich an negative Erlebnisse zu erinnern, als angenehme Erfahrungen wahrzunehmen und sich
daran zu erinnern. Vielleicht brauchen Sie Übung darin, angenehme
Momente in der Gegenwart mit achtsamem Gewahrsein zu erfüllen,
und Sie können sich wunderbare Momente in der Vergangenheit auch
bewusst ins Gedächtnis rufen. Diese Erlebnisse können Ihnen Kraft
geben und als Ausgleich für die härteren Zeiten dienen.

Wer am lautesten schreit …

Nicht immer richtet sich Ihre Aufmerksamkeit auf eine wahrgenommene Bedrohung oder auf das, was nicht funktioniert. Je nachdem, wie die Umstände sind und was für ein Temperament Sie haben, kann Ihre Aufmerksamkeit auch von dem gefesselt werden, was gerade die stärkste oder intensivste Wahrnehmung in Ihrem Bewusstseinshorizont ist, ganz gleich, ob positiv oder negativ. Wie jeder mit einer Suchttendenz weiß, ist der Gebrauch von Rauschmitteln nicht nur deshalb angenehm, weil er hilft, unangenehme Gefühle zu verdrängen, sondern auch, weil er (vor allem am Anfang) einen ungemein starken Genuss bietet.

Ihr Bewusstseinshorizont kann eine Menge Wahrnehmungen umfassen, doch häufig beanspruchen nur die intensivsten davon Ihre ganze Aufmerksamkeit. Oft werden wunderschöne Augenblicke von stärkeren Erlebnissen, die mehr wie ein Schlag mit dem Vorschlaghammer sind, in den Hintergrund gedrängt. Die Freude, die Sie empfinden, wenn ein warmer Windhauch durch das flaumige Haar Ihres Babys weht und Sie ihm einen Kuss geben, oder das erste zarte Flattern des Babys in Ihrem Bauch, oder die komplexe Mischung hormonüberschwemmter, tränenreicher Nostalgie, die Sie überkommt, wenn Sie einen rührenden Film sehen – all dies kann an Ihnen vorüberziehen, fast ohne eine Wirkung zu hinterlassen. Wenn man subtileren Empfindungen dagegen Aufmerksamkeit zukommen lässt, können sie Fülle, Tiefe und eine gewisse Köstlichkeit ins Leben bringen.

Achtsames Gewahrsein ermöglicht einen besseren Zugang zu diesen zarten Bereichen des Erlebens, die in gewisser Weise wirklich die Würze des Lebens sind. In diesem Buch sind Sie dazu angeregt worden, Ihre Gedanken, Gefühle und Empfindungen als vergängliche Geschehnisse anzusehen und sie durch Ihr Gewahrsein hindurchziehen zu lassen. Je mehr Sie sich in achtsamem Gewahrsein üben, umso besser werden Sie in der Lage sein, nicht nur das Gefühl oder den Gedanken *im Vordergrund* wahrzunehmen, sondern auch die verschiedenen anderen Erlebnisse, die sich zur selben Zeit in Ihrem Bewusstseinshorizont ereignen und von denen manche vielleicht sogar widersprüchlich sind. So kann dieses Öffnen Ihres Bewusstseinshorizontes Sie beispielsweise in die Lage versetzen, es wirklich zu genießen, wenn Sie so hungrig sind, wie man es nur in der Schwangerschaft und Stillzeit sein kann, und dann einen vollkommen reifen Pfirsich essen, selbst wenn Sie fürchterliche Wadenkrämpfe haben und Ihre Fußknöchel dick wie Ballons sind.

Achtsamkeitspraxis steigert auch Ihre Fähigkeit, den Scheinwerfer Ihrer Aufmerksamkeit darauf zu richten, wo Sie wollen, statt auf das, was Ihre Aufmerksamkeit am stärksten fesselt. So können Sie entscheiden, auf welches Ihrer Erlebnisse Sie sich konzentrieren oder welches Sie genauer betrachten wollen. Bei diesem Prozess geht es ganz und gar nicht darum, Ihr Erleben zu steuern oder zu etwas machen zu wollen, was es nicht ist, sondern er ermöglicht Ihnen einfach, sich in Ihren Erlebnissen ein bisschen bewegen zu können – auf sie zuzugehen, sie näher zu untersuchen, zu einer anderen Ecke hinüberzugehen und Ihre Lupe hervorzuholen, um auch die kleinen Erlebnisse betrachten zu können. Sie können sie sehen und ganz leicht berühren, sie einfach voller Neugier erforschen, ohne sich auf irgendeines zu fixieren.

Angenehme Empfindungen, besonders, wenn sie subtilerer Natur sind, fesseln Ihre Aufmerksamkeit möglicherweise weniger stark. Daher befassen Sie sich wahrscheinlich weniger damit. Vielleicht merken Sie, dass Sie entspannt sind, dass Sie Spaß haben, dass Sie glücklich oder sogar ekstatisch sind. Doch es wäre gut, wenn Sie diesen Momenten echte Aufmerksamkeit schenken und sie mit achtsamem Gewahrsein erfüllen würden, damit Sie wirklich davon gestärkt werden können.

Folkman und Moskowitz (2000) erklären, positive Gefühle seien nicht einfach das Gegenteil negativer Gefühle. Vielmehr gebe es bei positiven wie bei negativen Gefühlen jeweils eine eigene Skala von niedrig bis hin zu hoch, so dass man sich zum selben Zeitpunkt sowohl bei positiven als auch bei negativen Gefühlen auf der Skala hoch einschätzen könne! Diese Forscher stellten die Hypothese auf, dass bei Menschen mit HIV-Diagnose ein hohes Maß an negativen Gefühlen und Stress zu einem rascheren körperlichen Verfall und einem früheren Tod führen würde. Jedoch stellten sie fest, dass es nicht so sehr darauf ankam, welches Maß an belastenden Gefühlen die Menschen erlebten – sondern dass ihre Fähigkeit, angenehme Gefühle zu empfinden, eine größere Rolle spielte. Menschen, die neben ihren negativen Erlebnissen auch positive Erlebnisse hatten, ging es besser als denjenigen, die nicht so viele angenehme Momente erlebten. Sich bewusst mit den angenehmen Augenblicken zu befassen bedeutet also nicht nur, Glücksgefühle zu erleben, sondern es ist möglicherweise sogar gut für Ihre Gesundheit.

Sie können die angenehmen Momente Ihres Lebens auf dieselbe Weise mit achtsamem Gewahrsein erfüllen, wie Sie es bei den unangenehmen Momenten tun. Es gibt keinen Unterschied. Ja, achtsames Gewahrsein unterscheidet nicht zwischen glücklichen und traurigen Augenblicken. Es begegnet jedem Augenblick mit derselben urteilsfreien, neugierigen, mitfühlenden, freundlichen Betrachtung. Bei achtsamem Gewahrsein hat alles die gleiche Berechtigung. Es lehnt kein Erlebnis ab und räumt keinem einen höheren Stellenwert als einem anderen ein. Achtsamkeit bedeutet, all unseren Erlebnissen mit derselben Art von Aufmerksamkeit zu begegnen, unabhängig vom Inhalt dieser Erlebnisse. Wenn sich die angenehmen Augenblicke bei Ihnen einstellen, lassen Sie sich ganz hineingleiten.

Übung: Achtsames Gewahrsein schöner Augenblicke

Wenn etwas Schönes geschieht, während Sie schwanger oder mit Ihrem Baby zusammen sind, nutzen Sie es als Hinweis, um diesen Augenblick mit achtsamem Gewahrsein zu erfüllen. Nehmen Sie wahr, wie Ihr Atem herein- und hinausgeht. Richten Sie Ihre Aufmerksamkeit auf Ihren Körper, erfüllen Sie die Mitte Ihres Bauches mit Gewahrsein und lassen Sie sich tief in Ihre Haut hineinsinken – erfüllen Sie den gegenwärtigen Augenblick mit Gewahrsein. Nehmen

Sie wahr, was Sie sehen, was Sie hören, ob Sie irgendetwas spüren, was Sie riechen und was Sie schmecken. Beobachten Sie, welche Gefühle Sie haben. Vertiefen Sie sich nicht in weitschweifende Gedanken oder Geschichten. Jedoch ist es manchmal hilfreich, jede dieser Empfindungen mit einem Wort zu benennen. Warm. Entspannt. Verliebt. Glücklich. Dankbar. Blaue Augen. Babyduft. Erforschen Sie Ihr Erleben voller Neugier. Öffnen Sie Ihr Herz für das, was gerade geschieht, in diesem Augenblick, in Ihnen und zwischen Ihnen und Ihrem Baby. Lassen Sie sich davon stärken. Und halten Sie es nicht fest, denn wie alle anderen Erlebnisse wird es entstehen, seinen Gipfel erreichen und wieder vorüberziehen.

Schlussbetrachtung

Achtsames Muttersein
und darüber hinaus

Achtsames Muttersein bedeutet vor allem, Ihren Erlebnissen während der Schwangerschaft und der ersten Zeit des Mutterseins mit einer sanften und freundlichen Haltung zu begegnen. Es bedeutet, immer häufiger im gegenwärtigen Augenblick, in Ihrem Körper und in liebevoller Verbindung zu Ihrem Baby zu sein, ganz gleich, was geschieht. Achtsames Muttersein heißt, das, was in Ihren Gedanken, Gefühlen und Empfindungen geschieht, zu betrachten und nicht so sehr darüber zu urteilen, ob es richtig oder falsch oder gut oder schlecht ist. Es bedeutet, den verschiedensten Situationen in der Schwangerschaft, bei der Geburt und in der ersten Zeit des Mutterseins – den guten wie den schlechten Zeiten – mit der Bereitschaft zu begegnen, sie so anzunehmen, wie sie sind.

Dieses Buch soll Ihnen helfen, mehr Zeit in *diesem* Augenblick zu verbringen, egal, ob Sie gerade mit Ihrem Baby zusammen sind, bei der Arbeit oder mit Ihrem Partner zusammen sind oder die Straße entlang gehen. Selbst wenn Sie jeden Tag nur ein kleines bisschen üben, werden Sie die Fähigkeit achtsamen Gewahrseins entwickeln – Sie werden lernen, alle Empfindungen, Gedanken und Gefühle, die in einem endlosen Fluss des Erlebens kommen und gehen, zu beobachten, sowohl als Mutter als auch in Ihrem gesamten Leben. Wenn Sie sich in achtsamem Gewahrsein üben, seien es zwanzig Minuten Atemgewahrsein (Kapitel 2), achtsames Yoga (Kapitel 4), Körperachtsamkeit (Kapitel 15) oder das bewusste Erfüllen von Tätigkeiten im Alltag mit achtsamem Gewahrsein, verbringen Sie mehr Zeit damit *zu sein,* zusätzlich zum Denken und zum Tun. Sie werden vertrauter mit dem Gebiet achtsamen Gewahrseins und sind immer mehr in der Lage, auf bewusste und wache Art durchs Leben zu steuern. Durch diese Grundlage der Gegenwärtigkeit, des Gewahrseins, der Verbindung und der Bereitschaft, Dingen so zu begegnen, wie sie sind, werden Sie häufiger in der Lage sein, auf eine Situation so, wie sie ist, einzugehen, statt auf Ihre Geschichten darüber oder Ihren Wunsch, es möge anders sein, zu reagieren. Sie werden in zunehmendem Maße auf eine Weise entscheiden und handeln, die im Einklang mit Ihren Werten ist und widerspiegelt, was für eine Art Mutter Sie sein wollen.

Wenn Sie sich in achtsamem Gewahrsein üben, nimmt Ihre Fähigkeit zu, Stress auszuhalten, sowohl bei Ihnen selbst als auch bei Ihrem Baby. Durch die Ausdehnung des Behälters für all Ihre Gedanken, Gefühle und Empfindungen haben Sie weniger das Bedürfnis nach zwanghaften Verhaltensweisen, die nicht gesund für Sie sind (übermäßiges Essen, übermäßiger Konsum, übermäßige Arbeit, Wutanfälle oder Suchtmittelmissbrauch), um mit schwierigen Gefühlen und Gedankenmustern umgehen zu können. Stattdessen können Sie immer häufiger zulassen, dass schwierige Augenblicke entstehen, Gestalt annehmen, ihren Gipfel erreichen und dann wieder vorbeiziehen wie eine große Welle im Ozean oder ein Gewitter.

Wenn Sie eine neugierige Haltung gegenüber Ihren Erlebnissen annehmen („Wie wird es sich diesmal entwickeln?"), steigt Ihre Bereitschaft, neue Dinge auszuprobieren, je nachdem, was die Situation erfordert. Wenn Sie nicht mehr daran festhalten, dagegen anzukämpfen, wie die Dinge sind, wird für Sie Energie frei, um in stärkerem Maße gegenwärtig und in Verbindung zu sein – mit sich selbst, mit Ihrem Baby und mit anderen Menschen. Durch achtsames Muttersein stehen Sie mitten im Geschehen, was stets hier und im gegenwärtigen Augenblick ist, und Sie können bewusst auf das eingehen, was geschieht, was auch immer es ist.

Und wenn Sie des Gewahrseins selbst, des gewaltigen, grenzenlosen Raumes, in dem sich all Ihre Erlebnisse ereignen, mehr gewahr werden, stellt sich bei Ihnen möglicherweise ein Gefühl von Frieden und Wohlbefinden ein, das nicht von den Umständen abhängig ist. *Dieses Gewahrsein sind Sie.* Sie sind diejenige, die all der Inhalte Ihres Erlebens gewahr ist – jedes Mal, wenn Sie das Baby glucksen oder weinen hören, jedes Mal, wenn Tränen in Ihnen aufsteigen, jedes Mal, wenn Ihnen das Herz vor Freude über den Anblick Ihres gesunden, glücklichen Babys aufgeht oder beim Anblick Ihres leidenden Babys schwer wird, sind Sie diejenige, die weiß, dass all dies geschieht. Und wenn Sie sich selbst immer mehr in diesem Wissen wiederfinden, kann das alles verändern.

Wie Jon Kabat-Zinn, Entwickler des Programms Stressbewältigung durch Achtsamkeit (Mindfulness-Based Stress Reduction, MBSR), sagt:

> *Wir können die Sache also in jedem Moment, ganz gleich, was geschieht, überprüfen und selbst sehen, was geschieht. Macht das Gewahrsein sich Sorgen? Verrennt das Gewahrsein sich in Zorn, Gier oder Schmerz? Oder befreit uns das Gewahrsein, das in einen Moment eingebracht wird, selbst in den winzigsten Moment, ganz einfach? Finden Sie es heraus.*
>
> *Meine Erfahrung ist, dass wir durch Gewahrsein wieder zu uns selbst kommen. Es ist die einzige Kraft, die ich kenne, die das*

bewerkstelligen kann. Es ist die Quintessenz von Intelligenz,
physischer, emotionaler und moralischer Intelligenz. Es sieht so
aus, als müssten wir das Gewahrsein erst herbeiführen, aber in
Wirklichkeit ist es schon die ganze Zeit da, wir müssen es bloß
aufdecken, wiederentdecken, annehmen und uns darin nieder-
lassen. Hierin liegt die Arbeit des Kultivierens, im Erinnern. Und
dann darin, loszulassen und die Dinge sein zu lassen, in dem zu
ruhen, was der große japanische Dichter Ryôkan „nur dies, nur
dies" genannt hat. Das ist es, was mit der Übung der Achtsamkeit
gemeint ist. (2008, S. 151)

Den Garten achtsamen Mutterseins pflegen

Viele Eigenschaften, über die ich in diesem Buch gesprochen habe,
können kultiviert werden, jedoch müssen sie nicht (und *können* auch
nicht) hergestellt oder geschaffen werden. Sie können sie nicht erzwingen. Sie können nur für Umstände sorgen, die für diese Seinsarten am förderlichsten sind.

Auch beim Gärtnern können Sie einen Sämling nicht zum Sprie-
ßen bringen, indem Sie das Samenkorn selbst aufbrechen, und ebenso wenig können Sie ihn zum Wachsen bringen, indem Sie ihn durch
die Erde hochziehen. Sie können jedoch für einen nährstoffreichen
Boden, Wasser und Sonnenlicht sorgen und von Zeit zu Zeit das Unkraut um die wachsende Pflanze ausreißen.

Was sind also die Nährstoffe, das Wasser und das Sonnenlicht, die
Sie brauchen, um in achtsames Muttersein hineinzuwachsen? Was
macht es leichter, freundlich zu sich selbst zu sein, nicht mehr gegen
das, was ist, anzukämpfen? Was hilft Ihnen, mehr im Augenblick gegenwärtig, in Ihrem Körper und in Verbindung zu Ihrem Baby zu sein?

Sie *brauchen* gar nichts, um achtsames Muttersein zu kultivieren, aber
es gibt gewisse Dinge, die es leichter machen können. Zum Beispiel:

- Sich jeden Tag ein bisschen ruhige Zeit für sich nehmen, und wenn Sie sich keine Zeit für sich allein nehmen können, nehmen Sie sich bewusst ruhige Zeit mit Ihrem Baby oder Ihrer Familie.
- Bücher lesen, Websites ansehen oder Vorträge anhören, die Sie inspirieren
- Zeit in der Natur verbringen, im Garten arbeiten oder in Kübeln pflanzen, oder Zeit mit einem Haustier verbringen
- Mindestens einen Freund oder eine Freundin haben, der oder die sanft, gütig und ein guter Zuhörer ist, aber auch ehrlich Ihnen gegenüber ist und weiß, wie man Grenzen setzt
- Mehr über Meditation lernen, in einer Gruppe üben oder an einem Yogakurs teilnehmen
- Wenigstens einen kleinen Bereich in Ihrer Wohnung für Ihre Praxis in achtsamem Gewahrsein reservieren oder ein inspirierendes Zitat, Kunstwerk, einen Stein oder einen Ihnen heiligen Gegenstand in eine kleine Ecke, auf Ihren Schreibtisch oder auf Ihren Nachttisch stellen
- Dinge in Ihrer Umgebung platzieren, die Sie daran erinnern, achtsames Gewahrsein zu praktizieren. Gegenstände wie Zitate, Fotos oder auch ein Armband oder eine Kette, die Sie tragen, können Sie an Ihren Vorsatz erinnern, achtsames Muttersein zu kultivieren. Wechseln Sie diese Erinnerungsstücke ab und zu aus oder frischen Sie sie irgendwie auf, da sie im Lauf der Zeit Ihre Fähigkeit verlieren, als Hinweise zu dienen, und zum bloßen Teil des Hintergrundes werden.

Und wo ist nun das Unkraut, wo sind die Dinge in Ihrem Leben, die Ihre Fähigkeit zu achtsamem Muttersein beeinträchtigen? Unter welchen Umständen neigen Sie dazu, hart, allzu kritisch zu sein und über sich selbst und andere zu urteilen? Müssen Sie aus Ihrem Leben irgendwelche Menschen oder Umstände „jäten" oder Ihren Kontakt damit einschränken? Sind Ihre Erwartungen an sich selbst so hoch, dass Sie daran scheitern müssen, was reichlich Gelegenheit zum Selbstverurteilen bietet? Haben Sie so viele Aktivitäten geplant, dass es Ihre gesamte Aufmerksamkeit erfordert, sie alle zu absolvieren, und bleibt keine Zeit, um einfach zu *sein*? Neigen Sie zu Ablenkungen, Gewohnheiten oder Zwängen, die der Achtsamkeit im Wege stehen (zu viel Fernsehen, Suchtmittel, zwanghaftes Horten von Dingen)? Notieren Sie einige Dinge, die es schwer machen, achtsam zu sein, etwa:

- die Erwartung an sich selbst, perfekt zu sein, oder das Setzen von unrealistischen Zielen im Hinblick auf Meditation, Diät, Karriere, Sport oder Muttersein
- zu viel Zeit mit allzu kritischen oder urteilenden Menschen verbringen
- eine chaotische Umgebung oder Missbrauchsbeziehungen
- zu viele Aktivitäten, so dass Ihnen keine freie, nicht verplante Zeit bleibt

Möglicherweise sind manche dieser Dinge außerhalb Ihrer Macht. Vielleicht können Sie bestimmte Elemente Ihrer Umgebung nicht entfernen und vielleicht können Sie sich keine Zeit für sich alleine nehmen oder sich einen Bereich in Ihrer Wohnung reservieren. Lassen Sie achtsames Muttersein *von nichts abhängen*. Selbst die chaotischsten oder schwierigsten Umstände können Sie mit achtsamem Gewahrsein erfüllen, und dies kann eine gewisse Zuflucht und Klarheit bieten. Versuchen Sie jedoch, es sich in den Situationen, in denen Sie einen gewissen Einfluss haben, etwas leichter zu machen.

Und schließlich: Wie sind die Pflöcke in dem Garten, an denen die Samen achtsamen Mutterseins hoch wachsen können? Wer kann Sie sonst noch unterstützen? Wenn Sie sich Ihre Situation ehrlich ansehen (so, wie sie ist, ohne zu urteilen), brauchen Sie irgendwo konkret Hilfe? Brauchen Sie die Hilfe einer Beraterin, eines Seelsorgers, einer Meditationslehrerin oder einer Mutter, die diesen Weg vor Ihnen gegangen ist? Würde es Ihnen helfen, sich einer Müttergruppe anzuschließen? Betrachten Sie die Website mindfulmotherhood.org als einen der Pflöcke in Ihrem Garten, aber suchen Sie bei Bedarf auch nach anderen Möglichkeiten.

Letztlich geht es darum, sanft zu sich selbst zu sein. Es gibt zahllose Gelegenheiten, achtsames Muttersein in der Schwangerschaft, bei der Geburt, in der Erziehung und in Ihrem ganzen Leben zu kultivieren. Vieles von dem, worüber ich in diesem Buch gesprochen habe, wird Ihnen instinktiv leichtfallen, und die Informationen, die ich versucht habe zu vermitteln, sollen vor allem eine Erinnerung sein, dem treu zu bleiben, was in jedem Augenblick das Echteste ist. Bleiben Sie Ihrer eigenen Mitte (Ihrem Atem, Ihrem Körper und der Verbindung zu Ihrem Baby) treu, dem Teil von Ihnen, der wach und gewahr ist und jedem Moment des Mutterseins zum ersten Mal begegnet. Achtsames Muttersein ist kein großes Projekt oder mühsames Unternehmen, sondern bedeutet, sich selbst die Erlaubnis zu geben, in diesem Augenblick … und in diesem … und in diesem zu ruhen. Ruhen Sie in allem, was geschieht, und erkunden Sie das Abenteuer des Mutterseins mit offenen Augen, offenem Geist und offenem Herzen.

Anhang

Literaturverzeichnis

Astin, J.A. 1997. *Stress reduction through mindfulness meditation: Effects on psychological symptomatology, sense of control, and spiritual experiences.* Psychotherapy and Psychosomatics 66 (2): 97-106.

Begley, S. 2007. *Train Your Mind, Change Your Brain: How a New Science Reveals Our Extraordinary Potential to Transform Ourselves.* New York: Ballantine Books.

Boorstein, Sylvia. 1996. *Buddha oder die Lust am Alltäglichen.* Aus dem Engl. von Gisela Merz-Busch, Bern, München u.a.: Barth

Boorstein, Sylvia. 2005. *Many thanks.* Shambhala Sun, Mai. http://www.shambhalasun.com/index.php?option=com_content&task=view&id=2253&Itemid=0

Boorstein, Sylvia. 2007. *Was geschieht, das geschieht. Wie Sie durch Gelassenheit und Mitgefühl sich selbst und die Welt retten.* Deutsch von Stephan Schuhmacher, München: Lotos-Verlag

Brazelton, T. B. und B. G. Cramer. 1991. *The mother-baby relationship: stages in early interaction.* Mit freundlicher Genehmigung abgedruckt aus *The Earliest Relationship: Parents, Infants, and the Drama of Early Attachment.* Perseus Books Group, Da Capo Press: Cambridge, MA http://life.familyeducation.com/infant/mothers/40413.html

Buss, K. A., J. R. M. Schumacher, I. Dolski, N. H. Kalin, H. H. Goldsmith, und R. J. Davidson. 2003. *Right frontal brain activity, cortisol, and withdrawal behavior in 6-month-old infants.* Behavioral Neuroscience 117 (1): 11-20.

Carlson, L. E., M. Speca, K. D. Patel, and E. Goodey. 2003. *Mindfulness-based stress reduction in relation to quality of life, mood, symptoms of stress and immune parameters in breast and prostate cancer outpatients.* Psychosomatic Medicine 65: 571-81.

Carlson, L. E., Z. Ursuliak, E. Goodey, M. Angen und M. Speca. 2001. *The effects of a mindfulness-meditation-based stress-reduction program on mood and symptoms of stress in cancer outpatients: 6-month follow-up.* Support Care Cancer 9 (2): 112-23.

Carlson, L. E. und S. N. Garland. 2005. *Impact of mindfulness-based stress reduction (MBSR) on sleep, mood, stress and fatigue symptoms in cancer outpatients.* International Journal of Behavioral Medicine 12 (4): 278-85.

Chodron, P. 2000. *When Things Fall Apart. Heart Advice for Difficult Times.* Boston: Shambhala Publications.

Chodron, P. 2003. *Talking to ourselves.* Shambhala International. http://www.shambhala.org/teachers/pema/talking.php

Chodron, P. 2007a. *The practice of compassion.* Shambhala International. http://www.shambhala.org/teachers/pema/compassion.php.

Chodron, P. 2007b. *The Places That Scare You: A Guide to Fearlessness in Difficult Times.* Boston: Shambhala Publications.

Chodron, P. 2008. *Comfortable with Uncertainty: 108 Teachings on Cultivating Fearlessness and Compassion.* Boston: Shambhala Publications.

Dass, Ram. 1971. *Be Here Now.* San Cristobal, NM: Lama Foundation.

Davidson, R. J., J. Kabat-Zinn, J. Schumacher, M. Rosenkranz, D. Muller, S. F. Santorelli, F. Urbanowski, A. Harrington, K. Bonus und J. F. Sheridan. 2003. *Alterations in brain and immune function produced by mindfulness meditation.* Psychosomatic Medicine 65: 564-570.

Ellis, D. 2006 (May). *Falling Awake.* Workshop am Institute of Noetic Sciences, Petaluma, CA.

Folkman, S. und J. T. Moskowitz. 2000. *Positive affect and the other side of coping.* American Psychologist 55: 647-54.

Gangaji. 2002. *Interview von C. Vieten und T. Amorok.* Videoaufzeichnung. 20. November. San Anselmo, CA.

Gavin, N. I., B. N. Gaynes, K. N. Lohr, S. Meltzer-Brody, G. Gartlehner und T. Swinson. 2005. *Perinatal depression: A systematic review of prevalence and incidence.* Obstetrics and Gynecology 106 (5:1): 1071-83.

Grossman, P., L. Niemann, S. Schmidt und H. Walach. 2004. *Mindfulness-based stress reduction and health benefits: A meta-analysis.* Journal of Psychosomatic Research 57: 35-43.

Hanson, R. und R. Mendius. 2007. *The neurology of awakening: Using the new brain research for happiness, love, and wisdom.* http://wisebrain.org/WiseBrainMethods.pdf

Hassan, E. 2006. *Recall bias can be a threat to retrospective and prospective research designs.* The Internet Journal of Epidemiology 3 (2).

Hopkins, J., M. Marcus und S. B. Campbell. 1984. *Postpartum depression: a critical review.* Psychological Bulletin 95: 498-515.

Huber, C. 2003. *When You're Falling, Dive: Acceptance, Freedom, and Possibility.* Murphys, CA: Keep It Simple Books.

Huber, C. 2007. *There is nothing wrong with us.* In Fabric of the Future: Women Visionaries Illuminate the Path to Tomorrow, hrsg. von M. J. Ryan. Berkeley CA: Conari Press. http://www.cherihuber.com/fabric2.html

Kabat-Zinn, Jon. 1982. *An outpatient program in behavioral medicine for chronic pain patients based on the practice of mindfulness meditation: Theoretical considerations and preliminary results.* General Hospital Psychiatry 4 (1): 33-47.

Kabat-Zinn, Jon. 2008. *Zur Besinnung kommen: Die Weisheit der Sinne und der Sinn der Achtsamkeit in einer aus den Fugen geratenen Welt.* Aus dem Amerikanischen übersetzt von Stephan Schuhmacher, Freiamt im Schwarzwald: Arbor Verlag.

Kagan, J., N. Snidman, M. Zentner und E. Peterson. 1999. *Infant temperament and anxious symptoms in school age children.* Development and Psychopathology 11: 209-24.

Kenny, M. A. und J. M. Williams. 2007. *Treatment-resistant depressed patients show a good response to mindfulness-based cognitive therapy.* Behavior Research and Therapy 45 (3): 617-625.

Ma, S. und J. Teasdale. 2004. *Mindfulness-based cognitive therapy for depression: Replication and exploration of differential relapse-prevention effects.* Journal of Consulting and Clinical Psychology 72 (1): 31-40.

Minor, H. G., L. E. Carlson, M. J. Mackenzie, K. Zernicke und L. Jones. 2006. *Evaluation of a mindfulness-based stress reduction (MBSR) program for caregivers of children with chronic conditions.* Social Work Health Care 43 (1): 91-109.

Neff, K. 2003a. *The development and validation of a scale to measure self-compassion.* Self and Identity 2: 223-50.

Neff, K. 2003b. Self-compassion: *An alternative conceptualization of a healthy attitude toward oneself.* Self and Identity 2: 85-102.

Neff, K., K. L. Kirkpatrick, S. S. Rude. 2008. *Self-compassion and adaptive psychological functioning.* Journal of Research in Personality 41 (1): 139-54.

Nolen-Hoeksema, S. 2000. *The role of rumination in depressive disorders and mixed anxiety/depressive symptoms.* Journal of Abnormal Psychology 109: 504-11.

Rosenzweig, S., D. K. Reibel, J. M. Greeson, G. C. Brainard und M. Hojat. 2003. *Mindfulness-based stress reduction lowers psychological distress in medical students.* Teaching and Learning in Medicine 15 (2): 88-92.

Segal, Z., M. Williams und J. D. Teasdale. 2002. *Mindfulness-Based Cognitive Therapy for Depression: A New Approach to Preventing Relapse.* New York: Guilford Press.

Sephton, S. E., P. Salmon, I. Weissbecker, C. Ulmer, A. Floyd, K. Hoover. 2007. *Mindfulness meditation alleviates depressive symptoms in women with fibromyalgia: Results of a randomized clinical trial.* Arthritis Care and Research 57: 77-85.

Shapiro, S. L., G. E. Schwartz und G. Bonner. 1998. *Effects of mindfulness-based stress reduction on medical and premedical students.* Journal of Behavioral Medicine 21 (6): 581-99.

Siegel, Daniel J., und Hartzell, Mary. 2009. *Gemeinsam leben, gemeinsam wachsen: Wie wir uns selbst besser verstehen und unsere Kinder einfühlsam ins Leben begleiten können.* Aus dem amerikan. Engl. übers. von Claudia Krysztofiak, Freiamt: Arbor Verlag

Speca, M., L. E. Carlson, E. Goodey und M. Angen. 2000. *A randomized, wait-list controlled clinical trial: the effect of a mindfulness meditation-based stress reduction program on mood and symptoms of stress in cancer outpatients.* Psychosomatic Medicine 62 (5): 613-22.

Stern, C. 1974. *The goal and structure of mother-infant play.* Journal of the American Academy of Child Psychiatry 13: 402-21.

Stern, C. 1985. *The Interpersonal World of the Infant.* New York: Basic Books.

Teasdale, J. D., Z. V. Segal, J. M. Williams, V. A. Ridgeway, J. M. Soulsby und M. A. Lau. 2000. *Prevention of relapse/recurrence in major depression by mindfulness-based cognitive therapy.* Journal of Consulting and Clinical Psychology 68 (4): 615-23.

Teasdale, J., R. Moore, H. Hayhurst, M. Pope, S. Williams und Z. V. Segal. 2002. *Meta-cognitive awareness and prevention of relapse in depression: Empirical evidence.* Journal of Consulting and Clinical Psychology 70 (2): 275-87.

Tolle, Eckhart. 2000. *Jetzt! die Kraft der Gegenwart; Ein Leitfaden zum spirituellen Erwachen.* Aus dem Amerikanischen übersetzt von Christine Bolam und Marianne Savita Nentwig, Bielefeld: Kamphausen.

Tolle, Eckhart. 2005. *Eine neue Erde: Bewusstseinsvorsprung anstelle von Selbstzerstörung.* Deutsch von Erika Ifang, München: Goldmann Verlag.

Vieten, C. und J. Astin. 2008. *Effects of a mindfulness-based intervention during pregancy: Results of a pilot study.* Archives of Women's Mental Health 11: 67-74.

Winnicott, D. 1956. Collected Papers: *Through Paediatrics to Psychoanalysis.* London: Hogarth.

Winnicott, D. 1960. *The theory of the parent-child relationship.* International Journal of Psychoanalysis 41: 585-595.

Winnicott, D. 1967. *Mirror-role of the mother and family in child development.* In The Predicament of the Family: A Psycho-Analytical Symposium, hrsg. von P. Lomas. London: Hogarth.

Über die Autorin

Cassandra Vieten, Ph.D., ist approbierte klinische Psychologin und Leiterin der Forschung am Institute for Noetic Sciences, Co-Direktorin der Mind Body Medicine Research Group am California Pacific Medical Center Research Institute in San Francisco, CA, und Co-Präsidentin des Institute for Spirituality and Psychology. Ihre Forschungen konzentrieren sich auf achtsamkeitsbasierte Ansätze zur Förderung des emotionalen Gleichgewichts, auf die Rolle, die Biologie, Psychologie und Gefühle bei Suchtproblemen und Heilung spielen, die Rolle von mitfühlender Absicht und Glauben bei der Heilung und auf die Faktoren, Erlebnisse und Praktiken bei der psychospirituellen Transformation. Sie hat mehrere wissenschaftliche Artikel und Kapitel publiziert und zahlreiche Präsentationen bei internationalen wissenschaftlichen Konferenzen durchgeführt und ist Co-Autorin von Living Deeply.

Beitragende dieses Buches

Sylvia Boorstein

Sylvia Boorstein, Ph.D., die das Vorwort geschrieben hat, ist gründende Lehrerin des Spirit Rock Meditation Center und Psychotherapeutin, Ehefrau, Mutter und Großmutter. Sie hat mehrere Bücher geschrieben, unter anderem *Buddha oder die Lust am Alltäglichen* sowie *Was geschieht, das geschieht.*

John Astin

John Astin hat einige Gedichte zu diesem Buch beigetragen. Er lebt mit seiner Frau und seiner Tochter im Norden von Kalifornien. Neben seiner wissenschaftlichen Arbeit, bei der er die Rolle meditativer Praktiken in der Medizin und Gesundheitspflege untersucht, schreibt er auch Lieder und ist Studiomusiker und Autor von *Too Intimate for Words* (2005) und *This Is Always Enough* (2007), Reflexionen in Lyrik und Prosa über das Wesen des nichtdualen Gewahrseins.

www.integrativearts.com

Jnana Gowan und Powerhouse Yoga

Jnana Gowan, Leiterin von Powerhouse Education, hat die Yogareihe zum achtsamen Muttersein in Kapitel 4 entwickelt. Jnana führt Retreats und Seminare sowie Schulungsprogramme für Kinder und Erwachsene in verschiedenen Umfeldern durch. Ihre Spezialgebiete umfassen: achtsamkeitsbasierte Yogakurse für Schwangere, Stressbewältigungsseminare in Unternehmen und Wellness Retreats für Frauen. Ganz besonders mag sie ihre Yogakurse für Kindergartenkinder namens Bunny Head Yoga. www.powerhed.com

Joanne Le Cocq – Wild Rooster Productions

Joanne Le Cocq, Illustratorin der Yogareihe zum achtsamen Muttersein, ist stolze Mutter zweier wunderbarer Jungen, Frank und Evan. Joanne ist eine erfolgreiche freiberufliche Designerin und Künstlerin und arbeitet in der Unterhaltungsindustrie im Süden von Kalifornien. www.wildroosterproductions.com

Danksagung

Die Entstehung dieses Buches hat Jahre in Anspruch genommen und wurde durch die Beiträge vieler Menschen unterstützt.

An erster Stelle danke ich Jean Doyle und Mary Gregory von der Bella Vista Foundation, die Mittel für die Entwicklung und Erforschung des Mindful Motherhood Program sowie für die Entstehung dieses Buches und der begleitenden Website bereitgestellt haben. Vielen Dank auch an Virginia Hubble, Julie Diamond und alle anderen bei der Mental Insight Foundation, die diese Arbeit ebenfalls großzügig unterstützt haben.

Herzlichen Dank an Catharina Sutker, Jess Beebe, Carole Honeychurch, Amy Shoup, Matt McKay und alle anderen vom Verlag New Harbinger sowie an Matthew Gilbert von Noetic Books, die alle geholfen haben, dieses Buch zum Abschluss zu bringen.

Sehr dankbar bin ich meinem Kollegen John Astin, der beim Mindful Motherhood Project mit mir zusammengearbeitet hat und mit seinem klaren Blick und seinem warmen Herzen einen großen Einfluss auf mich ausgeübt hat.

Zutiefst danke ich auch Jnana Gowan, die die Yogareihe zum achtsamen Muttersein entwickelt und sich mit mir zusammengeschlossen hat, um das Mindful Motherhood Program zu unterstützen.

Dank an Suze Allen von Manuscript Mentor, die das Manuskript zusätzlich lektorierte.

Danke an Billie Rogers für weitere Lektoratsarbeiten.

Ich danke allen, die am Mindful Motherhood Project mitgearbeitet haben, unter anderem Amy Beddoe, Lisa Bialy, Raymond Buscemi, Mary Costello, Sharifa Karen Krongold, Sue Louiseau, Liz Miller, Daniel Rechtstaffen, Jessica Welborn und Vicky Willey.

Dankbar bin ich auch Warren Browner und dem Forschungsinstitut des California Pacific Medical Center sowie dem Institute of Noetic Sciences, die dieses Projekt unterstützt und beherbergt haben.

Und schließlich danke ich allen, die Rat und Inspiration für das Mindful Motherhood Project gegeben haben, unter anderem Nancy Bardacke, Sylvia Boorstein, Sona Dimidjian, Elissa Epel, Rick Hanson, Jon Kabat-Zinn, Dacher Keltner, Kari Marble, Gayle Peterson, Ricki Pollycove, Marilyn Schlitz, Zindel Segal und Phil Shaver.

Weitere Literatur aus dem Arbor Verlag

Myla & Jon Kabat-Zinn
Mit Kindern wachsen
Die Praxis der Achtsamkeit in der Familie

In diesem richtungsweisenden Buch zeigen Myla und Jon Kabat-Zinn, daß das Leben mit Kindern ein eigener Weg von ungeahnter Tiefe und Erfüllung sein kann. Die behandelten Themen sind sehr vielfältig und reichen von grundsätzlichen Überlegungen bis hin zu vielen praktischen Beispielen und konkreten Hinweisen für ein harmonisches Leben mit Kindern. Das Buch kann Eltern schon während der Schwangerschaft eine wertvolle Hilfe sein, begleitet sie durch die Höhen und Tiefen der ersten Jahre, gibt wertvolle Hinweise, wie Kinder, die in die Schule gehen, unterstützt werden können, und zeigt, daß es selbst dann nicht zu spät sein muß, neue Wege zu gehen, wenn die Kinder erwachsen sind.

ISBN 978-3-936855-48-7

Magda Gerber & Allison Johnson

Ein guter Start ins Leben

Ein Leitfaden für die erste Zeit mit Ihrem Baby

Die Bedürfnisse von Babys und Eltern erfüllen – und dabei nicht ausgelaugt, sondern glücklich sein. Wer möchte das nicht? Magda Gerber beschreibt in Ihrem neuen Buch anschaulich den Schlüssel, der Eltern dabei helfen kann, ihre Kinder angemessen zu begleiten und in der Beziehung mit ihnen sich selbst besser kennenzulernen: Es ist der respektvolle Umgang mit dem Baby von Anfang an.

In vielen Beispielen, von den alltäglichen Pflegesituationen bis zum freien Spiel, zeigt Magda Gerber, wie Eltern liebevoll für ihre Kinder sorgen und ihnen gleichzeitig Raum für ihre eigenständige Entwicklung geben können. Sie schildert, wie Eltern die Zeichen ihrer Kinder verstehen lernen und in langsamer, respektvoller Zuwendung Kooperation und Austausch erleben können. Magda Gerber lernte in den 30er Jahren die Arbeit von Dr. Emmi Pikler kennen. Später wanderte sie nach Amerika aus und widmete sich auch dort weiterhin dem Gebiet der Kleinkindpädagogik. So half sie u.a. einem Kinderarzt bei der Etablierung eines Programmes für entwicklungsverzögerte Kinder. Gemeinsam mit ihm gründete sie schließlich die Organisation Resources for Infant Educarers (RIE), die eine in Amerika weithin bekannte Form von Mutter-Kind-Gruppen entwickelt hat, die weitestgehend auf der Arbeit von Dr. Emmi Pikler aufbaut.

ISBN 978-3-924195-45-8

Lienhard Valentin

Achtsame Eltern, glückliche Kinder

Das Leben mit Kindern fordert uns auf allen Ebenen. So wünschen wir uns oft nichts sehnlicher, als „mal wieder aufzutanken" und uns zu erholen. Oftmals verlieren wir zudem aus dem Blick, was uns wirklich mit unseren Kindern verbindet. Wir sind zu sehr beschäftigt – zu wenig in Kontakt mit ihrer und unserer inneren Wirklichkeit.

Vor diesem Hintergrund hat Lienhard Valentin Übungen zusammengestellt, die sich in langjähriger Arbeit mit Müttern und Vätern bewährt haben und die es Eltern erlauben, sich selbst zu unterstützen, zu regenerieren und zu tiefer Verbundenheit mit dem Kind zurückzufinden. Diese Übungen sind eine Art Stärkungsmittel für Eltern und für Menschen, die mit Kindern arbeiten – rezeptfrei, doch besser als so manche Medizin.

Die Praxis der Achtsamkeit kann uns helfen, unser inneres Gleichgewicht wiederzufinden. Sie erlaubt uns, auch die Perspektive der Kinder einzubeziehen und präsenter für ihre Sicht und Bedürfnisse zu sein, und sie ist ein wertvolles Labor zur Entwicklung unserer Intuition und Kreativität.

ISBN 978-3-936855-28-9

Naomi Aldort

Von der Erziehung zur Einfühlung

Wie Eltern und Kinder gemeinsam wachsen können

Liebe, emotionale Sicherheit und Selbstbestimmtheit sind die größten Geschenke, die wir unseren Kindern mit auf den Weg geben können. Doch oft gelingt uns das nicht. Zwar sind wir es leid, ständig zu schimpfen, Konsequenzen anzudrohen oder sonstwie Druck auszuüben, doch alle Welt scheint davon überzeugt zu sein, dass es eben leider nicht anders geht.

Naomi Aldort belehrt uns eines Besseren. Sie zeigt uns, wie wir den alltäglichen Erziehungskampf beenden, die Waffen niederlegen und dennoch dafür sorgen können, dass unsere Kinder gedeihen und zu einem verantwortungsvollen Menschen heranwachsen.

Doch hier erwartet Sie keine neue Anleitung, wie man Kinder auf möglichst angenehme und einfache Art und Weise steuern kann. Es geht um mehr, es geht um's Ganze – es geht um eine andere Art mit Kindern zu leben.

Im Mittelpunkt dieses Ansatzes steht ein wirkliches Verständnis für das Kind, das ihm erlaubt, selbst sein Bestes zu geben. Und zwar nicht, weil es Strafe fürchtet oder gefallen möchte, sondern aus seinem eigenen freien Willen heraus. Weil es sich verstanden fühlt und frei entfalten darf. Nicht Kontrolle ist das Ziel von Erziehung, sondern wahre Kooperation.

Von der Erziehung zur Einfühlung ruft uns ins Bewusstsein, dass wir unseren Kindern und unserem natürlichen Instinkt, sie bedingungslos zu lieben, wirklich vertrauen können. Zudem enthält das Buch zahlreiche praktische Beispiele und konkrete Vorschläge, wie man das Konzept der Kontrolle hinter sich lassen und Authentizität an deren Stelle treten lassen kann.

ISBN 978-3-936855-64-7

Der Verein Mit Kindern wachsen e.V.

Der Verein Mit Kindern wachsen e.V. besteht mittlerweile seit mehr als zwanzig Jahren. Unsere Aktivitäten richten sich an Menschen, die mit Kindern neue Wege gehen wollen – Wege, die ein Kind von Anfang an als fühlendes Subjekt respektieren, seine Integrität bewahren und es ihm erlauben wollen, sich nach seinem eigenen inneren Gesetz zu entfalten.

Dabei haben sich in den letzten Jahren folgende Schwerpunkte herausgebildet:

Die Zeitschrift Mit Kindern wachsen

Unsere Zeitschrift erscheint vierteljährlich. Zusätzlich bringen wir in unregelmäßigen Abständen themenbezogene Sonderhefte heraus, wie z.B. unser Kennenlernheft oder unser Special zum Thema Geburt, Säuglinge und Kleinkinder. Gegen Zusendung von Euro 5,- (CHF 10,-) schicken wir Ihnen gerne ein Probeheft.

Seminare und Fortbildungen

Über diese Aktivitäten hinaus organisieren wir Fortbildungen, Seminare und Vorträge mit verschiedenen Referenten, die unserer Arbeit nahe stehen, wie z.B. mit Anna Tardos, Polly Elam, Myla & Jon Kabat-Zinn, Prof. Remo Largo, Jesper Juul, Katharina Martin, Lienhard Valentin und anderen.

Weitere Informationen über uns, unsere Zeitschrift und unsere Arbeit finden Sie im Internet unter www.mit-kindern-wachsen.de oder bei Mit Kindern wachsen e.V., Vereinsbüro Freiburg, Zechenweg 4, 79111 Freiburg, Tel. +49.(0)761.47 99 540, Fax +49.(0)761.47 99 541, info@mit-kindern-wachsen.de

http://www.mit-kindern-wachsen.de

Online.

Umfangreiche Informationen zu unseren Themen,
ausführliche Leseproben aller unserer Bücher,
einen versandkostenfreien Bestellservice und unseren
kostenlosen Newsletter. All das und mehr finden Sie auf
unserer Website.

www.arbor-verlag.de

Mehr zu Cassandra Vieten:

www.arbor-verlag.de/cassandra-vieten